楞伽經詳解

——第十輯

平實導師　著

ISBN 957-28743-4-9

自序

《楞伽阿跋多羅寶經》簡稱《楞伽經》，是大乘佛教中極重要之經典；既是法相唯識宗之根本經典，亦是中國禪宗開悟聖者自我印證及悟後起修之依據經典；故初祖菩提達摩大師以此經典連同佛缽祖衣一併交付二祖慧可大師，以為傳法印證。禪者可依此經建立正知正見，避免錯悟大師誤導參禪方向，未來證悟可期。

二者禪宗證悟之人，欲求上進而入初地，必讀此經。佛於此經詳述破參者應進修之知見，指示佛子依此升進初地，成眞佛子，是名實義菩薩，是故悟者必讀此經。

然此經典文辭古樸，艱深難會，證悟之人亦多不解，何況未悟錯悟之人？是故古今大師雖然多有註釋，皆類未悟錯悟諸師依文解義，難得佛旨。現代佛子古文造詣粗淺，又兼未曾證悟，不解佛意，以致發心印經之時，斷句錯誤之處極多，讀者轉更難解；有鑑於此，末學乃予重新斷句，依所悟證如來藏之體驗觸證而作白話闡釋。雖遵佛語，不得明說密意，然已巧用方便，隱於字裡行間，佛子若有緣者，或可依此契證。

此《楞伽經詳解》原於民國八十四年（一九九五）八月十一日起，對我正覺同修會之會眾演示，迄八十六年九月廿六日圓滿。講時手持經文直敘，不預繕講稿，亦不參酌他人註釋。後經譚錦生等同修多人，依錄音帶整理成文，歷時年餘方告竣工。然欲付梓時，發覺太過口語，有時兼有語病，不宜付印；乃由末學依諸同修之謄稿，親自重繕；雖稍有文章氣，而較具可讀性。

復次，此經講畢迄今，已歷二年；二年後之今時，因貫通三乘經論，及慧學增長迅速故，亦不能滿意二年前所說之內容，故作許多增刪，期望能對佛子有更大之利益。然亦因此，必須逐冊親自重繕，分期出版，無法一次出齊；又因增述故，雖於每冊增加篇幅，可能仍須增為八至九冊，方能圓滿，合並敘明。

此《楞伽經詳解》，不作學術上之科判研究，亦不飾文，唯欲引導佛子大衆直入楞伽寶城，故依經文直解為主，避免學術研究之繁文考據；亦盡量不引他經以釋此經，令諸佛子直接獲得此經之意趣。

又考慮讀此詳解者，多係年屆不惑之學佛者，視力較弱；爲免傷眼，乃捨棄花俏討喜之仿宋字體，改以平實易讀之明體字，並加大一級；編排上儘量避免擁擠，紙色亦避免太白太暗，以方便年長者長時間連續重複閱讀；此諸貼心之安排，期望對您有所助益。

此套詳解即將陸續出版，於此簡敘出版因緣，普願有緣佛子早見大乘道；見道已，復依此詳解，速入楞伽寶城，貫通三乘佛法；因之造序，述余私心，普願鑑燭。

娑婆菩薩戒子　蕭平實

時惟西元一九九九年早春序於頑嚚居

張序

民國八十四年夏，余師　平實先生承多位明心見性弟子之再三懇託，請師開示悟後起修之法及成就佛道之次第；余師爲利益廣大衆生及增益彼等見地計，乃假石牌某精舍及正覺講堂開講《楞伽經》，每週宣講二小時，合計八十七講，前後時間長達一年半。

師宣此經雖有錄音，僅供無暇聽課之同學自修使用。然講述未迄，忽聞師云：「譚錦生師兄已經整理好了十講。」每講約有一萬五千字，此是何等廣大之自動發心！整理講稿，必須逐字逐句反覆聽聞撰寫，工程十分艱鉅，有諸同修甚至必須整月時間方能謄寫一卷帶子。爾後，由於譚師兄之發心感動諸多同修，紛紛響應支援，投入整理行列者約有四、五十位；如此之善緣促成往後《楞伽經詳解》之誕生；亦印證了「菩薩發心，如影隨形；一念慈悲，成就廣大佛事。」

後因余師抬愛，令余先行過目已整理文稿，將講演時之口語去蕪存菁，順成文字稿，並分段落標點，以俟來日整理成冊。

八十七年秋，所有稿件彙總，前後貫串，義理了然，深感佩余師因長年之弘法利生及無盡悲願，修證不斷向上提升，智慧深利，乃能廣演如此深妙之經典。若能成書發行流通於世，必將利益此時後世無量佛子。余師觀察因緣既熟，囑余將已順好之稿子付呈再作潤飾。不意時經二月，余師閱後竟謂余曰：「以前講得太淺了，我打算重寫！」余大驚詫，私心自謂：「阿彌陀佛！如此洋洋灑灑一百三十萬字，如何重寫呢？」內心驚疑：「如此浩大的工程，一人獨自重繕，何年何月方能竣工？」爾後數月，余於弘法之餘，常聞余師講述其重繕之進度。累牘長篇竟然改頭換面，一改口語講述之冗長繁複，轉化成精湛洗鍊之文字；不僅文詞更為流暢明確，法義之陳述更是深入井然，令人歎為觀止。不禁感歎：「需要何等的悲心與智慧？方能成就如此大事！」

《楞伽經》之主要宗旨，乃為佛子詳述八識、五法、三自性、七種第一義、七種性自性、二種無我。細述阿賴耶識與七轉識間之關係及體性、明心後修道之原理與次第、以及如何以所證之如來藏為根本，漸漸斷除現業流識，地地增上之道理。

佛法知見淺薄如余，詳閱余師重寫後之《楞伽經詳解》，對於一切有情生命之本體—如來藏阿賴耶識、異熟識、無垢識之體性有更深入之瞭解；對於七轉識之流注生滅也有更細膩之體驗，乃至對於可經由修行淨化染污之種子……以及如何邁向初地乃至佛地，在在具足信心與願力。際此末法，亂象叢生、眞僞莫辨之際，《楞伽經詳解》問世，必有力挽狂瀾之效，得以護持宗門正法日益光大，免於斷絕。

於整理文稿過程中，印象最深刻者，乃是其中二十八講全部都在講「妄想自性」，闡述凡愚衆生不明眞如體性，無法證得眞如，每每認空明靈知之意識心爲眞如，不知不見眞如之非一非異於空靈明覺之意識心，墮於一異斷常邊見；故爾反覆演述，鉅細靡遺，可謂老婆至極。

眞實之理，必須可以觸證、可以檢查論辯驗證；若非眞有修證，誰能如此詳實深入演述如來藏圓滿深妙之法義？若非眞有修證，誰能於定慧二門作如此條理分明、義理了然之剖析？佛法修證，決不可能單憑個人一生之意識思惟而得，必須多生累劫永無休止之聽聞熏習、努力修持方可得致。於《楞伽經詳解》即將陸續出版之際，爲護持余師弘揚正法故，乃不揣淺陋，提筆爲文介紹緣起概略，供養諸方大德；尚祈十方善信大德皆具慧眼，普能揀擇解行並具之眞正善知識，同修第一義諦妙法，同證菩提，共成佛道。

菩薩戒子張正圜　敬序

公元一九九九年初夏於正覺講堂

大慧白佛言：「世尊！若眾生生死本際不可知者，云何解脫可知？」佛告大慧：「無始虛偽過惡妄想習氣因滅，自心現，知外義，妄想身轉，解脫不滅。是故無邊，非都無所有；爲彼妄想，作無邊等異名。觀察內外，離於妄想，無異眾生；智及爾燄、一切諸法，悉皆寂靜。不識自心現妄想，故妄想生，若識則滅。」爾時世尊欲重宣此義而說偈言：

觀察諸導師，猶如恆河沙，

不壞亦不去，亦復不究竟，是則爲平等。

觀察諸如來，猶如恆沙等，

悉離一切過，隨流而性常，是則佛正覺。

疏：《大慧菩薩向佛稟白說：「世尊！猶如世尊所說：『眾生生死之本際是無法了知的』，那麼佛弟子們修行解脫之道，所證得的解脫境界，又如何能知呢？」佛告訴大慧菩薩：「無始以來所熏習的虛偽過失邪惡妄想的習氣因如果消滅了的話，證知一切世間法與出世間法都是自心如來所顯現，了知外法皆是自心如來所生所顯的眞正義理，那麼妄想身就轉變了，就知道解脫的境界不是斷滅空。由這個緣故，所以我所說的無邊，並不是都無所有而說爲無邊；無邊這個名稱，是爲了對治凡夫眾生的虛妄想，所以施設無邊等種種不同的名稱。如果能夠觀察一切內法及外法，就能夠遠離虛妄想，遠離虛妄的分別，就會了知自己其實與眾生並沒有差別；因此緣故，智慧及爾燄、一切諸法，就全部寂靜了。因爲不能識知一切法都是自心如來所顯現的事實，而不知種種虛妄想都是來自不能了知自心現量，所以作種種的猜測，所以虛妄想就產生了；如果能確實認識及了知眞相，虛妄想也就隨著消滅了。」爾時世尊欲重宣此義而說偈言：

觀察十方世界所有的眾生導師，猶如恆河沙一般；
這些眾生的導師，是常住不壞，也是不去的；
然而這些眾生所能得見的導師，也是不究竟的法；
如果能這樣親見的話，這就是眞正的平等的智慧。
觀察十方世界的如來世尊，猶如恆河沙一般；
他們全都是遠離一切過失的，
他們都是隨於涅槃河之流水而流的，他們的自體性是常恆不變的；
如果能確實這樣觀察的話，這就是佛所教導之眞正的覺悟。》

解：大慧白佛言：「世尊！若眾生生死本際不可知者，云何解脫可知？」

一切眾生皆在十方虛空無量世界之三界境界中，不斷輪轉生死；然而如是生死之輪轉，必定有其原由，絕非無因無緣而有。由是緣故，諸多外道修行者，出家修行而欲探討如是原由，以求解脫生死之繫縛。探究之結果，便有種種外道之說法，或言大自在天爲創造世界、創造世人萬物之造物主，或言自然而生世間人物萬法；或言不可知、不可了之冥性爲世間萬法之根本；或言一切人皆是某一極微明點所創造，主張如是極微明點即是眾生之本源；或言四大元素即是眾生之根源，認爲一切眾生都由四大元素而組成故；或言不可知、不可證之意識細心爲萬法之根源；或言……，作如是等不如實之虛妄想之理論。

然而 世尊則開示正理：一切世界及世間萬物及與眾生之色身覺知心等萬法，悉由眾生之自心如來所創造。非唯世間之一切有爲法如是，一切出世間之無爲法亦復如是，同由自心如來而生而顯。世尊如是親證已，便從世間有爲法之蘊處界緣起性空，而說：眾生執著能知能覺之覺知心爲常住不壞之我，名爲我見、常見；眾生執著處處作主而夜晚眠熟亦不斷滅之恆審思量心，作爲常住不壞之我，則是我見；以此我見故，執著覺知心爲常住不壞我，執著恆審思量心爲常住不壞我，則是我執。

由是而說眾生流轉生死之根源即是我見與我執，由是而說眾生欲求解脫生死輪迴痛苦者，唯有斷除我見與我執，令自己永遠不再執著自己，因此緣故，捨壽之後，不再出生中陰身，是故不再入胎爲人，不再輪迴生死而受苦惱，名爲現般涅槃。或者說：出生中陰身後，即是我執未斷盡，應再觀察而斷盡我執，中陰身壞滅之後，不再出生第二次之中陰身，亦不入胎受生，名爲中般涅槃。皆是唯餘涅槃之實際、本際，滅盡十八界法，常住不滅而離見聞覺知，亦離思量作主性，如是寂靜而常住，名爲無餘涅槃，三法印之所印定。

然而眾生無智，不能如實現觀覺知心我（了了分明之意識心）之虛妄，不能現觀思量心我（處處作主之意根、末那識）之虛妄，是故世尊於四阿含諸經中，施設十八界法，施設名與相而含攝五陰，施設五陰之內涵而攝十八界法，施設九因緣、十二因緣、多因緣…等法，而令眾生了知十八界我之虛妄性。

然而現今已是末法之季，諸方大法師、大居士已經不能如實解知五陰、十八界等法悉屬名與相所攝；由不能如實知解故，無法現觀其虛妄性，便執取五陰中之識陰作爲常住不壞之法。譬如惟覺法師之執取識陰爲常住不壞法：「能說法的一念心，能聽法的一念心，就是你的眞如心；現前不打妄想，了了分明覺知境界的心即是眞如心；處處作主的心即是眞如心。」如是等心，其實皆是識陰，本是舌根、耳識、意識、意根末那識，皆不離根塵識之範疇，正是執取識陰爲常住心者，與常見外道及民間信仰者所說之常住不壞心無異。

聖嚴法師所說之悟，亦復如是，將離念靈知心作爲常住眞心，將自己與粗淺之欲界定相應之境界，認作禪宗證悟之境界；將意識心處於一念不生之境界中，說之爲禪宗之證悟；將靜坐時能長時間保持一念不生者，認作大悟徹底（詳見《宗門正義》書中舉證）。如是等邪見，更載於書中廣爲流通，貽誤今時及後世之廣大學人，同是認妄爲眞者。

至於佛光山之星雲法師，弘誓學院之昭慧、傳道法師：等人，則是同皆隨順於印順法師所弘傳之西藏密宗黃教邪見，以密宗應成派中觀之邪見作爲佛法之正見，弘傳印順所主張之人間佛教邪思，恣意否定第八識如來藏心，不承認有第八識心存在，不承認有第八識如來藏可證；或者以意識心取代第八識如來藏，將意識心說成第八識如來藏。星雲、昭慧、傳道、證嚴：等人，認同印順之邪見，同皆誤解四阿含諸經所說緣起性空之正理，誤認為：否定涅槃本際之第八識後所說之緣起性空法，即是阿含之眞正意旨；由此緣故，使得彼等所說之無餘涅槃，墮於**斷滅空**及**無因論**中。印順、昭慧、傳道、星雲、證嚴等人，又認為般若諸經之意旨即是**一切法空**之說，即是無有實法存在之**一切法空**，認為般若諸經所說諸法即是**唯名**之說，**其性是空**，便將般若諸經之眞實意旨定位為**性空唯名**，使得般若諸經之內涵成為戲論之說，性空唯名故。昭慧、傳道、星雲、證嚴等人又信受印順之邪見，認為第三轉法輪諸多方廣唯識系諸經所說者，皆是**虛妄唯識論**；將第三轉法輪諸方廣唯識經中所明說之第八識如來藏，視而不見，一味加以曲解，說經中所說**眞實唯識論**為方便說、施設說等，硬加扭曲為**虛妄唯識論**，悉皆墮於斷滅見及無因論中。

墮於斷滅見及無因論之後，又恐他人責其為斷滅見、無因論，便又施設虛妄想所得之「**不可知、不可證之意識細心**」，作為聯繫三世因果之常住法；以虛妄施設之不可知、不可證妄想法，取代世尊所說「**可知、可證之如來藏**」，如是否定三乘菩提之根本——第八識如來藏。

慈濟之證嚴法師則根本無智無慧，不能分別印順、昭慧、傳道、星雲⋯等人所墮之邪見本質，唯能盲從於印順等人之邪見，唯能從事於世間善法，隨順印順之邪說，一生努力將佛教世俗化與淺化，根本無有能力觀察自身之五陰十八界法爲眞爲妄，亦無能力分辨有無如來藏等佛法根本之教理，所說所行所事，皆在世俗善法上用心，根本不能涉及三乘菩提之探討，遑論修之、證之？

非唯證嚴法師不能爲之，乃至其師印順，悉皆不能探討三乘菩提之根本大義。由是邪見之緣故，印順不知、不解、不證如來藏，索性否定之，說之爲無，將 佛所說之第八識如來藏誣指爲方便說，說之爲無有此眞實心。卻又施設虛妄想所得之意識細心，作爲常住不壞之實體；以此自我施設之常住不壞實體法，卻來責備大乘法中眞修實證者所證得之如來藏，爲**建立實體法**，爲**執著實體法**；如是以己之所墮，轉復責於他人。實質上則是以虛妄建立之子虛烏有法，取代 佛所開示之可知可證之第八識如來藏，將佛法推入虛無飄渺之想像法中，將佛法之實質消滅。

凡此過失之所以發生者，皆因不能了知三乘菩提正道所致。當知二乘菩提所修者，唯是解脫之道，不涉般若智慧，不涉一切種智，亦不涉佛菩提。二乘菩提所修之解脫道，要在斷除**我見**與**我執**；欲斷除我執者，要須先斷我見；一切未證得四禪八定具足者，不斷我見而欲斷除我執者，無有是處；乃至四禪八定具足之人，見道時之斷我執者，亦是因於我見之斷除而斷我執，非可不斷我見而欲斷我執也。

若欲斷除我見者，必須現前觀察十八界法；於一一法界現前觀察、審細觀察。最須審細觀察者，厥爲覺知心之自體以及其變相，次爲觀察意根——末那識——之虛妄非實。若能如實現觀者，則聲聞初果所斷三縛結便得隨之而斷，從此不復認取覺知心及處處思量作主之意根爲常住不壞法，我見則斷；我見斷已，疑見隨斷，從此對於諸方大師之已斷我見、或未斷我見者，悉皆能知；疑見斷已，戒禁取見隨斷，了知解脫之果報非因種種外道所施設之戒行及法道而證；**了知解脫之修證者，唯是斷我見與我執爾**；此三見斷者，可以現前觀察是否已確實斷之。若確實斷除者，即是已斷三縛結者，即是聲聞初果聖人。

然而我見是最難理解之邪見，現見印順、昭慧、傳道、星雲、證嚴……等人，皆未能斷此我見，故不能斷三縛結，猶在意識心之有無上用心，猶在施設之意識細心上執著之，以爲如是意識細心實有，建立此子虛烏有之妄想法爲三世輪轉之實體法。凡此邪見之產生者，皆是由於不能現觀十八界法之一一界所致。若人有智有慧，或雖無智無慧，而有大福德，得遇眞善知識，爲其宣說十八界法現觀之法門與要義，則能自行修觀；由是觀行而斷除我見，頓成聲聞初果人，頓斷三縛結，分證解脫果。

然而印順、昭慧、傳道、星雲、證嚴……等人，至今不能如實觀察十八界法之虛妄；乃至十八界法中之意根——第七識末那，竟亦加以否定，不肯承認意根第七識在現實中之存在，將 佛所說十八界法改變成十七界法。如是不能現觀意根所在，不承認有意根存在之人，如何有能力現觀其虛妄？不能現觀意根虛妄之人，根本不可能斷盡我見，何況能斷我執？我見與我執不能斷除之人，尚且不能證得聲聞之初果解脫，何況能證定性阿羅漢所不能證之般若智慧？如是，已知印順、昭慧、傳道、星雲、證嚴等人皆是凡夫之見，不通三乘菩提法道，未得三乘菩提之見道功德，焉得說爲「在佛法上有證量者」？而彼等徒眾廣稱印順是有佛法證量之人，堅信昭慧、傳道、星雲、證嚴等人是有佛法證量之人，焉是實語？等而下之，則隨學其法之徒眾等人，思亦可知矣！

然而現證涅槃解脫之定性聲聞慧解脫聖者，乃至俱解脫之聖者，必作是思：**無餘涅槃之中是否有本際？**若無本際，則十八界法之五陰我俱滅已，應成斷滅。由是緣故，世尊爲諸阿羅漢說**有無餘涅槃之本際**，說無餘涅槃非是斷滅，說無餘涅槃非同世俗法中所說之「有去」。如是本際，於四阿含諸經中，世尊曾多處說之，故說涅槃非常非斷；今者四阿含諸經現在，猶可稽察證明，乃是最原始、最傳統之佛法，非是平實個人之創見也。唯是印順個人閱之不解，錯會 佛意，以爲 世尊未曾說之；復因年輕時信受西藏密宗黃教之應成派中觀邪見，以先入爲主之觀念故，不肯改易原有得自藏密之邪見，不肯改易其說，復又縱令徒眾廣爲宣說弘傳，今由昭慧、傳道、星雲、證嚴、淨耀……等人極力弘傳之。

佛世諸多不迴心大乘之阿羅漢，固然曾聞 佛說：無餘涅槃非滅非斷。然而終究未曾如諸迴心大乘而成爲菩薩之阿羅漢們，親證涅槃中之本際，是故若有他人作如是問：「無餘涅槃中乃是十八界滅盡，無復現起；而此無餘涅槃中之本際爲是何法？何境？」彼諸不迴心之阿羅漢等聖者，便皆無能置語，以未曾了知無餘涅槃之本際故。

何故謂阿羅漢等已證有餘及無餘涅槃之聖者，而不能了知無餘涅槃之本際？此謂無餘涅槃之本際即是第八識如來藏自住之境界故，十八界法滅盡之後，唯餘十八界法出生之根源——第八識——如來藏獨存，而如來藏從來本離見聞覺知，從來不具有證自證分，是故無餘涅槃之中寂靜極寂靜。然而阿羅漢捨壽之前，並未證得此無餘涅槃本際之第八識，捨壽之後，十八界我又復俱滅不現，唯餘第八識如來藏離見聞覺知、離一切思量性而獨存，則無餘涅槃之中，尚無阿羅漢之自我存在，尚有何人能知涅槃中之本際如來藏？

是故，阿羅漢雖然已經親證有餘及無餘涅槃，然而終究不能了知涅槃之本際；未了知涅槃之本際者，則不能了知生死之本際，一切眾生之所以有出生與死亡者，皆是因如來藏而有故；若無第八識如來藏，則尚無蘊處界等法之出生緣起，何況能有蘊處界等法之緣滅性空？是知緣起性空之法實依蘊處界等法而有，蘊處界等生死法則依如來藏而有，是故眾生之生死本際，即是第八識自心如來也。諸多定性聲聞之阿羅漢，生前既未曾證得第八識自心如來，死後十八界之自我復又全部滅盡，尚有誰阿羅漢能知自心如來？不知自心如來者，云何可謂爲能知生死本際者？今者 世尊說「**生死本際不可知**」，又說「阿羅漢已證得解脫，已離生死」；如是之言，不免令眾生產生疑惑。由是緣故，大慧菩薩故作此問，以此爲緣，由世尊爲作開示。

佛子當知：了知生死本際乙事，與是否證得解脫果，二者之間，非有絕對之關係。分述如下：

證得解脫果者有五種境界、三種人：一者通教菩薩所證解脫果，二者緣覺所證解脫果，三者不迴心大乘之定性聲聞所證解脫果，是名三種人。五種境界者：一者謂初果人斷我見後之斷三縛結，預入聖流；二者謂二果人斷我見後之發起消滅性障功德，薄貪瞋癡；三者謂三果人之斷五下分結，不還人間，必在五不還天而取無餘涅槃；四者謂四果人之斷除五上分結，捨壽必定取證無餘涅槃：或者現般涅槃，或者中般涅槃。五者緣覺之現觀十二因緣法，解脫果之智慧較諸聲聞聖者深細。通教菩薩分在如是五果之中而證解脫果，然以大悲願力，欲世世救度眾生故不取無餘涅槃。是名解脫修證之五果境界。

如是五聖五果解脫境界，雖然確可得證；然此五聖五果聖人，於生死之本際，悉皆不知不證；謂生死之本際即是十八界滅盡後，所餘存之第八識自心如來也。而此自心如來，彼等不迴心之五聖五果聖人悉皆未曾證得，是故 佛說：「生死本際不可知。」然而生死本際雖未能知，五聖五果諸多聖人卻能取證解脫果：但得滅盡對於覺知心自己之貪著，但得滅盡意根對覺知心與思量性之自己之貪著，捨壽之際願樂自己滅失、永不復生如是自己，永不復生如是自己以面對六塵萬法，則從此無復有來世之十八界法現起，十八界之自我永滅，即是無餘涅槃。

然而如是二乘涅槃，絕非是印順、昭慧、傳道、星雲、證嚴…等人所想之「有去、有滅」境界，彼等諸人雖然宣說涅槃是無去境界，然所說者則是有去之境界；非如二乘涅槃境界之無去亦無境界之境界，唯有第八識自心空性獨存不滅。正因爲無餘涅槃之中唯是第八識自心如來獨存不滅，故說無餘涅槃非是斷滅之法；自心如來無形無色，復離見聞覺知，不分別一切法，何曾有來去可言？由其從本以來即無來去故，非是去法，去者即是斷壞消滅之義；而自心如來未曾有去，唯是斷除我執之後不復入胎，不復藉陰界入等緣而示現於三界中運行爾。既然無去，當然不可單謂十八界滅盡即是涅槃，當言：「十八界滅盡已，尚有自心如來不來不去，離見聞覺知及思量性而炯然獨存，不與萬法爲侶。」方得名爲涅槃之正義也。

定性聲聞及緣覺聖人，雖然不知不證生死之本際，然而斷盡我見與我執已，聞佛所說有生死本際之語，了知無餘涅槃非是斷滅，雖未能證得生死本際之第八識自心如來，卻無礙於解脫之親證。是故，有時世尊爲諸二乘凡夫與聖人作是宣示：**眾生之生死本際不可知**。此乃實語，此乃宣示二乘聖者所證解脫境界，宣示二乘聖者所證之解脫果並不能了知生死之本際。

然於修證佛菩提之大乘菩薩而言，佛卻教令諸菩薩：欲親證大乘般若之見道智慧者，必須親證生死之本際，不須先證解脫果——不須先斷盡思惑煩惱，故說：「菩薩不斷煩惱而證菩提。」此謂六地滿心之前，悉不在斷除思惑煩惱上用心，而以親證自心如來爲要務；是故菩薩於第七住位眞見道時，親證自心如來已，則當時便已親證及了知「**本來自性清淨涅槃**」，已了知生死與涅槃之本際。此後亦專在般若慧學上用心，不在斷除思惑上用心；乃至初地菩薩以去，故意保留最後一分思惑而不斷之，以潤未來世生，地地轉進而修一切種智。

於此菩薩而言之，則是未取證有餘及無餘涅槃之前，已先親證生死之本際；未入涅槃之前，已先了知無餘涅槃中之本際；是故菩薩智慧深妙銳利，非是定性聲聞聖人所能知之。由此緣故，於菩薩而言，則生死本際可知可證，非如聲聞緣覺及通教菩薩之不可知、不可證也。然而聲聞緣覺及通教菩薩雖不能證知生死之本際，卻無礙於解脫果之修證，此間內涵苟非具有道種智者，即不能自行了知如是正義；要須親隨大善知識聞熏已，方得了知及現觀之。由有如是曲折故，大慧菩薩故作如是問，以如是請問作爲因緣，由 世尊解說之。平實亦藉是緣，而爲今時及後世大眾說之。

佛告大慧：「無始虛僞過惡妄想習氣因滅，自心現，知外義，妄想身轉，解脫不滅。」此段經文，於《大乘入楞伽經》中作如是譯：「大慧！無始虛僞過習因滅，了知外境自心所現；分別轉依，名爲解脫，非滅壞也。」此段經旨，意在宣示：眾生所以爲自身自心以外之一切法，確屬外法，而不知其實此等外法，眾生從來不曾觸受過；所曾觸受之一切外法，其實皆是自心如來依外法而對現之一模一樣之內相分法，而令眾生誤以爲自己所接觸到者乃是外法。

此段經旨之第二部份，則是宣示：解脫、涅槃，非以十八界法斷滅，而言爲解脫、言爲涅槃；乃是以證知十八界全部虛妄，證知一切法皆是自心如來所生所顯，如是證知**生死與涅槃之本際**；證知已，轉依如是所證現量境界，不墮於十八界法之眾生我中，名爲解脫，非如二乘人所知之滅盡十八界法而不知生死之本際，以此爲解脫也。更非印順、昭慧、傳道、星雲、證嚴等人所說之滅盡十七界法後，以滅相、以空無作爲涅槃也。此謂大乘菩薩親從 佛學，所證解脫者，乃是「即生死之中已是解脫」也，名為本來自性清淨涅槃，名為即生死之時已是涅槃，故名菩薩智慧與解脫悉皆不可思議。

眾生修學解脫道，求取解脫生死痛苦者甚眾，然因無始劫以來所熏習之虛偽妄想過失故，以及無始劫以來受諸邪師惡見所教導故，不斷種下虛妄想之習氣因。欲得除滅如是虛偽妄想之習氣因者，極為困難，須具有往世「親與善知識結善法緣」之因，方得聞受正法而取證解脫果。猶如今時諸方大師對於解脫果之修證悉皆錯會，學人欲證取解脫果者，殆無可能。如是粗淺之二乘解脫果修證，當今全球聲望最高，學眾號稱最懂佛法之印順法師，尚且誤會到如是嚴重之地步，隨學而弘傳之其餘諸師，思亦可知矣！中國地區如是，南傳佛法等南洋地區亦復如是，如今悉皆不能證知解脫道之眞實意旨，則大乘般若甚深極甚深之第一義諦正道，更無論矣！

解脫果之正理非為甚深，印順、昭慧、傳道、星雲、證嚴……等人尚且錯會，則甚深般若之中道智，云何能知能證？般若中道之見道觀行尚且錯會，則一切種智深妙正理何能知之？遑論修證？是故今時中國地區之大陸台灣諸多學人，追隨台灣四大道場四大法師之邪見而轉，四大法師則隨於印順之錯謬知見而轉，印順則隨於西藏密宗應成派中觀之邪見而轉；如是轉學轉修轉遠，益發遠離解脫之道，益發遠離佛菩提大道；所學所修所證者，悉與大乘諸經所開示之「成佛之道」無關。凡此墮於外門修學解脫道及佛菩提道者，皆因宿習虛妄知解，成就**妄想習氣因**；今世又復重增邪師之**邪教導**，是故轉學轉遠，永遠不能與眞正之解脫道及佛菩提道相應。

此謂：若有人消滅往世所習虛僞過惡**妄想習氣因**，將自心如來中所含藏之種種妄想習氣滅除，親灸善知識所開示正理，依之如實而修，則能親證第八識自心如來，則能了知內法外法悉是自心如來之所生；了知皆是自心所現已，則能漸漸證知一切出世間之無爲法，亦皆是自心如來所顯示。由如是證境與現前觀察而證實之故，了知外法皆是自心如來所生所顯的眞正義理，則原有之妄想習氣隨即轉變，便得了知**解脫之境界實非斷滅**。如是等人，甫聞印順、昭慧、傳道、星雲、證嚴…等人所說解脫境界之修證法義時，便知彼等諸人悉未親證解脫，便知彼等皆是對解脫境界作諸妄想之凡夫人，已眼見彼等諸人悉墮於斷滅見之無因論中故。

「是故無邊，非都無所有；爲彼妄想，作無邊等異名」：由上來所說正理之故，世尊所說之眞如無邊無際，非因眞如是無法、非因眞如是「一切法空」之一無所有，而說爲無邊；無邊一名，實是對治凡夫眾生虛妄想故，施設無邊一名，欲令眾生了知自心如來之無形無色、非是色法，故無邊際可言；唯有色法，方有邊際可言。然眾生往往誤會，是故復又施設種種不同名稱，以令不同根性之眾生了知其義。是故凡我佛教學人與諸大師，悉不應對「自心如來無邊際」之說生諸臆想，而對眾生妄謂「自心如來遍滿虛空、無邊無際」；若作是說者，則同於香港之月溪法師一般，成爲虛空外道，非是佛法之正知見也。

「觀察內外，離於妄想，無異眾生；智及爾燄、一切諸法，悉皆寂靜。不識自心現妄想，故妄想生，若識則滅」：若有行者能如實觀察一切內法外法之本際，如實觀察一切內法外法之所從來，了知其根源無非是自心現量，則能遠離虛妄想，能遠離種種虛妄分別，則能現前了知自己與眾生實無差別。

何故自身與諸眾生實無差別？此有理與事之層次：就事相而言之，眾生有八識心王並行運作，乃至豬狗牛羊蟲蟻亦復如是，同有八識心王並行運作；而諸未證如來藏之二乘聖人，以及已經證悟實相之自己，不論位處七住、十住、十行、十迴向、十地、等覺乃至究竟佛地，悉皆同此事實，皆是八識心王並行運作。示現於人間之諸佛應身亦復如是，同有八識心王並行運作，亦有同於人類之色身來往去止、吃喝拉撒，與吾人無異，是故不論自己現住五十二階之任何位次，悉皆與眾生無異；如是現前觀察而離妄想者，皆知自身無異眾生也。

就理上而言之，眾生同有第八識自心如來，恆住本來自性清淨涅槃境界之中，無始劫以來恆而不審，從來不起一念了知，從來不起六塵上之見聞知覺性，從來不了別六塵萬法，從來不生貪厭苦樂之覺受，何況起貪厭苦樂之想？吾人今已現證自心如來，從自心如來之現觀而證知世尊所說如是正理，現觀**如來理體**在三界六道法界之中，確實如是運行，而亦常恆如是，從不改易其清淨性：過去不曾改易其性，今不改易其性，後時亦將不改易其性。復觀眾生身中自心如來，所現體性與己完全無異，由是故離諸妄想，於法界眞實體性不復生起虛妄想，從如是理體而觀自己與諸眾生，理皆如是而無有異，故說無異眾生。

由如是內法外法而觀自己與諸眾生，同等無異；因此緣故，智慧勃發；智慧勃發故，爾燄便隨之漸漸寂滅，不復爲礙；一切諸法亦復如是，隨之全部寂靜；雖然行者尚在人間行來去止，而已常住自心如來之寂滅境界中，不復如前之爲世間六塵所轉。

眾生常貪世間種種俗樂，然而如是執著與貪，皆由虛妄想所致；若常淪墮於虛妄想之中，而生世間六塵萬法之渴愛與執著者，則是由於不能識知「一切法皆是自心如來所顯現之事實」，由是而作種種虛妄想；當其心中作種種虛妄想時，其實如是虛妄想亦皆來自於自己之第八識；然而眾生不能了知如是自心所現之事實，故作種種猜測，是故更增無量數之虛妄想。若人能確實認識第八識自心如來，能確實了知一切法之眞相其實本是自心如來所生所顯，如是親證自心如來而現前觀察證實已，虛妄想必隨之消滅。

「爾時世尊欲重宣此義而說偈言：觀察諸導師，猶如恆河沙，不壞亦不去，亦復不究竟，是則爲平等。觀察諸如來，猶如恆沙等，悉離一切過，隨流而性常，是則佛正覺」：世尊重新宣示此段法語之正義，而說偈語重宣意旨：若有行者，能觀察十方世界所有的眾生導師，猶如恆河沙一般；彼諸眾生所親從之一切大導師——諸佛世尊，其理體——第八識眞如——皆是常住不壞之法，全無有異；彼諸大導師之理體——第八識眞如——亦皆同是不來與不去，殊無二致；然而彼諸十方世界眾生所能得見之諸大導師，亦皆同是不究竟法，同是應化之身，同是有壞之身法故；若有佛子能如是親見者，此即是眞正平等之智慧。

若有人觀察十方世界一切如來世尊，皆如恆河沙一般其體不變；則能了知諸佛如來之自心眞如悉離一切過失；諸佛如來之理體如是無過，而諸佛如來悉皆隨順涅槃河之水流而流出一切出世間法，如是而爲眾生宣說；然而諸佛如來之自心眞如法身，其自體性卻是常恆不變者；若有佛子能確實如是觀察者，此即是 佛所教導之眞正覺悟。

爾時大慧菩薩復白佛言：「世尊！惟願爲說一切諸法剎那壞相。世尊！云何一切法剎那？」佛告大慧：「諦聽！諦聽！善思念之，當爲汝說。」

佛告大慧：「一切法者，謂善、不善、無記，有爲、無爲，世間、出世間，有罪、無罪，有漏、無漏，受、不受。大慧！略說心、意、意識及習氣，是五受陰因。是心、意、意識習氣，長養凡愚善不善妄想。大慧！修三昧樂，三昧正受現法樂住，名爲賢聖善無漏。

大慧！善不善者謂八識，何等爲八？謂如來藏，名識藏——心、意、意識及五識身；非外道所說。大慧！五識身者：心、意、意識俱，善不善相，展轉變壞，相續流注；不壞身生，亦生亦滅。不覺自心現，次第滅，餘識生。形相差別攝受，意識五識俱相應生。剎那時不住，名為剎那。大慧！剎那者，名識藏：如來藏意俱，生識習氣剎那；無漏習氣非剎那，非凡愚所覺。計著剎那論故，不覺一切法剎那非剎那，以斷見壞無為法。大慧！七識不流轉，不受苦樂，非涅槃因。大慧！如來藏者，受苦樂，與因俱，若生若滅，四住地、無明住地所醉。凡愚不覺，剎那見妄想薰心。復次大慧！如金、金剛、佛舍利，得奇特性，終不損壞。大慧！若得無間，有剎那者，聖應非聖，而聖未曾不聖。如金、金剛，雖經劫數，稱量不減；云何凡愚，不善於我隱覆之說，於內外一切法，作剎那想？」

疏：《爾時大慧菩薩復白佛言：「世尊！惟願世尊為我等大眾宣說：一切諸法剎那壞滅之法相。世尊！如何是一切法之剎那？」佛告訴大慧菩薩：「諦聽！諦聽！善思念之，當為汝解說。」佛告訴大慧菩薩：「所謂一切法的意思，是說：善法、不善法、無記法、有為法、無為法、世間法、出世間法、有罪、無罪、有漏、無漏、受、不受，這就是一切法。大慧啊！如果是大略的來說一切法呢，那就是說：第八識自心如來、意根、意識及習氣，就是五受陰的出生的原因。這第八識心、意根、意識及習氣，能長養凡夫及愚人心中的善法與不善法的種種虛妄想。大慧！如果修學金剛三味，而證得金剛三昧之正受，現前住在法樂之境界中，這個人所住的境界就稱為賢聖之善法、無漏法。

大慧！善法與不善法者，是說八識心王。如何是八識心王呢？此謂如來藏，名為識藏：具足第八識心、意根、意識及前五識等法；非是外道所說之唯有六識心。大慧！五識身的意思是說：這五識心，必須要有第八識心、意根、意識作為俱有依，才能生起而現行運作；這五識心，通於善法，也通於惡法，所以具有善相與不善相；這五識心是展轉差別不同的，而且是剎那變異乃至滅壞的；由於自心如來所含藏的五識心的種子相續流注不斷的緣故，所以看起來似乎是有常住不壞的識身存在，然而卻是既有出生、也是有滅壞的。

眾生不能覺察到六塵境相皆是自心如來藏所顯現，因此而生貪著，所以五識種子就流注而出，攀緣執著；五識種子流注而顯現五識時，其實是前念心與後念心次第而滅的，由於這個緣故，所以五識心就別別生起了。五識心各別生起而分別五塵之時，五塵上的形相……等差別的認知，則是意識心的事；這意識心卻是須要與五識心同時現行而共同運作，才能了別五塵上的形色等法。這六識心都是剎那流注生滅的，沒有一時不是剎那流注生滅的，現行的時候是沒有一時能停止流注而停住的，所以名爲剎那。

大慧！剎那的意思，也是說識藏：第八識如來藏與意根同時並行運作，因此而產生了前六識的習氣剎那；然而無漏法的習氣，卻不是剎那生滅的，這個道理不是凡夫與二乘愚人所能覺察得到的。但是佛門之中的凡夫，誤計而執著我所說的剎那生滅的理論的緣故，不能覺察一切法中有剎那生滅的法，也有非剎那生滅的法，所以就用斷見來毀壞涅槃無爲法。

大慧！前七識心不是眞正流轉的主體識，也不是眞正受苦樂的主體識，也不是無餘涅槃之正因。大慧！如來藏這個心，才是眞正受苦樂的主體識，祂與苦樂習氣因同在，祂與苦樂習氣因是共生共滅的，因爲祂一直都被四種住地及無明住地所醉的緣故。凡夫及二乘愚人，不能覺察這個如來藏的剎那及非剎那性，所以產生了一切法都是剎那生滅的想法，被這種虛妄想的熏習而熏入自心如來藏中。

復次大慧！譬如黃金與金剛，以及佛舍利，都具有奇特的體性，始終不會損壞。大慧！如果所證得的無間斷法，卻是有剎那生滅的話，那麼這位聖人應該就不是聖人了，然而佛法中的聖人卻不曾有一個人不是聖人；猶如黃金與金剛，雖然歷經許多劫以後，重新將它稱量時，它的份量是不

會滅少的。為什麼那些凡夫與愚人，不能善於了知我隱覆密意而說的法義？而於內法及外法等一切法中，產生了剎那生滅之想呢？》

解：爾時大慧菩薩復白佛言：「世尊！惟願為說一切諸法剎那壞相。世尊！云何一切諸法剎那？」

每有世俗凡夫眾生，修學佛法時，不依佛教經典而修，卻依密宗凡夫俗人所編造之坦特羅（密續）而修，是故便有西藏吐蕃傳承自天竺「坦特羅佛教」之藏傳「佛教」出現於人間。天竺真正之佛教，到第十世紀時已經極為衰敗，此實肇因於佛法二主要道之未能廣弘與有緣人所致；由是緣故，大眾難以修證佛法之解脫果與佛菩提道，便有密宗種種密續之應運編造而流傳於人間，後時便有喜樂有為法之俗人加以編集和合成經，創造新的想像成佛之法，以及攝受外道「兩性生殖、生生不息」男女淫樂合修之世間法，混雜於其內，冠以佛教教相上之表相，以及出家僧寶表相，再以佛法之果位名相而弘傳之。

如是密宗外道法之上師與學人，個個皆善能妄解佛法真意，擅自解釋「剎那」二字之意，妄說佛法而籠罩眾生。譬如藏密要典之《仰兌——依黑物上金字顯出大圓滿最勝心中心引導略要名趨入光明道》所說：

《復次，省察此「能思」者，是否從自色之外而生，或即於自己「能思之心」而生，遙相觀照。次觀能思與所思，於一剎那，彼此遇合，勿令錯失。須於此上生起決定，若於**第一剎那**之顯，與心未分上，以無懃勇守護，而得決定，則心與心境所顯，必得無二決定要義。若不知此，隨所顯現，於**第一剎那**間，不明「心」與「所顯」，原爲唯一體性。至**第二剎那**，「所顯」剩留於彼，「能明」留於此，使心與心境各異，如凡夫觀心，無時決定。故當於所顯**剎那未分上**，觀察爲要。》（蒙藏委員會藏書《仰兌》頁31、32）

此是藏密紅教中之大修行者所說之「佛法」：《寧瑪巴中期祖師渣華龍清巴尊者，有第二佛之尊稱；彼於每月初十日、二十五日、與初八日，均對**勇士**、**空行母**輩，陳設廣大之會供，令其歡喜。光明空性，由上超越，平常趣入瑜伽，面見許多本尊。尤其是教主卑嗎那密渣尊者面見時，並飭其將心要法內容，綜合義理，使易了解，其後加以弘揚，作如是授記。於是乃將卑嗎那尊者開示要旨，選擇成爲最心要如意寶法，名爲「仰兌」者三十五部，加以結集焉（原註：參閱敦珠寧波車著，釋明珠、劉銳之譯「西藏古代佛教史」第一二三頁，書原譯作「仰的」）。卑嗎那尊者，與蓮師互爲師徒，於大圓滿心要部，與蓮師各有教規，其殊勝可想。》

此是紅教第二佛龍清巴，傳承自無上法王卑瑪那密渣，然後傳與明朝國師讓蔣多吉之大圓滿法，所說之大手印內容，墮於意識心境界，而藏密自行高推爲超勝於顯教之無上大法；藏密後人不知其謬，更將其中亂用之佛法名相「剎那」，取來炫耀於平實，更嘲平實之不懂密法：

《蕭平實你受過多少考驗、吃過多少苦，學過十三部論嗎？有什麼資格學密法？氣味還沒有聞到一點點呢！你知道大圓滿之大象座和白鶴座入於摩耶空的剎那嗎？知道有幾次第不染相呢？你說懂，你能把密部最勝心中心文句念出來給大家聽一下嗎？你是不懂裝懂的騙子……》（義雲高、喜饒根登二人，藉釋性圓法師之名義，於 2000.8.12 台灣各大報紙頭版所刊登之半版彩色廣告文）

凡此皆是誤會世尊所說剎那之義者。世尊所說之剎那者，乃是第八識自心如來所含藏之八識心王種子之流注現象：剎那生滅、剎那流注、剎那相續。而密宗諸多古時祖師及今時上師，悉皆不解如是正義，卻又喜歡取來自作文章，以己意妄想而套用於種種盜自外道之邪謬法門中，卻來冠於顯教之上，卻來炫耀於顯教，謂此等法門皆是顯教所無者，謂顯教無如是外道法門，所以不如密宗；乃竟公開向大眾宣示：顯教之法修學完畢之後，方有資格修學密宗之如是外道法。

復次，多有學人因於密宗之誤導，而作如是錯誤之認知：「必須吃盡種種苦，必須修種種苦行，方能悟道。」此種說法實極荒謬，譬如佛世尊六年之苦行，每日唯食一麻一麥；常住定中，一心不亂，乃至入定二十餘日不動其身，以俟頭上鳥巢之幼雛之長成，而後出定下座；當時一切外道大修行者中，無人能及。然而 世尊修行如是六年苦行已，終究不能證悟大乘般若，乃至二乘之菩提涅槃亦未能證得，是故後來了知苦行之過，乃捨棄苦行，前往河中淨身；淨身之後，接受牧羊女所供養之乳糜，行於「不苦不樂」之中道行；因此引致無知之隨侍五人離去。然於是日身心安好而坐上菩提場之後，捨棄種種修定之法及其境界，專以智慧觀行之法而修，是夜乃證涅槃及無上佛菩提果。

然密宗諸師悉皆不知此理，顯教行者亦受密宗上師所誤導，每以為必須修苦行方能證果，而不知證果起智者，皆由觀行世間法虛妄，皆由觀行世間萬法之根源，方能證得；是故，密宗諸師所說必須苦行方能證悟之說，皆是外道見也。最明顯之事例，即是藏密之密勒日巴：馬爾巴赴印尋覓上師學法，花費多少銀兩與精神？但密勒日巴當時供養馬爾巴上師之黃金，其數非眾，難得馬爾巴之歡心，豈能輕易得法？馬爾巴乃以種種事行刁難之，本欲密勒日巴知難而退，非是磨練其心性也；所謂磨練者，只是後來被感動後之飾辭爾。

及至密勒日巴「證果」之後，其所謂之悟，所謂十地之證量者，亦只是凡夫地之妄想爾，仍舊墮於意識心境界上，仍然認取離念無念之意識覺知心，作爲佛地之眞如。如是多年之苦行，結果何曾證得佛法？三乘菩提之見道功德，俱皆未得。乃至最粗淺之二乘菩提——初果人所斷之我見，彼亦未斷，只是個常見外道，有何所證？而又終生奉行**樂空雙運**之手淫法門，住於山洞中「自修」**樂空雙運**，謂之爲眞正究竟之佛法，根本即是修證欲界世間法之外道行者。如是空修多年苦行，枉受馬爾巴之磨練與刁難；後來獲得馬爾巴所傳之法，因此而長住山洞中「苦修」所得之法，竟是外道手淫不洩之欲界貪淫法門，於佛法之修證上言之，復有何益？

復次，大圓滿法中之「大象座、白鶴座」，皆是藏密行者之妄想法；一切觀想所得之法，悉是內相分之法，同於夢境無異（詳見拙著《狂密與眞密》四輯所說，此不贅述），並非三界中可以被人所見、所觸之實證境界，有何可炫之處？乃竟取來妄炫於人？乃竟取來籠罩他人？

復次，以大象座與白鶴座虛妄之法，而入於虛妄想之摩耶空，復又施設所謂入空之刹那，言爲佛法之修證，本質乃是以妄想法而進入妄想法中，同一妄想，有何佛法實相之可言耶？而**心中心法**之文句，今時廣有諸多密宗書籍明載，廣泛發行流通於台灣寶地，非唯《仰兌》一書中有之，有何可貴之處？

復次，不論《仰兌》或餘書中所載之**心中心法**文句，以及弘揚密法之元音老人所說之**心中心法**，悉是意識心，皆是脫胎於藏密《仰兌》所說之心中心法，同以離語言妄想之意識心爲**心中之心**，同於常見外道無二，有何可貴之處？而無知之附密宗外道義雲高、喜饒根登、釋性圓、釋性海…等人，竟將如是外道法之邪說，奉爲圭臬，信受不疑，尚無小智，何有大智可言耶？而言摩耶空？當知唯有如來藏方可謂之爲摩耶、摩訶也，不知不證如來藏之凡夫，何能知悉摩訶、摩耶空？

復次，《仰兌——大圓滿最勝心中心引導略要》中所云之能思之心，乃是意識心；據其文中所說之能思者，其實應是能觀之心，非是能思之心也。思謂思量，乃是審度、決定、作主者；而其文中所說者，非是能思者，實是能觀者。今爲辨正之故，仍沿用其能思二字，讀者當知應是「能觀」之意也。

彼言能思者與所思對立，應將所思歸納於能思，謂所思乃是能思之覺知心所生，故不應將所思外於能思之心。若密宗行者能如是觀察而將所思歸於能思，在忽然觀得此一「決定義」時，便認定無疑，即於此第一刹那顯示分明時，即是證得「決定要義」。若不能了知此義，謂行者若不能了知所思即是能思之心所出生，不了知不是對立之二法者，即是不明白「心」與「所顯」爲同一體性者。如是之人，則應於第二刹那，將所思之所顯境留於外，令不入覺知心中，將「能明（能了了分明觀察之覺知心）」留於自己內處，使覺知心與所思之境分開而不混雜，則已是落入第二刹那，則所悟之智慧較爲下劣。由是緣故，應當於所顯境界刹那未分之時，觀察到如是能思與所思爲同一；如是觀察到者，即名爲心中心法之最勝妙境界。然而如是所謂之佛法，根本即是外道法，悉墮意識心之種種變相境界之中，未離第六識心之欲界境界，何曾證得佛法？

又如《仰兌》書中對於**心中心法**所說：《於此雖有前後之語句，但義無有異，以**一刹那**修而全備焉。於彼說爲無過修持，若唯觀自心之體性，於形色、顯色、及有相物質，任何皆無自性，空空寂靜，無有乎？此名爲體性空智。彼空之光明澄清，**照性不滅**，自性朗然常照者，無有否？此爲自性明智。……能知、能受、能見、能修、能行、能識，於一刹那，自能認識，無有自境，故名爲智慧到彼岸。隨諸六識顯現，勿須作意修斷、取捨、整治，於一刹那了知自性解脫故，名爲大手印。即於自心，雖隨所顯，輪回、涅槃，種種不同之相，即於顯時刹那，體性悉皆圓滿，故名爲大圓滿。》（蒙藏委員會藏書《仰兌》頁40~42）

如是所說，悉皆圍繞意識心而轉，悉以意識心之能於一刹那間了知覺知心觀照之性不滅，作爲「自性明智」。「明」謂觀照六塵了了分明也，以了知覺知心自己具有了了分明之觀照能力，作爲了知自性具有明性之智慧。而以如是覺知心之體性無形色、顯色，亦非是物質色法，是故說之爲空性；若密宗行者於一刹那間能了知如是空性者，即是證得「體性空智」。

云何謂心中心法所說之心爲意識覺知心？謂文中自說：此「自性明智、體性空智」之心，具有「能知、能受、能見、能修、能行、能識」之體性故。而如是體性之心，乃是意識心之體性故，三乘諸經中 佛語菩薩語莫不如是宣示。而密宗之心中心法則言：若能於一刹那間了知此心具有如是明性，能認識此心而令此心離於外境獨住者，即是「智慧到彼岸」，即是證得解脫果之聖者。若能於此觀察：輪迴與涅槃之種種不同法相，在覺知心現起而顯現萬法時之剎那間，了知覺知心之體性圓滿，能生顯萬法等；如是之人即是證得大圓滿者。

然而一切稍具阿含諸經所說之十八界法者，稍具解脫道之基本知見者，稍具般若諸經佛旨者，悉皆能知如是密宗所謂之佛法，所謂之種種「智」，所謂之「大圓滿」法，所謂之「心中心」法，皆是意識心之境界，而施設種種剎那說，藉以籠罩世人，矇騙初機學佛人。所言之剎那者，則迥異佛所說之剎那義。如是未斷我見者，而言剎那間證得解脫，而言大圓滿法、心中心法，有何可貴？

又如同一冊密續所言：《又如一滴水具濕性，則知一切水具濕性。由是知妄念於一剎那無生，自能解脫故，則知盡其所有妄念，悉皆無生，自能解脫。由知一剎那妄念無生，決定自能解脫，名為決定唯一之法。若捨此剎那之心，而向外尋求，無可指示，名為指示本來面目。彼之體性，為自能解脫，故名為無畏自解脫。》（蒙藏委員會藏書《仰兌》頁48）

如是所言者，同於大陸元音老人所弘傳者；彼以為前念已過，後念未起；於其中間一剎那間觀察：一念之間既無任何貪瞋，亦無任何妄念，即此剎那間之了知心，即是眞如。密宗亦復如是，以為如是前後念中間，不起妄念之剎那間，即是眞實心性。彼等密宗諸師認爲：前念後念中間之剎那心，即是無妄念出生之心，即是無生之心；若能了知「妄念於一剎那間無生」，即是證得無生之人，即可由一剎那之無生，引申解釋一切妄念亦皆無生，如是而言自得解脫。更言如是修證「名爲決定唯一之法」。更向信眾狂言：「若捨此剎那之心，而向外尋求，無可指示，名爲指示本來面目」，如是而倡言已經證得「無畏自解脫」。以如是離念靈知作爲剎那證得解脫之果證；然實未斷我見與我執，皆以意識心之虛妄想所得境界，作爲證得解脫者。

如是解脫者，與 世尊所說剎那流注、剎那生滅等意義完全不同，亦與世尊所說解脫之義完全不同，卻同於常見外道見，唯是「意識心之變相」有所差異爾，本體則同是意識心；完全誤會 佛所說之剎那義，將剎那流注之正義作種種虛妄而偏離 佛旨之解釋，然後加以引用，然後取來炫耀於顯教大師與學人；藏密古今諸師類多如是高抬自身爲果位修證者，同以凡夫身而公然自稱爲已證解脫之聖者，非大妄語而何？

又如同一密續所言：《從此無用修持，如是數數修習，於後時分中，認識妄念分別，任運通達，而離根依一切貪著，本然解脫於一剎那，拔除無餘習氣，即此名佛。以一剎那現差別智，**此為大手印最精要語，諸妙上師已成就後之微妙口訣；此外更無有他，可斷言也**。對於非器，不可指示。自棄密門（密門謂密宗獨有之雙身修法），則不得加持（若捨棄藏密雙身法之秘密行門，則無法獲得上師與密教「佛菩薩」之加持）。應常時憶念：「我於此無有差謬，唯依上師加持。」彼於大手印未學全者，如此勝妙口訣，不可與之。此爲讓蔣多吉於穩沙讓滾所述者。》（蒙藏委員會藏書《仰兌》頁 87、88）

如是，藏密古今所傳之**心中心**法，同皆以此覺知心爲中心，妄言「認識此前念已過，後念未起之**剎那無念**之覺知心爲眞實心者，即是**剎那**證得解脫者。」以如是虛妄想之法，套入雙身修法之中，將之運用於樂空雙運之淫觸中，令自己長時一念不生，長時受彼淫樂覺受，而自倡言已證得果位修行法門，倡言已證得「**樂空雙運圓滿報身佛果**」，自謂已得佛地之「受樂果報」而名爲成就大圓滿法者。如是妄想諸人，根本不懂佛法，卻以自己所誤會之「佛法」，責諸實證三乘菩提之賢聖爲不懂佛法者。誤會世尊所開示剎那流注之意，嚴重至無以復加之地步，竟敢崇密抑顯，以自驕恣。猶如狂乞之自言其富超勝於大富長者，說之爲無智狂人，不亦宜乎！

藏密古今諸師，悉皆不知一切諸法之**剎那壞相**，亦皆不能了知一切諸法皆是剎那剎那流注而生之相；佛世當時既已如是，後世亦必定如是，永遠有人不能了知一切諸法皆是剎那生滅之相，乃至後來之密宗諸師更作種種妄想，擅自解釋如是剎那流注妙義以誤眾生。非唯剎那流注一法如是嚴重誤會，乃至一切有關唯識種智之所有名相中函蓋之正義，亦皆全部誤會，亦皆擅作錯誤之解釋，然後自言已證，用來廣泛誤導佛教學人；乃至今時之台灣四大法師亦皆受其誤導，誤信藏密外道眞為佛教之宗派。今於拙著《狂密與眞密》前後四輯中，已經證實藏密之法自始至終根本是外道法，無一法是眞正之佛法。由有如是類嚴重誤會佛法正義之外道，不斷曲解佛法之緣故，大慧菩薩便藉此緣，求佛為諸大眾而作開示，廣利當時及後世一切學法之人。

佛告大慧：「諦聽！諦聽！善思念之，當為汝說。」佛告大慧：「一切法者，謂善、不善、無記，有為、無為，世間、出世間，有罪、無罪，有漏、無漏，受、不受。大慧！略說心、意、意識及習氣，是五受陰因。是心、意、意識習氣，長養凡愚善不善妄想。大慧！修三昧樂，三昧正受現法樂住，名為賢聖善無漏」：

所謂一切法，概略而言，可作如是分類：善法、不善法、無記法；有爲法、無爲法；世間法、出世間法；有罪法、無罪法；有漏法、無漏法；有受法、無受法。如是等法，即名爲一切法，函蓋世間法與出世間法故。

善法者，謂修世間善與出世間善，乃至大乘法中所修世間出世間善等。云何世間善？謂如一神教之勸人爲善，道教之勸人爲善，儒家之勸人爲善。亦如佛教中之人天善法修行：譬如唯受五戒，以求來世保住人身，不墮三惡道苦；譬如受五戒已，加修十善業道，以求來世生於欲界六天之中，受於欲界勝妙五欲樂，此即慈濟行人在證嚴法師所率領下之修行法門，最後之果報即是欲界天福；不信有他方世界及諸佛世界可去故，不信有　釋迦佛報身尚在色究竟天中廣說唯識種智故，不信有　彌勒菩薩在兜率天內院廣說唯識種智妙法故，亦不修學禪定而不能往生色界無色界天故，亦不求證三乘菩提故。如是修善之結果，便是往生欲界六天而受欲界勝妙五欲樂；於欲界天捨壽已，便下墮三途；彼等諸人來世於欲界天捨壽時，由於善業果報已經享盡，唯餘往世所造種種小惡業故。是名佛教中之人天善法修行者，佛光山等信眾所修者，亦復如是，同於慈濟功德會中人所修無異，同在人間善法上用心，美其名爲人間佛教；悉皆遠離三乘菩提正道行門，悉皆奉行印順所弘人間佛教之邪想故，悉皆不教、不學、不修四禪八定及三乘菩提故。偶然宣講三乘菩提時，所教、所學、所修之法則又悉皆嚴重違背三乘菩提故，皆在人間善法上用心故，皆在佛教表相上用心故。如是等，悉名世間善法。

云何出世間善？謂如有人為欲利益有情同證解脫、同離生死輪迴，尋覓二乘菩提道場，修學解脫道，斷除我見與我執，與眾生同皆成就世間應供之功德，能出三界生死，是名出世間善。

云何世出世間善？此如有人為欲利益有情同證無上佛果，尋覓第一義諦正法道場，修學明心與見性之法，初見道時名為眞見道，發起根本無分別智；復又進修般若別相智，漸次發起般若別相智；復又修除煩惱性障，及進修一切種智，漸次發起道種智，勇發十無盡願，次第進修十地普賢行，此等即是世間出世間無上智，即是世出世間善。

云何為惡法？謂如天竺古時之坦特羅「佛教」，乃至有殺嬰供「佛」而求世福者，譬如前年電視新聞中報導印度有人殺嬰供「佛」而求世間福報者，即是承續古時坦特羅「佛教」之惡法邪見。亦如印順法師…等人，由誤解三乘經典之故，起意否定第七八識，將三乘菩提之根本砍除，令三乘菩提正法悉成戲論，悉墮斷見，是名惡法；後雖閱讀拙著諸書之舉證，證實阿含諸經中已說第七八識，而今難改其邪見，難以改易其說、無能銷燬諸多邪見之書、亦無力公開聲明承認其法之邪謬；如是上下覆藏其謬，繼續誤導眾生，是名惡法；覆藏之罪為重罪故。亦如佛光山與慈濟之堂頭和尚，私下誹謗平實所弘完全同於佛說之正法，誣說為邪教之法，亦誣弘傳佛正法之平實為邪魔外道；更向信眾私謂：修學平實之法者，捨報必下地獄。如是等行為，悉是惡法；謗正法及賢聖眾故。

云何為無記法？謂彼諸人造如是善惡行，後世皆必受於所應得之欲界善果報，皆必受謗法、謗賢聖之地獄果報，唯有善先惡後，或惡先善後之受報差別，無有不受報者，是名**有記法**；謂所行善惡法，必定自動記錄於第八識心田中，後世必受其報，無有不受報者，故名**有記法**。至於彼等諸人日常生活中，一切所為無關來世善惡報之身口意業，譬如聊天泡茶、行來去止……等一切無關善惡行之身口意業，非干善惡，不引生來世受善惡果報之三業，悉屬**無記業**，悉屬**無記法**。

有為法者，譬如印順……等人所造諸行，目的皆在求得人間之大名聲，是故示現清淨比丘相、比丘尼相，廣弘密宗應成派中觀邪見，說為眞正究竟之佛法，令人信為「於佛法有證量者」，以邀世人恭敬，如是名為有為法。如是等行，乃是以外道法取代佛法，令人天眼目漸滅於人間，必邀來世尤重惡報，是名有爲法；所獲得之人間善名及恭敬，以及來世之地獄尤重純苦果報，必皆受畢而歸無常，故是有爲法。亦如彼等倡行**人間佛教**之印順…等人，及佛光山、慈濟等教團，所行、所學、所修者，悉是人間善法，不涉三乘菩提之教導，亦不涉三乘菩提之眞修實證，故名有爲法；所行皆是人間善業故，必受來世之人間善報故（若有誹謗賢聖及正法者，則必先受地獄惡報，報盡而後方受人天善法之五欲樂報），故名有爲法。

亦如中台山之建設人間最高大寺廟，亦如法鼓山之建設人間最大佛教學府，皆是有爲法；因彼等並無眞正之解脫道或第一義諦可以傳授與學人故，唯是求取當代人間**第一道場**之世名俗法爾，來世亦唯受人天善業之果報爾；人天善業之果報必非永樂不壞之報故，是名有爲法，與出世間法無關故。而彼等所言出世間法之禪、之解脫，則悉墮於常見外道見中，悉以意識心爲主體，悉以意識境界而說爲禪宗之證悟眞如，悉與三乘菩提之見道無關，故彼等所說之無爲法者，實是有爲法，乃是誤會無爲法後之有爲法。若如堂頭和尚之誹謗正法，將平實所弘佛之正法，說爲邪魔外道法者，則是地獄業之惡業法，亦是有爲法；謗正法及謗弘揚正法賢聖之地獄苦報，亦是有爲法故；尤重純苦重報七十大劫之後，亦終是消失不存，是無常法，故是有爲法，不離三界果報故，非是出三界之無爲法果報故。是名有爲法。

無爲法者，謂如三乘菩提之行門與果證。譬如現觀十八界法虛妄，一一如實現觀而無遺漏：了知有念覺知心與離念覺知心悉皆虛妄，悉是藉緣而起之法；亦了知處處作主之心即是意根，即是遍計執性之所由來，即是輪迴生死之根源。如是一一現觀而了知十八界法悉皆虛妄，無一法是有自體性者，無一法是可以常住不壞而自性清淨者；如是觀行者，證得聲聞初果，即是無爲法，極盡七有往返之後必盡苦邊故。亦如：如是現觀已，努力消除欲界法之貪，努力消除色界法之瞋，努力消除無色界法之癡，如是次第取證聲聞二果、三果、四果之慧解脫境界，即是無爲法；如是證得**無所有境界**者，必得取證出世間果報故，必可出離三界生死果報故，是名無爲法。通教菩薩如是修行，而起受生願故再受來世生死者，來世雖仍受三界有爲法果報，然其修行之法仍是無爲法，非是故受三界五欲樂⋯等果報者故，乃是因於慈心欲救眾生離於常見、斷見，而受生再入五欲法中，以度眾生出離三界生死苦故。

亦如大乘別教菩薩之修學及取證三乘菩提，亦屬無爲法；所修證之目的，不在求受人間或欲界天之樂受果報故，在求成就究竟佛道故，在求以此修行廣利人天故，在求永利人天而不止息故，所修證法是出離生死之法故，所修證法是法界體性之出世間實相智故。如是菩薩，雖在人間或天道中，造作種種與世間法有關之事，然其所爲悉是爲利眾生證得三乘菩提者，是故名爲無爲法。

世間法者，謂如印順、星雲、證嚴等人所推行之**人間佛教**，所思、所修、所行者，悉皆不能出離人間之範圍故。何故平實作是說？謂印順、昭慧、傳道、星雲、證嚴…等人，既不信有極樂世界…等他佛世界，則無他佛淨土可以往生，不能出離人間之生死苦；亦不信有 釋迦佛報身盧舍那佛尚在色究竟天廣說唯識種智妙法，則與 釋迦無緣，亦不能往生至彼；彼等諸人既否定唯識種智妙法，則亦不能與兜率天之 彌勒菩薩相應，不能往生至彼；又因不事修證如來藏故，永遠不能證得初地道種智，更不能往生色究竟天；上自印順，下迄昭慧、傳道、星雲、證嚴…等人，既無人能證初禪境界，則亦不能往生色界天；則彼等諸人若行諸善，來世最多亦不過生在人間或六欲天中而受五欲樂爾，是名世間法。

而彼等所行、所修、所證之法，悉皆不能斷除我見與我執，不能出離三界生死苦，皆認意識爲眞實心故，或認虛妄想所得之「不可知、不可證之意識細心」爲常住不壞法故，皆是未斷我見常見與斷見者故，皆不能取證聲聞初果之斷三縛結功德故。若加以誹謗「賢聖及如來藏正法」者，則成一闡提人，善根永斷，必墮地獄受於七十大劫之長劫尤重純苦，然後輾轉受生於餓鬼道及畜牲道；如是等行，悉屬世間果報，故名世間法。

出世間法者，修學三乘菩提正法，是名出世間法。修證三乘菩提已，雖亦廣種福田、修集種種世間善業，然非爲得世間善業果報，乃是爲成就菩薩道業之資糧，藉以成佛而廣利眾生者，則所修集之世間善法，亦攝屬出世間法；由此而可成就佛地廣大圓滿莊嚴報身而廣利眾生故，由此可度眾多有情進入佛道故。此說三乘菩提之見道、修道，及爲成就三乘菩提之見修道功德而作之世間善法，悉以出世間法爲歸，故亦名爲出世間法，是名無漏有爲法；若離如是世間善法之資糧修集，即不得成就究竟佛道故。

有罪法者，舉凡破壞世間善法之因果律者，悉名有罪之法；舉凡破壞佛教三乘菩提正法者，舉凡誹謗三乘賢聖者，悉屬有罪法；舉凡依於外道邪見而殺害眾生以求福報者，悉名有罪法；舉凡違背世間良善法律，作諸煩惱世間有情之事業者，悉名有罪法。

無罪法者，舉凡持戒守身而不犯有情者，名爲無罪法；舉凡利樂有情，令有情離苦者，悉名無罪法；舉凡修證眞實三乘菩提者，悉名無罪法；舉凡傳授正確三乘菩提法，藉以究竟利益眾生者，悉名無罪法；舉凡確認外道之破壞佛教正法，而將彼邪見加以摧滅者，悉名無罪法；亦如無記業等法，悉名無罪法……乃至種種無害於眾生，而亦不能增長生死流轉之法，悉名無罪法。

有漏法者，能令人增長生死輪迴者，悉名有漏法。譬如印順、昭慧、傳道、星雲、證嚴…等人所說諸法，悉皆不能令人證得三乘菩提之見道，乃更增長誹謗正法之惡業，則必輪迴生死，乃至受於三惡道之長劫果報；印順雖然廣造諸書，今時獲得世間至善名稱，人皆不知其破法之本質；然而實質仍是惡業法，必致後世多劫之尤重純苦果報，故如是僞善諸行，皆是有漏法；佛光山與慈濟二大山頭，上行下效，後世亦將同致如是善惡業果，唯有輕重之別爾，無有不報者，皆是三界有漏有爲之法；凡此皆不能令彼等諸人出離三界輪迴生死苦，故名有漏法。

無漏法者反之而行：爲破邪知、邪見、邪修、邪行故，造作種種身口意行，廣破邪道，廣救眾生出離如是邪知、邪見、邪修、邪行，回歸正道；如是等行，雖亦是有爲法，卻是無漏法，皆是無漏有爲法故；亦如 世尊住世時，廣破外道而救眾生，令入三乘菩提正道，雖是有爲法，亦是無漏法。眾菩薩有智有慧已，發起大心已，能不畏強權、不畏佛教界各大山頭聯合連結之龐大勢力，出而摧破諸大山頭之邪見、邪說、邪修等法，雖是有爲法，卻是無漏法，名爲**無漏有爲法**。亦如證道之人出世弘法，心中雖無一念妄想，爲欲利樂眾生之故，無妨故起妄想而利眾生，雖是有爲法，卻是**無漏有爲法**，是名**無漏法**。**無漏無爲法**，則如諸聲聞人之修觀行，亦如諸菩薩之修觀行，亦如諸菩薩之聞思修證大乘菩提，皆是無漏法故，亦是無爲法故。

有受之法者，譬如今時台灣四大山頭所教授法，悉是有受之法；有受之法則必是**有爲法**，不離三界六塵境界故，不離意識心境界故，意識心永遠不能出離**三界受法**故。譬如中台山所傳之明心見性法門，悉皆不離**有受**之法，有受即是苦，受觸常變易故，易起易斷故，無常變易即是苦故；如彼惟覺法師所說清清楚楚明明白白了了分明之覺知心，其實永遠不能離受：有時坐入無妄想之了了分明狀態，心生樂受；有時坐久腿痛，心生苦受；下座之後，不能繼續一念不生，心生苦惱，即成苦受；欲求時時處處作主，然於眠熟、悶絕…等位中，則無法作主，醒來又生苦受；凡此皆是不離受者。佛云：「有受皆苦。」皆是變易法故，樂受必是無常之法故，苦受本身即是苦故，入定時之不苦不樂受亦是無常之法故，無常則是苦故。

佛所說者，則是**離受之法**；非唯不受樂受，非唯不受苦受，亦不受不苦不樂受，名為**離受法**。如是**離受法**，非唯般若諸經中廣說之，非唯唯識方廣諸經廣說之，乃至四阿含諸經中，早已廣說之，非不曾說也。離受之法，方是眞正之佛法。當知四阿含中所說二乘菩提之法，所證無餘涅槃境界，乃是滅盡十八界法之眞實無我之法；我尚不存，何況有三受可言？當知般若諸經所開示之法界實相者，乃是非心之心，乃是無心相之心，乃是於六塵萬法之中皆無所住之實相心，乃是完全離受之法。第三轉法輪之唯識諸經，所說之實相正理，則是第八識如來藏法，皆是**離受法**，皆說**如來藏從本以來離見聞覺知、離六塵境界覺受、離六塵一切法之了知故**。如是，離受之法方是眞實三乘菩提正法；若非離受之法，則皆墮於變易生滅有為之法中，則非是眞實佛法也。

印順個人雖知應證離受之法，然卻墮於妄想邪見施設之中，雖知應證離受之法，而不能親證之；又因先已信受西藏密宗黃教應成派中觀邪見而否定第八識心，自身又不能親證本來離受之第八識，心中又想求證離受之法，是故便施設「不可知、不可證之意識細心」，藉以取代 佛所說之第八識離受法，如是自我安慰。但亦因是而觸犯「毀破三乘菩提根本」之大惡罪，以想像中之妄想名相取代眞實可證之如來藏妙法故，以斷滅空之實質取代佛教正法故，本質是破壞佛教正法故。昭慧、傳道…等人，則是不曾了知印順如是所墮敗闕者，是故一生奉行其教誨，至今猶自力行印順邪謬之法，仍思繼續努力推廣弘傳之，成就「破壞三乘菩提正法」之大惡業，是故年年花費鉅資，舉辦印順法師祝壽學術研討會，藉以拉抬聲勢。又於二〇〇一年開始，長期花費鉅資，在有線電視台上，廣作許多弘揚印順邪法之節目，掙扎圖存，繼續誤導眾生、繼續破壞 佛之正法，皆名惡法。

星雲、聖嚴、惟覺、證嚴等人，則皆不能了知應證**離受境界**之理，悉墮**有受境界**之中，更墮常見外道見中而自以爲悟，去昭慧法師之見解更遠，不能相提並論。由不能了知應證**離受境界**之正理故，星雲法師一生所說、所教導於四眾弟子者，以及其一生所爲者，皆是**有受法**，皆是世間**有漏有爲法**，自始至終不離世間有受諸法。證嚴法師則是根本不懂佛法三乘菩提，未曾知解絲毫，故其一生所爲者，以及一生中之開示於彼廣大徒眾者，更是如此，悉皆不離**有爲有受之法**；自己從來不曾思欲親證**離受之法**，亦不曾思欲教導徒眾親證**離受之法**。

離受之法，乃是第八識如來藏心，乃是自無始劫以來即是**離六塵境界受**之心故，從來不與六塵境界中之**苦樂捨受**相應，從來**離一切受**；如是不受六塵中之一切法者，方是眞實佛法所說之實相本體識也。此心自無始以來，本離一切六塵、本離一切善惡法、本離一切愚癡與智慧，從來無智亦無得；非如聖嚴、惟覺、星雲、證嚴四人所知、所證之離念靈知心，此等人所證之**離念靈知心皆是有受法**故，從來不離苦受、樂受、不苦不樂受故，從來不離無常變易之受故，從來不離六塵萬法故。如是略說一切法，謂善、不善、無記、有爲、無爲、世間、出世間、有罪、無罪、有漏、無漏、受、不受等法。

大略而言，暫且不言種智中所說之種子、流注、四緣、涅槃……等法，唯大略而說八識心王及所熏成就之習氣，即是眾生成就五受陰之根本原因。何故 佛作是說？謂八識心王是種種法之根本故，是眾生流轉生死之根本故。眾生執著八識心王種種體性爲自己，認作眞實常住不壞之法，而不能捨離如是自我執著，是故恆不欲令八識心王止息世間萬法之追求，恆不欲令前七識心自我滅失，由是緣故不斷我見故不斷受生，以令五陰具足存在，是故流轉生死。

眾生恆自執我，不肯捨棄自我，不欲令自我消失，是故常執能覺能知而了了分明之意識心爲自我，是名意識心相應之我見與我執；亦名斷續分別我執，由夜夜斷滅之意識心所生起之我見與我執，故此我見與我執於五位中必斷故，非是常恆存在之我執故，故名斷續我執；因屬意識分別而有之我見與我執故，又名分別我執，即是眾生恆執八識心王體性之意識心。

復次，眠熟、悶絕、無想定、滅盡定、正死位，意識心悉滅，是故斷續分別我執已不存在；然而眾生於此五位中，仍不能捨壽，謂眾生仍有相續我執存在故，致令如來藏不捨色身而捨正報之身。此相續我執者，即是末那識之我見、我癡、我慢、我愛也，即是四阿含諸經中所說之第七識意根也；由此識無始劫以來常存不滅，故恆執取正報之身爲我，亦恆執取六識心之體性爲我，亦恆向內執取第八識心之自體性爲內我（眾生恆如是，而不能了知有此執。唯有眞實證悟之人方知此執之眞意），是故如是我執相續不斷，常不斷絕或間斷，故名相續我執。如是我執非由後天之分別熏習所生，故非分別我執。如今諸方大師卻將意根心相應之見、癡、慢、愛等煩惱，解釋爲意識心相應之煩惱，去道實遠矣！皆是不能取證聲聞解脫果之人也！

乃至俱解脫之大阿羅漢入住滅盡定位中時，由於尚欲利樂眾生故，尚欲教導眾生證取二乘菩提之故，未至捨壽時而仍有意根相應之我執習氣故，未欲入於無餘涅槃，是故定中雖滅意識覺知心，仍留一分極微細之末那識心，而住於滅除五遍行心所法之受與想之滅盡定中。如是亦得方便言爲一分極微細我執也，若無如是一念微細我執者，必入無餘涅槃故，故名有餘涅槃。

至於前五識心之執，眾生極易了知：誰人願樂眼不得見？誰人願樂耳不能聞？……乃至誰人願樂身不知觸？是名執著前五識心之體性者也。如是，眾生由於不能了知八識心王中之前七識虛妄，亦由不能了知第八識心之集藏分段生死體性之虛妄，是故墮於識藏之境界中，恆有如是識藏之執著。由有如是識藏之執著故，則必於捨壽時，起心保持八識心王如是體性，不欲令其斷滅，是故必受後世生，以求後世繼續保有如是八識心王之具足現行境界。

稍微有智之人，則知如是八識心王之自我執著，乃是流轉生死之**根本因**，則隨其智慧之深淺，而有不同之知見與修證：知離五欲五塵之人，則不修世間有漏善法，則修初禪至四禪之定境，常處於離五塵之定境，遠離欲界苦樂捨受；乃至捨離色界之身受，捨離色界之覺知心所處定境之**境界受**，轉入四空定中，離色界**身受**。如是等人，乃是**世間智慧**之人；自以為已離生死而得涅槃，然卻仍是三界有為法，仍然不離有受之法，仍處於三界**境界受**之中，尚有捨受故。

至於聖嚴、惟覺、星雲、證嚴等人，則悉不知如是正理，皆墮有受之法中；何以故？謂此等人，或墮欲界人間六塵之苦樂捨受中，或墮欲界定中之六塵樂受與捨受中，無有一人是能**離受**者；如是四大師，尚且不能證取初禪之離欲界受，何況能證取二禪以上，乃至無色界之捨受境界？即使有人證得四禪八定具足，亦仍不能證得從來離一切捨受之自心如來，何況未曾證得絲毫世間禪定之四大法師？何能了知**離受**境界？

如是佛門內外之種種大師與學人，悉因識藏——心、意、意識——之習氣，是故長養凡夫愚人之善法與不善法妄想，是故執取世間善法，而墮於三乘菩提之虛妄想中，自以為是，竟敢與親證者諍論；而親證者為示正法，廣宣說之，彼等諸人竟謂爲親證之賢聖是與彼等諸人諍論。然而親證者自身，實無諍論可言，唯是欲救彼等諸人出於邪見深坑爾，唯是欲救彼等諸人所誤導之廣大眾生出於邪見深坑爾，本無諍論之可言也，所言是如實語故。唯有未證之人而欲狡辯，欲令大眾誤以爲彼是眞實親證佛法者，欲狡辯錯誤之法爲眞正佛法者，方有諍論二字之可言也。如是諍論之言，悉是妄想，所說皆非如實理故，所說皆悉言不及義故；若所言悉是第一義諦者，則非妄想故，非妄想故即非諍論。

由是緣故，世尊開示大慧菩薩等人：「若有人修學金剛三昧，證得金剛三昧之無受、無境界法，而生法樂者，則能於如是金剛三昧樂中正受無境界法，以如是無境界之親證故，其意識心中生起法樂，住於如是法樂之中，即名『賢聖善無漏法』」，皆是善法故，亦皆是無漏法故。若非如是親證第八識離受法者，則意識心中始終不能證解三乘菩提諸經中正理，心恆有疑；有疑故，不知不證實相之離受境界故，則生憂愁，則不能住於如是金剛三昧樂之正受中，唯能臆想如是金剛三昧之離受境界，不能現法樂住，非是賢聖善無漏也；往往因此而心生苦惱，誹謗正法及宣說正法之賢聖故。

「大慧！善不善者謂八識，何等爲八？謂如來藏，名識藏——心、意、意識及五識身；非外道所說。大慧！五識身者：心、意、意識俱，善不善相，展轉變壞，相續流注；不壞身生，亦生亦滅。不覺自心現，次第滅，餘識生。形相差別攝受，意識五識俱相應生。剎那時不住，名爲剎那。大慧！剎那者，名識藏：如來藏意俱，生識習氣剎那；無漏習氣非剎那，非凡愚所覺。計著剎那論故，不覺一切法剎那非剎那，以斷見壞無爲法」：

善法與不善法，謂八識心王所共同顯示而有之法；若離八識心王，即無一切善法，亦無一切不善法。八識心王者，即謂識藏；「識藏」一名者，函蓋八識心王，非如「如來藏」一名之唯宣示第八識心也。識藏者，函蓋第八識心，第七識意根、第六識意識覺知心，以及前五識眼耳鼻舌身識；如是八識心王並行運作於欲界者，方有識藏可言。必須八識心王並行運作，方能有世間萬法之現行與業種無明種之集藏，由是緣故，說名識藏，有「識」能造諸業而集藏之故，造業而集藏者，必須八識心王並行運作故。

識藏之正理，彼諸外道亦思親證之，而不可得，每以想像施設之法，而說之爲識藏；或如印順法師之以想像之「意識細心」作爲識藏，作爲集藏生死業種之心；然因自己不能親證此心故，便施設爲「不可知、不可證」

之心。如是等人所說之識藏體性者，悉名妄想者所說，非是佛教正法也，所說不如理故，所說違逆 世尊所示故。

前五識自身之體性，乃是必須有俱有依之法為緣，方能現行運作者。前五識身之俱有依者，謂第八識自心如來、意根、意識同時存在。若無此三識同時存在，則不能現起運作，故說六七八識等三心為前五識之俱有依。如是正理，未證悟大乘理之人，聞之往往不解，乃至如印順、昭慧、傳道、星雲、證嚴…等人，誣蔑唯識種智為「虛妄唯識論」；然而今時我會中人，仍能親證而了知之，並且現前觀察：前五識必須有此三心方能現起運作，是故 佛說：「五識身者，心、意、意識俱。」

如是正理，本是佛門極為平常之知見，瑜伽學中常常說之，亦是必定說之；印順、昭慧、傳道、星雲、證嚴…等人，非為不知，然因不欲承認自己之未證，不欲因此而令他人指其為未悟之人，是故索性否定之，誣指為**虛妄唯識論**，則大眾聞已，皆將認為一切種智妙法乃是虛妄之法，便生誤會而否定之，便不肯求證之，便與佛教正法之大乘菩提永絕法緣，此即是印順、昭慧、傳道、星雲、證嚴…等人之大過也。由彼等如是恣意否定三乘菩提之根本妙義故，成就一闡提重罪，是故平實不承認印順為佛教之法師、僧寶，故不敬重之，皆直呼其名，略去其法師銜。

五識身具有善相與不善相，亦是輾轉變易而趨壞滅之法，然因剎那剎那不斷相續流注故，令人以爲五識身是常住法，令人誤以爲五識身是不壞法，然而實是亦生亦滅之法。

五識身云何具有善相與不善相？謂此眼等五識必定隨於意識心之分別苦樂受，故隨意識心而造作善業，或造作惡業，故通善相與不善相；前五識自身之分別性極劣，唯能於五塵作粗劣分別，而不能分別五塵之細相，亦不能思惟之，本無善性與惡性，然因其性必於五塵法之現量境界中領受順違境界故，則必隨於意識心而生苦樂捨受，是故必隨意識所轉，而隨意識心現起善惡性相，由是緣故，唯識頌中言：「性境現量通三性」，意謂此也。五識身之如是體性，一切人皆可於日常生活中，自行體驗之，不須別廣說。

然而前五識身，既然必須有六七八識三心作爲俱有依，方能現行，則知前五識心必是緣起法；若是緣起法者，則後時亦將必定有滅，絕非是常住法也。然今惟覺法師卻常對眾開示曰：「師父說法這一念心，諸位聽法這一念心，不起妄想，清清楚楚、了了分明，即是眞如佛性。」卻是執取耳識身爲眞如者。聽法之一念心，若離六七八識，焉得現行？如是耳識心，若可說爲實相心者，則耳識之俱有依心——意識、意根、如來藏——更應是實相心也；審如是，則實相心應有四心也！是耶？非耶？惟覺法師及其廣大徒眾，云何不知分辨其中正理？竟然繼續崇拜迷信如是啞羊之說？豈是有智之人？

如是所說者，卻同藏密法王與上師所說者；如前所舉藏密密續之根本寶典《仰兌》所說**心中心法**，對密教中之多作供養護持之徒眾私授之宣示：「能**知**、能**受**、能**見**、能**修**、能**行**、能**識**，於一剎那，自能認識，無有自境，故名爲智慧到彼岸。」所說同是一說，同是常見外道之知見，同於民間信仰者之所說，無二無別，焉得謂爲佛教正法？而中台山諸多信眾竟迷信崇拜之！無智至此！

此五識身現行之後，隨於意識心而造作諸多善業與不善業；於是過程中，輾轉演變，終至夜深眠熟而斷壞不現。於其未至夜中眠熟而斷壞之前，念念變異，由第八識自心如來中，剎那剎那不間斷地流注五識種子於五根觸五塵處，令此五識身不間斷地運作不輟；由於剎那剎那不斷流注種子而維持其現行，而此剎那剎那不斷流注種子之速度極爲迅速故，令人不能覺察其念念流注相續，以爲是實有其體，故對五識身生起常住不壞身之想，然實五識身皆是亦生亦滅之法，絕非常住不壞之法，而惟覺法師不知其謬，猶自教人認取能聽之一念心爲常住不壞心，根本不懂佛法，說之爲啞羊，斯有何過？

云何五識心之流注迅速，是故令人難以察覺？譬如台灣地區之電力，電壓爲 110 伏特，週率爲 60 轉，爲何不降爲每秒 50 或 40 轉？爲何不升爲每秒 70 或 80 轉？此因發電機之週轉頻率若升爲 70 或 80 轉，則浪費能源，無此必要；然若爲省能源故，將週率降爲每秒 50 或 40 轉者，則燈光便致產生閃爍不定之現象，則令人眼睛易於疲勞；此發電機之週轉秒速調降時，則電流之流注至電燈泡時，其流注之頻率便隨之降緩，則爲人類眼睛之所覺察；若升至每秒 60 轉時，則電流於每秒中來回 60 次，則其閃爍之程度加快，閃爍之幅度縮小，則令人不易覺察，大眾便以爲電流是恆常不變者，而不能覺察到電流其實是剎那剎那不斷流注而來者，便道電流恆常不變，便以爲電流有其常住之自性。同理，前五識種子各從自心如來中剎那剎那不斷地迅速流注而至五根，其速度遠較電流之每秒 60 週更爲快速，愚癡無智之人，便生錯覺，執爲不壞之識，便如惟覺法師之執取能聽之耳識心，令人執為實有，認為是實相心。然而五識身其實是輾轉變壞，相續流注之生滅法；早晨醒覺而出生之後，非唯不斷剎那生滅，輾轉變異而至夜深時，更必定歸於間斷而壞滅，是故佛說之為「亦生亦滅」者。

眾生由於不能覺知此五識身皆是自心如來所生所現故，以為此五識身是常住法，故如惟覺之執耳識心——聽法的一念心——以為實有；由是緣故，亦不能覺知此五識心之流注乃是前後種子次第現起，而復次第滅失；不知是由前後次第滅、次第生之剎那剎那相續流注，故有前念五識身滅後之後念五識身隨之次第而生。如是餘識相生相繼、剎那流注不斷，眾生悉不能知。如是，眼等五識身，悉皆在色聲香味觸等五塵上之形相差別上，而作種種攀緣與攝取，於如是流注之時，意識則與此五識同時生起而相應；若無意識如是與五識相應生起者，五識身即不得生起，故意識為五識身之俱有依。

意識覺知心既然是與五識身相應而同時現起者，當知意識心其實亦是剎那剎那生滅流注不斷者，與「五識俱」而「相應生」故。意識若非是同屬剎那流注生滅之心，其剎那流注之速度若劣於五識身者，則意識即不能了知五識身之運作狀況與內涵也。然而意識悉能了知五識身之運作內涵，應知意識心亦是同屬剎那生滅流注者。由於此六識心，於任何一剎那時中，皆是不能常住者；必定於此一念現起之時，隨即落謝而回至自心如來中，方能再流注次一念之眼識等六識心；次一念心現起已，又隨即落謝而由後一念心遞補之；如是剎那剎那相續不斷而從自心如來中流注而出，於其剎那剎那、相等無間遞補之間，前後剎那中，見有極少分差異性之變異，是故能知六塵之生滅變異；若非如是剎那剎那變異，則不能了知六塵萬法之剎那剎那變異現象。是故六識心悉皆是剎那剎那變異者，由剎那剎那變異故，能了知萬法。

譬如了了分明之心，若非剎那剎那變異者，則應唯能了知此一剎那間之事相，於下一剎那事，及前一剎那事，應皆不能了知。猶如放映機之放影無二，必須前一膠片滑過，換進另一全新之膠片，如是剎那剎那生滅推移，如是剎那剎那變異膠片中之微細內容，如是剎那剎那變異而連續不斷，方能成就電影之功德；若是不作剎那剎那之膠片變換，令各膠片內容有其微細之次第變異者，則吾人所見者，永遠皆是第一格膠片之內容，則應成為觀賞幻燈片，而非電影也。吾人之眼識亦復如是，若不如是剎那剎那前後變異眼識種子者，則吾人一日之中所見者，應皆是初醒時第一剎那所見之影像，不能見有不斷變異之色塵相也，不能見有第二剎那之色塵相，乃至不能見有中午時、入晚時所見之色塵相也。

眼識如是，耳識亦復如是，應皆唯能聽聞初醒時之第一剎那音聲；第二剎那起，乃至入晚後之一切音聲，應皆不聞，應全日皆唯聞初醒時第一剎那之音聲而不改易。鼻舌身識與意識心亦復如是，皆應如是。然而現見並非如是，故知吾人之六識身，皆是剎那剎那生滅變異，故能了知六塵萬法之剎那剎那微細變異相，由此剎那剎那變異故，乃能了知六塵相，乃能了了分明；是故，了了分明一語，即是說**剎那變異相**。六識心如是剎那剎那時不住，故名剎那。

佛所說剎那者，意在於此，而彼藏密諸師不能了知其意，卻將**剎那**一詞妄作解釋，擅以己意而亂解之，更發明自意妄想所得「更勝於顯教之佛法」，用來籠罩初機學人，入其彀中。

六識身皆是剎那變異法，然而如來藏則非是剎那法；如來藏本體常住，曾未稍有毀壞，曾未稍有間斷，恆常如是不變，體恆常住不間不斷，非由他法所生，非依他法而住，故說非剎那生、非剎那住者。復次，自心如來本體之自性流注，而令眾生現起六識身而自受用者，如是體性亦復不變，雖然現有剎那流注之現象，然而剎那流注之現象所成就法，則是六識身，自體非是因剎那流注而現行者，是故體非剎那。親證此非剎那法者，方是眞實證悟佛菩提之賢聖。

「識藏」言爲剎那者，乃因函蓋八識心王，故有七識心種流注之剎那義；亦因流注六塵內相分故，而有剎那義；若不言十八界法，唯言如來藏者，則是單指第八識心，則無剎那義。何以故？謂「識藏」一名，其意涵乃指眼識至如來藏識，共有八識心王並行，非是單指第八識自體也；八識心王並行故，則有一至八識心之種子流注，令八識心王之功能現行；既有前七識心之種子流注而出，則是剎那剎那流注種子者，則有剎那義；由流注前七識心之種子故，則第八識亦須因爲配合前七識之運作，而流注自身之種子，以令自身之功能配合前七識心運作，是故此時第八識自身相應之種子亦有流注現象，則是同有剎那流注現象者；如是故言：「剎那者名識藏：如來藏意俱，生識習氣剎那。」此謂「識藏」名者，必有意根與之俱，復由意根之遍計執性故，出生前六識之分別習氣，則須攀緣六塵萬法而不斷現行：或如醒時之緣六塵而不斷流注前七識種子，或如夢中之緣內相分六塵而不斷流注六七識種子，如是而令前七識或六七識種子剎那剎那現行，由是故說「識藏」有剎那生滅之性。

印順……等人不知，便道是：識藏阿賴耶有生滅，非是眞心，非是實相心，誤會大矣！如是誤會者，皆是因爲不能證知一切內外法皆是從自心如來所出生、所顯現，是故不能了知七識心之心性乃是前念識心謝滅之時，後念識心繼之而起；如來藏流注七識心之種子相續不絕，故令七識心現行時相繼不斷，其剎那流注極爲快速，是故眾生不能了知其妄，不能了知皆是從自心如來體中流注而出者。前五識如是流注而現行時，意識則與前五識共俱，共同攝取自心如來對應外五塵而顯現之內相分六塵，與五識同時剎那剎那不得停住；由有如是七識心種之剎那流注故，《大乘入楞伽經》中 佛說：「不了於境自心所現，次第滅時別識生起；意識與彼五識共俱，取於種種差別形相，剎那不住，我說此等名剎那法。」是故離念靈知心乃是剎那法，不得作禪宗明心時所證之如來藏也。

第八識如來藏，若是依二乘法所說者，處於無漏境界（無餘涅槃）中，則因此一無漏法習氣，乃是住於如來藏自境中，並無前七識心之存在，不須前七識心現行而存在，是故不須流注前七識心之心種，則無剎那生滅之現象，故言「無漏習氣非剎那」。此謂無餘涅槃位中，前七識永滅，不復現行，則不須如來藏再流注前七識心種；不流注故則無剎那剎那流注現象，故非剎那。然而如是無漏習氣之非剎那，如是義理，絕非凡夫及二乘愚癡無般若智之聖者所能知。

何故言「凡、愚」皆未能了知無漏習氣非剎那耶？謂諸凡夫與外道，皆尚未能了知涅槃，皆尚未能親證涅槃之本際，何能了知無漏境界？不知無漏境界者，何能現前觀察無漏之習氣是否有剎那性？是故說諸凡夫與外道悉不能知無漏習氣無有剎那性。二乘無學聖人雖然已經親證有餘涅槃，非是凡夫，然而仍名愚人；謂如是涅槃境界之親證，只是世俗諦之親證，唯是二乘菩提，不涉大乘菩提所證之實相境界，是故於無餘涅槃之實際，仍然無所了知；不知涅槃之實際故，便不能了知無漏涅槃是否有剎那性，故不知無漏習氣非剎那之正理。

二乘愚人所證涅槃，唯是滅盡十八界貪愛；然而十八界法之貪愛，唯是對於「三界中之自我是否眞實」之現觀，唯是對於自我是否繼續執著之觀行，皆屬三界中之世俗有爲法之如實現觀，不能涉及十八界之根源，不能觀察無餘涅槃之實際——自心如來藏——之眞實體性，故二乘愚人不了法界體性，無有法界體性之智慧；亦不能了知是否眞有如來藏一法實存，唯是因於對　佛之信心具足，因此而信受　佛所說之「涅槃之中有實際不滅」，是故不退轉於有餘涅槃之修證；由未親證無餘涅槃之實際故，不能了知涅槃中之實際。

及至捨壽滅盡十八界法已，入無餘涅槃界時，已無彼二乘無學聖人之五陰我、覺知心我、思量心我存在，十八界法悉皆滅盡，尚有何人能了知無餘涅槃中之實際耶？是故，二乘聖人捨壽後，亦不能了知涅槃之實際—自心如來藏。既不能了知，則尚不能現觀如來藏何在，而剎那習氣復是從自心如來藏所現行者，是故二乘聖人悉皆不能觀察如來藏流注前七識心種子之剎那剎那不斷之義理。由是緣故，佛說此剎那流注之眞實義「非愚人所覺」，愚者謂二乘聖人不能了知般若正義也，謂二乘聖人不能了知實相及一切種智之正義，故名爲愚也。由是緣故，二乘聖人雖非凡夫，尚名爲愚；二乘聖者愚人，尚不能知剎那之正義，何況印順、達賴、宗喀巴、寂天、月稱、昭慧、傳道、星雲、證嚴……等藏密及天竺密宗之凡夫，何能知之？何能現前觀察之？若言彼能了知者，無是理也！

不迴心之定性聲聞與緣覺聖人，由親證有餘涅槃故，由厭惡生死苦故，不敢緣於欲度眾生而發起大悲心，故不敢發起受生願，恐來世再來時頓忘此世所證解脫果，恐來世不能復遇大善知識而重新教導其修證解脫果，是故捨壽必取無餘涅槃；此世必取無餘涅槃故，不受隔陰之迷所昧。彼等滅盡十八界法，而成無餘涅槃境界已，則由生前之熏習無餘涅槃無漏習氣故，於無餘涅槃位中，其第八識自心如來藏，不復出現前七識之種子流注現象，則永無前七識心之種子流注而出，則永無剎那流注之現象出現，故不再出現意根，不致再受生，如是永處無餘涅槃位中，見聞知覺性與處處作主之思量性永不現起，恆處於極寂靜之狀態中，恆處於無十八界我之狀態中。如是境界中，由於不須流注七識心種而在人間活動故，則自心如來之自體心種亦不須流注出現第八識之心行，故亦無第八識心種之流注現象，是故如來藏自心亦離剎那性。

彼等二乘聖者捨壽後，之所以能如是常住於涅槃寂靜狀態中者，悉因生前之熏習無漏習氣，故能如是永遠安住而不再流轉生死，無餘涅槃位中無有種子流注於外故，由是緣故，說無漏習氣非剎那。然而如是無漏習氣之非剎那性者，非是二乘愚人及諸凡夫所能覺知，何況印順、昭慧、傳道、星雲、證嚴、聖嚴、惟覺……等人，尚不能了知第八識心何在者，豈能知之？何況藏密等外道，更云何知？是故 佛說：「**剎那者名識藏：如來藏意俱，生識習氣剎那；無漏習氣非剎那，非凡愚所覺。**」

有諸佛門凡夫，隨於外道中之「佛教研究學者」，作種種謬說，誤會佛所說之刹那正義，不能覺知一切法中之刹那生滅現象，亦不能覺知一切法刹那生滅之中，自有不墮刹那生滅之實相法存在，由誤計故執著自意妄想之**刹那論**，便作種種自意妄想所得之**刹那言說**，妄謂如來藏阿賴耶識是**刹那生滅**之心，妄謂是妄心，如是而貽誤眾生，此即是藏密弘傳者於密續中所言之**刹那論**也。如是**刹那論**，本皆是虛妄想，而不能自我檢查其妄想本質，乃竟取是臆想所得之妄想法爲眞，更來否定證道賢聖爲不懂密法，而悉不能了知藏密所謂之密法者，悉是妄想法，竟敢與眞參實悟之大乘賢聖諍，眞可謂爲井蛙無智也！

至於藏密之另一派，則摒棄觀想、氣功、遷識、雙身法…等邪見，專以**應成派中觀**之邪見而弘傳之，認爲應成派中觀見否定如來藏而說之「一切法空」說，即是最究竟之佛法，便以之而排斥一切顯教宗派，乃至最究竟之第三轉法輪諸方廣唯識經典，皆指爲不了義說，此即是藏密黃教宗喀巴、克主杰…等人之所爲者，亦是歷代達賴喇嘛所造之惡業。

乃至今時之印順法師，更以如是得自藏密之應成派中觀妄想法，而否定第八識如來藏，否定第七識意根，否定十方虛空中之無量諸佛淨土，妄

說彌陀信仰是太陽神崇拜之轉化，妄說東方琉璃世界藥師佛信仰是日月星辰崇拜之轉化，亦不承認有 釋迦世尊之報身正在色究竟天宮中廣說一切種智妙法，利益諸多地上菩薩；言外之意，實不承認十方虛空有無量無數佛世界，效行部份外國研究佛教之學者，依於一神教「聖經」所言「此世界爲唯一世界」之謬說，而對十方佛淨土，作全面否定。乃至更甚者，故意以「**蘊處界等一切法空，亦無如來藏常住不滅**」之斷見，公然毀壞佛所弘傳非常非斷之無爲法，廣說佛教之無爲法即是「一切法空」之斷滅見。如斯等人，皆是計著剎那論，以斷見論、無因論而毀壞無爲法之破壞佛教正法者，印順法師即是其人，昭慧、傳道、星雲、證嚴…等人繼之。譬如印順誤解剎那之正義，以自己所臆想者之理論，計著如是臆想所得之剎那論，而以斷見壞無爲法：

《「大慧！剎那者，名識藏如來藏，意俱生識習氣剎那，無漏習氣非剎那，非凡愚所覺。計著剎那論故，不覺一切法剎那（與）非剎那，以斷見壞無為法」。如來藏名藏識中，生七識的習氣，是剎那，是有爲生滅法；另有無漏習氣，是非剎那，也就是不生滅的無爲法。這裡，顯然與瑜伽學不同。**瑜伽學以為：無漏習氣也是剎那生滅的**，所以佛果的四智菩提，也還是有爲生滅的。『楞伽經』批評說：「若得無間有刹那者，聖應非聖」！宋譯的得「無間」，就是「無間等」，爲「現觀」或「現證」的異譯。這是聖智的證得，如智證而是刹那生滅，那聖者也不成其爲聖者了！無漏智等功德，『楞伽經』是無爲不生滅的。》（印順著《如來藏之研究》頁 247、248）

然而印順誤會瑜伽學，已至極爲嚴重之地步。瑜伽學之眞實妙義，實乃專說第八識眞相識之增上慧學，乃是一切種智，絕非未悟如來藏之人臆想所能知之。唯有已證如來藏之人，方能少分知之；乃至承認有第八識如來藏之人，閱經而熟悉如來藏體性已，若未證得如來藏之前，亦仍完全不能了知之；何況印順乃是否定如來藏之人，更云何能知？莫道印順不能了知，乃至已經親證如來藏之初悟者，亦唯能少分了知；悟後進修不已，方能多分知之也；何況未知未證如來藏、否定如來藏之印順、昭慧、傳道、星雲、證嚴…等人，云何能知？而皆以臆想之說，廣造書籍，廣說否定如來藏正法之言語，用以誤導今時及後世之衆生，其過無邊！

當知瑜伽學中所說「佛果之四智菩提亦是有爲有生滅」者，絕非印順所說膚淺偏斜之理；印順處在凡夫地中，讀之自生誤會，便作如上所說邪語，其實是破壞佛教正法之說，絕非弘傳佛教正法之說也。所以者何？謂瑜伽學中說：《四智心品所依常故，無斷盡故，亦說為常。非自性常，從因生故；生者歸滅，一向記故；不見色心非無常故。然四智品由本願力，所化有情無滅期故，窮未來際無斷無盡。》（《成唯識論》卷十）

此說佛果之四智菩提，所依之自心如來藏爲常恆不斷之法，而諸佛菩薩皆是發十無盡願而不住無餘涅槃者，是故必有世世之三種意生身及莊嚴圓滿報身等陰界入法常住世間以度眾生，如是而令佛地之六七識隨同自心眞如永無刹那間斷之時，永無斷滅之時，如是永無盡期；由是緣故，成佛後之大圓鏡智等四智心品，隨其永無暫斷之六、七、八識而永遠無斷，故說爲常。

然由另一層次而言，依四智心品自身之實際本質而言，非從所依之如來藏而言，則此四智心品乃是生滅有爲之法；何以故？謂此四智心品皆是由於修證三乘菩提之具足，而後始得生起，始得圓滿具足也。如是，此四智心品既是本無今有，既是於菩薩地證悟之時，始分證妙觀察智與平等性智而未具足，既是至佛地已方得具足；亦如大圓鏡智及成所作智，乃是修至究竟佛地時方始生起，則此四智皆是本無今有之法，焉得說之爲常恆不壞之法？

如是，不得說爲常恆不壞之法者，其故有三：一者，此佛地四智心品非是本有之法，乃是經由修行而後始能生起者，而後始有四智心品故，乃是有生之法故；二者，有生之法必定歸滅，此「有生必滅」之理，世尊於諸經中一向皆作如是記故，亦是十方諸佛一向皆如是記故，十方諸佛若如阿羅漢之入無餘涅槃而滅盡十八界法者，此四智亦將隨之而滅故。雖然諸佛於未度盡眾生之前，絕不入住無餘涅槃，是故言之爲常，然而既是可滅之法，則不得謂之爲常也。

三者，從來不曾見過色身非是無常之法故，從來不曾見過覺知心思量心等非是無常之法故。四智心品皆是依八識心王而有者：大圓鏡智依佛地第八識眞如而生，成所作智依佛地前五識而生，上品妙觀察智依佛地意識心而生，上品平等性智依佛地意根而生，後三品皆是依於刹那流注生滅之七轉識而生者，而此七識心既皆是刹那流注生滅法，則依此七識心而生之三智心品，當然亦是刹那流注生滅之法，是故說如是無漏法亦是有爲生滅之法；若入滅盡定位時，此三智心品則不現前，焉得謂爲常住法？復次，三智心品既是刹那流注法，自然不得謂爲非刹那法，自應歸之爲有生滅法。

復次，大圓鏡智心品，實依佛地第八識眞如而有；大圓鏡智既是本無後有之智品，當知是有生之法；有生之法則必有斷滅之時，不可謂為常住法也。是故大圓鏡智於未欲令其現行時，則有時不現，非是剎那剎那不斷而時時現起者；由是緣故，說大圓鏡智雖是無漏法，然非常住；當其現前時，亦是剎那剎那流注出現者，亦是剎那生滅之心品法。

然而大圓鏡智有時不現行時，如來地之第八識自心眞如——無垢識，仍然本於無漏習氣而常住，自體仍然遠離剎那生滅流注，仍舊不墮於剎那性中。由如是正理，瑜伽學中說四智心品雖是無漏法，仍是生滅有為之法，攝屬無漏有為法。然而此說仍與《楞伽經》所說者完全相符，謂四智心品雖是剎那生滅之有為法，必定隨於進住滅盡定中而間斷不現故；然第八識心體則仍住於原有不生滅、非剎那之自體性中，乃至四智心品現行而令自心眞如流注種子時，自心眞如——無垢識——仍住於不生滅、非剎那之自體性中，其體未曾有一剎那之生滅現象出現，如是第八識自體心性，方是眞正之無漏習氣；其餘四智心品雖亦是無漏法，然非無漏法之習氣，乃是無漏有為法之現行，不可與第八識心體之無漏習氣等同而觀。如是正理，非唯成論中作是宣示，於《瑜伽師地論、攝大乘論》中，悉皆同作是說也。

印順法師不能知此，而以自意思惟之妄想，故作上引誤導眾生之言語，焉得謂爲眞知瑜伽學者？由此緣故，《楞伽經》中佛說：「大慧！若得無間，有剎那者，聖應非聖，而聖未曾不聖。」此經文謂：世間若有自謂爲聖人者，其所證得之無間斷法，若是屬於有剎那生滅之法者，則此聖人應非是眞正之聖人；然而佛法中之聖人，未曾不是聖人也。世尊所說之意，即在此也。印順故意斷句取義，將後一句「而聖未曾不聖」略而不引，藉以證成其謬說，可謂居心不良之人也。是故，印順所引之《楞伽經》中佛語，其實與印順之意相悖，絕非印順所說之意也！

復次，印順《楞伽經》之經文，依自己所信藏密應成派中觀之立場，故意作錯誤之斷句：《「大慧！剎那者，名識藏如來藏，意俱生識習氣剎那，無漏習氣非剎那，非凡愚所覺。」》經文原旨應爲：《「大慧！剎那者，名識藏：如來藏意俱，生識習氣剎那；無漏習氣非剎那，非凡愚所覺。」》如是經文原意所說者，與印順所作錯誤斷句後之意旨相反，大相逕庭；印順故意作符合其意而違 佛意之斷句，令經文意旨成爲：「剎那者名爲識藏之如來藏」，完全違 佛前後經文所說也。未悟之人讀經斷句常有此誤，致成顚倒見者，事所常見，印順即是明證也。

名爲「識藏」之如來藏，此「識藏」一名，乃是函蓋八識心王在內之意，非是單說第八識如來藏者，故名「識藏」。由是緣故，世尊隨後解說：若是以「識藏」爲名之如來藏，則是與意根俱者，非如印順單說如來藏名時之不與意根俱者，則非是如來藏所自住之本來自性清淨涅槃之境界也，則是二乘無學聖人所入之無餘涅槃境界中之第八識心也，則是單說第八識之如來藏境界也，第八識自心體恆、常住，則非是有剎那流注生滅者，不得名爲剎那之法。若是名爲「識藏」之如來藏，則是與七轉識並行運作者，則須流注八識心王之種子而共同運作，則是於其體無生滅之境界中，現有流注七識心種子之剎那生滅相者；然於如是剎那流注生滅相中，如來藏自體依舊常住於體恆、非剎那、無生滅之自體性中。

如是解經，方是眞知經意者，方是契符 佛旨者。若是依印順斷句而取其義者，所說則成「如來藏是剎那生滅之法」，則與前來經文，及與後時經文處處所說者相悖，亦與三乘諸經所說者相違背，亦與瑜伽學諸論所說相悖，唯能契符印順所宗藏密應成派中觀邪見之旨。一般學人或弘法者之「斷章取義」已是不當，如今印順其人非唯常常「斷章取義」，又復常常如是「斷句取義」，更是惡劣歪曲之心，非是出家法師身分所應爲者。

印順由於對佛法般若生諸誤會，是故於此經文「斷句取義」，用以附和自己之妄想邪說。譬如印順此段文句中，對瑜伽學及此經，判作相反之說：《如來藏名藏識中，生七識的習氣，是剎那，是有為生滅法；另有無漏習氣，是非剎那，也就是不生滅的無為法。這裡，顯然與瑜伽學不同。》然而如是判斷，只是印順個人之誤會與牽強附會罷了。

如前所說，如來藏名為「識藏」時，方有流注七轉識染污種子之剎那流注及變異現象，故此位中之「識藏如來藏」非是離剎那變異者，「識藏名所攝之如來藏」函蓋七識心種子之流注及變異現象故；無垢識已離種子剎那變異生滅故。然此意絕非如印順所謂之「如來藏自體是剎那生滅者」，而是：於此「識藏」位中，雖有流注七轉識種子之剎那流注生滅現象，但自體則完全無生滅、無剎那，不可因為在「識藏」名下有流注八識心王種子之剎那生滅現象，便謂如來藏自體亦是剎那生滅者。瑜伽學所說者，衡之於《攝大乘論、瑜伽師地論、成唯識論、起信論……》所說莫不如是；瑜伽學之《寶積經、如來藏經、勝鬘經、無上依經、……》等經所說者，亦莫非如是，未曾如印順所說之「與楞伽經相反」者。

印順常常故意生硬地扭曲經論意旨，譬如《攝大乘論》中，其實是明說「有阿賴耶識」，印順卻強加扭曲，誣說論意為「方便說有阿賴耶識，其實是無阿賴耶識」；亦如《楞伽經》中明說有第八識如來藏，爲了開引誤計「常見我」，開引誤計「覺知心我常住不壞」之外道故，而爲彼等諸人說「確有如來藏」，並證明「覺知心我」等法悉是虛妄。如是**開引計我外道**之方便門，卻被印順解釋爲「方便說」，解釋爲「實無如來藏」。印順如是錯誤解釋經論之處，不勝枚舉，處處可檢。此處亦復如是錯誤解釋經文，亦將 佛意扭曲而說，妄謂爲：「如來藏有生滅，是刹那生滅之法。」如是錯會及錯註經旨者，皆因印順實是依於藏密應成派中觀之邪見爲主而作判斷，而作解說，是故完全悖離經文中之 世尊眞旨，作是誤導眾生之說，實乃極爲不當之舉，非是誠實學佛之人所應爲也！

復次，如印順此段文中所舉：《『楞伽經』 批評說：「若得無間有刹那者，聖應非聖」！》斷章取義以後，插在此段評論文中，乃是扭曲經文意旨之說，謂經文原意並非印順所說之意，並且與印順所說相反。此段經文意旨，於次段經文中自解說之，意可解也，勿煩先言。

「大慧！七識不流轉，不受苦樂，非涅槃因。大慧！如來藏者，受苦樂，與因俱，若生若滅，四住地、無明住地所醉。凡愚不覺，刹那見妄想熏心。復次大慧！如金、金剛、佛舍利，得奇特性，終不損壞。大慧！若

得無間，有剎那者，聖應非聖，而聖未曾不聖。如金、金剛，雖經劫數，稱量不減；云何凡愚，不善於我隱覆之說，於內外一切法，作剎那想？」

七識心並非生死流轉之主體識，緣由如下：前六識心體，皆是依緣而生者，非是從前世轉生至此世者。譬如前五識心體，乃是從自心如來體中流注而出者：此謂前五識心體之種子現行，而有五識體性現前者，乃是以自心如來為根本因、為俱有依，復須四種俱有依：末那識之現行、意識心之現行、五色根完好無缺、五塵境現前，依如是四法，方得由自心如來體中流注現行。然而世世之五色根，皆非從前世攜來此世入胎而有者，皆是此世方有者，是故，世世之前五識心皆是各自依於各世之五色根為俱有依，而後始能出生者；由是緣故，說前五識心皆唯一世所有，非是從前世來，非是能去至後世者，焉得說為生死流轉之識體？惟覺法師渾不知此，更向大眾狂言道：「**能聽的一念心就是眞如佛性。**」則是主張「**耳識是從往世入胎而轉至此世者**」，則是同於民間信仰者所說，眞乃常見外道之邪見也，焉得說為佛教正統之法師？焉是眞實證悟之人？

亦如欲界人間之意識心，必須有自心如來所含藏之意識心種子為其根本所依，復須有執持意識心種子之自心如來體性之現行，藉以配合意識心之運作，以及完好之五色根、末那識之現行運作、末那識之觸法塵，方能令意識心現起。若缺其一，則不能令此世之意識覺知心現行。既如是，當知往世在人間之意識覺知心，亦須往世之五色根完好，方能從自心如來體中現行而出；此世之人間意識覺知心，亦須此世在母胎中所生成之五色根爲依，方能從自心如來體中生起現行；然而現見一切人之五色根（勝義根頭腦）皆是此世入胎所造者，皆非是從往世捨壽時攜來入胎者，云何可言此世人間之意識覺知心是從往世來至此世者？是故，世世之意識覺知心、離念靈知心，皆是唯有一世爾。唯有一世之意識覺知心，焉得是世世生死流轉之主體識？不應正理！

至於第七識末那，在四阿含諸經中，說之爲意根；乃是意識心生起與現行運作時之所緣法，故是意識覺知心之俱有依心。意識覺知心由於依此意根而生起現行故，名爲意識。意根之現行不斷者，乃因自心如來中含藏往世所藏之我見我執種子，及種種善惡業種，以及貪著世間五欲諸法、善法不善法之貪瞋癡無明種子，悉在無始無明所籠罩之下，不能破除，是故恆於自心如來中生起末那識之種子，剎那剎那而無間斷地生起末那識種子，方能令末那識現行不斷。是故一切人於眠熟位中，末那識自身決定不斷絕，由是緣故，能令末那識時時思量、處處作主，因此能由末那之作意，而令次晨或中夜有意識心覺醒或作夢，而令有情眠熟之後不致使如來藏捨身而斷其命；乃至令有情悶絕時、入無想定時、入滅盡定時皆能不斷其命，亦令有情於死後繼續由如來藏藉色身而出生中陰身，繼續入胎受生等。凡此皆因末那第七識心有俱有依故，方能令諸業種與無明種現行，而令末那住於世間不斷。既然瑜伽學諸論中皆說：末那必依自心如來所含藏之末那種子方能生起現行，必須依於自心如來主體之現行運作不斷，方能刹那刹那不斷生起現行。如是，則顯然已說明意根末那識非是自能流轉於三世生死之主體識。由是緣故，佛說「七識不流轉」，唯有第八識自心如來，方是眞正能流轉於生死之主體識。如是瑜伽學所說者，與此經所說者完全相同，印順何得故意曲解而說之爲不同？

七識心並非眞正受苦樂者：一者，前五識於五塵等法，雖有順心違心之境界受，然而其了別五塵順違之體性及自我性，皆極淡漠，故非受生死流轉之主體識；末那識則唯能於五塵所顯示之法塵上作極簡單之了別，不能了別其細相，亦不能了別五塵相，是故末那識亦非是生死流轉之識體；意識心雖能於六塵悉皆詳細了別，於世間法上言之，實是正受苦樂者，能正受種種苦樂觸之現量境界，而有順心違心之境界受故；然意識所受之苦樂等相，皆是無常變異、終歸於滅之法，不曾有一苦樂法能常受其樂、或常受其苦者，乃至不苦不樂之捨受亦復如是，皆是無常之法。既是無常之法，則顯然非是眞正受苦樂者。唯有自心如來，雖離見聞覺知而不受六塵境界中之苦樂觸，然而卻是世世通貫而不曾刹那間斷者，卻是世世承受前世善惡業果報，而令一切善惡業苦樂皆能如實現行，而在自身所生之七識心上受報者。如是眞正能實現善惡業果報者，方是眞實受苦樂者。

復次，如前所言：五識與末那識非是正受苦樂者。而意識心與前五識則唯有一世，非從前世來，亦非能去至後世者。是故，此世之意識覺知心及前五識心，承受前世意識心所造善惡業果，而受此世之苦樂果報；來世之意識覺知心及前五識心，則承受此世意識心所造善惡業果，而受來世之苦樂果報。是故，前六識心，皆非是正受自己所造之苦樂果報者，故說前六識心不受苦樂。

於前六識正受苦樂果報時，末那自體既然不能領受苦樂觸受，則末那亦非是眞正受報之主體識。復次，末那既是依自心如來爲體，而從自心如來中刹那刹那不斷所出生者，則末那亦非是主體識也，非有自己能單獨存在之體性故，非是自在心。若非是自在心，若非是主體識，則不應說是正受苦樂之主體識；是故說末那及前六識心皆非是眞正流轉生死者，非是正受前世善惡業所生之苦樂果報者。如是正理，今我會中尙有多人能如實親證，及能現前觀察故。

如是，於世世生死流轉中之眞正主體識，方是眞正之涅槃因；若非是眞正流轉生死之主體識，若非是眞正受持世世苦樂果報，而令一切果報皆無差謬者，則非是眞正之涅槃因。涅槃是離刹那之法，涅槃是不生不滅之法，涅槃是不來不去之法；而前七識心之體性，與此離刹那性之涅槃相違，唯有第八識自心如來之體性，與涅槃不生不滅、離刹那流注之體性相符，故說第八識自心如來方是涅槃正因。如是正理，非唯印順法師一人未明，其實正是昭慧、傳道、星雲、證嚴及多數學佛人所未明者，是故印順書中有如是語：

《無常論者，雖想用「迷悟依」一句話，把它（如來藏）拉在自己的體系裡，但總覺得有點奇突，於是乎有人說「楞伽體用未明」。其實『楞伽』等別有體系，根本的見解，無常生滅是不能建立一切：「譬如破瓶不作瓶事，譬如焦種不作芽事，如是，若陰界入性已滅、今滅、當滅，自心妄想

見，無因故」。》（《華雨集》之「法海探珍」頁93）

是故，墮在無常論中之人，皆無法自圓其說，皆無法否認自己墮於斷滅見中。**無常論者**雖將如來藏緣爲己法，然既宣示一切法悉皆無常，無有一法是常，則貪緣如來藏爲其不墮斷滅見之所依，而說之爲「迷悟依」者，則必與自己所宣示之**一切法無常空**之說，自相矛盾，是故印順說之爲「奇突」。**無常論者**既遭受此一質疑，而不能分辨圓滿，只得託辭爲「楞伽體用未明」，藉詞不談楞伽所說「如來藏爲萬法根源」之說，如是逃避之。

印順雖見於此，是故改用緣起論爲其理論；然而終究不能脫離年輕時所崇奉之藏密應成派中觀之邪見，是故自身亦復處處曲解諸大乘經之佛語眞旨。印順難得有正確之說，偶或遇之，應當舉而歎之，是故舉之於下：

《…爲什麼要依如來藏呢？「其餘諸識有生有滅：意、意識等念念有七」；這刹那生滅的「七識，不流轉，不受苦樂，非涅槃因」。所以不成爲流轉中的受苦樂者，只因它念念生滅。所以依「離無常過」的清淨如來藏，才能建立輪轉生死。如果不理解這一原則，無常論者還是別談『楞伽』好！攻訐『起信論』，更不免多事了。在眞常論的見地上，「空者，即是遍計執性」。**如來藏不與雜染相應，所以叫空，不是說它的自體是空**。「如來藏不同外道之我」，所以說「無我之藏」，「離於我論」。如果性空論者要曲解它，也是同樣的笑話。》（《華雨集．法海探珍》頁93、94）

印順此文所說極爲正確。然而印順既然承認說：「如來藏不與雜染相應，所以叫空，不是說它的自體是空」，則應修正以往否定第八識如來藏之種種書籍，並公開宣示：「以往諸書中否定如來藏，說如來藏富有外道神我色彩之說，皆是錯誤之說。」如是而行，方是正辦。然今未見印順行此正行。

印順繼續開示：《…這三系，都在建立自己，否認別系，或說另一系爲不了義。偏依一宗，或者可以否認對方是正確；但經論中有這三系存在，卻不容否認。》（《華雨集．法海探珍》頁94）

如是說法，則是未知未證三乘菩提見道功德者之所說也。何以故？謂三乘諸經中，並無印順所言之「無常論」，亦無印順所言之「性空論」，更無印順所言之「眞常論」。如是印順所言三論之說，與佛所說之阿含、般若、唯識之說，悉有不符之處故，唯是未悟之人依於佛法經文言語表相之研究而說者。

云何言印順所說之無常論，不符阿含諸經所說者耶？謂阿含部諸經所說者，乃是依涅槃實際而說之**緣起論**，非是**無常論**故。譬如印順作是妄判妄說：《在佛法中，雖沒有但見無常的，但以見無常為悟眞理，確是初期佛教特色之一，（小乘不一定如此）所以就稱之為**無常論**。有的以為不然，見無常不一定見理，要通達內而身心、外而世界的**一切皆空無我**，才是正見實相。通達我法無自性空，是中期大乘的特色，所以稱之為**性空論**。性空是說它沒有自體，沒有自體怎麼就是眞理呢？無常只是現象的幻相，也不是眞實，所以要證悟眞實不空、常恆不變、清淨周遍的萬有實體，才是證悟實相；這是後期大乘的特色，所以就稱為眞常論。這三種悟解，也始終存在，但從時代主流上著眼，可以把它作為三期佛教的標幟。》（《華雨集．法海探珍》頁 89、90）

然而四阿含諸經中，世尊處處依於無餘涅槃之本際——第八識如來藏——而說一切蘊處界法皆是緣起法，是故蘊處界性本是緣起無常之空相，如是而說**緣起法**，是故三乘諸法中，並無**無常論**之可言也；二乘法諸經如是，諸論中亦復如是，並無**無常論**存在；所謂**無常論**一名，唯是不知阿含諸經意旨之人，依於自意妄想而將**緣起論**說為**無常論**，非是二乘經論中確有此系存在也。

印順所言之性空論者，乃是妄謂：般若諸經之意即是一切法性悉皆空無；亦復妄謂三論宗所說之意旨為一切法悉皆性空。然而印順與諸三論宗之後代宗徒，悉皆錯會般若諸經之眞正意旨，亦皆錯會三論之意旨也。印順作是說：《雜染清淨的可以轉變，是因為它沒有固定的自性，沒有自性就是空。因為無自性空，所以有從緣的必要；從緣起滅，所以諸行是無常的。如果在一切法上，通達性空無我，那就契證不生不滅的眞相了。這依性空出發，說明一切，所以叫性空論。》（《華雨集‧法海探珍》頁 90、91）

如是將般若定位為緣起性空之法，則般若諸經之意涵應同於阿含諸經所說，則契符印順否定大乘般若之主張，契符印順主張「大乘諸經非佛說」之主張。然而卻有大過：令佛菩提道消滅於無形之中，消滅於眾人不知不覺之間。如是所說者，令人以為「深入了知二乘緣起性空正理者，即是證得實相者」；則令佛菩提道同於二乘解脫道，如是貶抑佛菩提道，令其同於二乘世俗諦解脫道之粗淺佛法。若般若之道即是二乘解脫道之同義異名者，則 世尊不須別說般若，則應 世尊唯是一會說法而說解脫道即可，不須別說佛菩提道。然而阿含經中卻說 世尊三會說法，而非一會說法，顯然與印順之說有異。

此謂般若所言之意旨，非是印順等人所謂之「一切法緣起性空」之理也，實是依「非心心、無心相心、不念心、無住心、菩薩心」等名所說之第八識如來藏，而宣說：**非心心**空無形色，復離我性而恆住於無我境界中；亦說蘊處界悉皆緣起性空，亦說蘊處界所生之其他一切神通、佛法…等，悉皆緣起性空，無一法可得；仍是依第八識如來藏而說**藏識以外之一切法緣起性空**，而說法界實相之體性實即第八識如來藏心。是故，大乘佛法中唯有**般若正論**存在，無有印順所說之**性空論**存在。

復次，印順不解眞常唯心之宗旨，妄以自意臆想而作錯誤之判斷：《一切法不能沒有所依的實體，變化之中，還有不變者在；非有眞常的本體，不能建立一切。我們迷卻眞常，所以有虛妄變幻的生死；如果遠離妄倒，眞常寂靜的本體，自然全體顯現了。這依眞常說明一切的，叫它做**眞常論**》（《華雨集．法海探珍》頁91）然而第三轉法輪諸經中所說者，絕非是印順如是所言之**眞常論**，乃是依於**非常非斷**之第八識如來藏，而作如是宣示：「一切法界皆是由此八識心王所直接或間接出生，由此法界根源之如來藏心，可以修行而成佛道，可以淨除此心中所含藏之七轉識染污種子，至於究竟圓滿境界，而成就『所含藏之種子永遠不會再變易』之究竟清淨果報，是名斷盡變易生死。如是名爲佛地眞常不變之無垢識。」到無垢識境界已，方得謂爲**眞常心**也。未至此地步者，皆非是眞常心也。而第三轉法輪諸經中所宣說至此地步之境界，所說篇幅極少極少；所說者，多在因地如來藏之**非常非斷**、**非垢非淨**上，於此多所廣言，而令眾生了知其非常非斷、非垢非淨之理；是故，不可將份量最少之部份取來作爲主體法，不可將篇幅極少之修證結果，取來作爲第三法輪之全部，而謂之爲**眞常論**。

唯有印順、昭慧、傳道、星雲、證嚴…等人所弘傳之藏密應成派中觀見者，方是**性空論**者，撥無一切法故，墮於斷滅空故；唯有藏密所繼承之天竺「晚期佛教」密宗坦特羅「佛教」之月稱與寂天等「菩薩」，彼等所說者，方是**性空論**也，本質是否定如來藏而撥無一切法者故。彼等雖然口中自言未曾撥無一切法，心中自認未曾撥無一切法，然而所說之法，卻正是撥無一切法者，是故皆說一切法空，皆以爲般若諸經意旨即是「一切法空說」，即是印順所判之「**性空唯名**」。是故，三乘諸經中，從來未曾有性空論、無常論、眞常論存在，印順書中所說**三乘諸經中確有此三種論**者，非是正說也。

復次，印順所言：《清辨、月稱他們是性空論，是中期大乘的復興，…》

（《華雨集．法海探珍》頁92）。如是所說者，亦是妄說也。此謂月稱其人，絕非是復興大乘般若中觀正法者，實是否定般若中觀正法，而代以外道斷滅見者；月稱所弘者，即是印順所宗所言之「性空論」，否定七八識，不承認佛在四阿含諸經中所說之如來藏、如、眞如、本際、實際、識、阿賴耶、心……等都是第八識法；其所著作之《入中論》現在，猶可稽之，乃是墮於斷滅見者，印順焉得說之爲大乘佛法之復興者？其實都是破壞佛教正法者。

如是將破法者說爲眞正弘傳正法者，卻將無著師徒等弘傳眞正正法者，說爲不究竟之無常論者：《無著師資是無常論的，依『攝大乘論』看，一切法不出三性，依他起是染淨的中心，一方面「是無所有非眞實義顯現所依」，一方面是「若無依他起，圓成實亦無」。依他起是虛妄生滅法，染妄的阿賴耶識，是其中最根本的，稱爲「所知依」。從這生滅無常的中心出發，無自性空是不能安立染淨因果的；這從『瑜伽』的破「惡取空」，到『成唯識論』的破「執遣相空理爲究竟者」，是一貫的見解。染淨因果，要在生滅上建立，種子六義中的「刹那滅」，不但否認眞常是雜染因，也不許它是清淨因。》（《華雨集．法海探珍》頁91、92）

然而無著與世親師徒二人，絕非是印順所說之無常論者，卻反而是眞正的眞常論者（如果有眞常論的話），主張第八識如來藏修至佛地時，可以淨盡一切種子，而令其成爲無垢識，成爲永遠不再變易種子之佛地眞如，稱之爲眞常；並說除此而外，一切地之如來藏悉是尚有無始無明之上煩惱隨眠，悉是尚有一念無明之煩惱障起煩惱種子隨眠者。如是讚歎佛地之具足三德與四種涅槃，而稱歎佛地眞如是眞常心者，焉得說之爲無常論者？非唯如此，無著師資並且是含攝三論者，含攝了印順所錯會的三論宗「性空論」之眞實意旨，非是印順所能知之者。如是應可歸類於眞常唯心之無著師資，印順卻故意顚倒其說，將之歸類爲無常論者，欲令人不復對無著師資所弘諸論生起信樂之心，欲令人以爲無著師資所弘之法同於印順所弘之性空論。如是顚倒其說，輾轉反覆而令人眼花潦亂，不得正解，最後以一結語，歸結無著師資爲無常論者，令人反感而不生信樂於無著師資，眞可謂善於朋比而且用心不善者。

復次，三性三無性之說，印順亦嚴重錯解。此容後來註解《解深密經》時另行闡述，於此暫且略而不述。

印順復又錯解龍樹《中論》之意旨，將之解爲「性空論」之說：《…不妨從龍樹論去看。「以有空義故，一切法得成」，揭出了基本的特點。如一法有毫釐許的自性，它就無須乎因緣；有自性的東西，彼此隔別，也不能成立前後的聯繫；所以要無自性的生滅，才能相續，「雖空亦不斷，相續亦非常」，這是空的無常論。「離三解脫門，無道（亦）無果」；「無所得故，能動能出」；一切法性空，所以正見性空，就得解脫出離。「心行既滅，言語亦斷，不生不滅，法如涅槃」，這是空的眞常論。不許空，無常是斷滅的邪見；**常心不變，不過是梵王（就是梵天）的舊說而已**。龍樹抨擊非無自性的無常與眞常，也夠明顯了。》（《華雨集．法海探珍》頁92）

然而龍樹菩薩之《中論》所說諸偈，皆非同於印順之所說者，自是印順錯會龍樹意旨已，作是妄解謬說爾。所以者何？般若並非印順所判定之「空的無常論」，龍樹之《中論》所說者，亦非印順所判之「空的眞常論」；此容未來我會中親教師出版《中論正義》時，另作詳敘，此暫舉而不述。

然而印順於此文中所說之結語中，卻對如來藏及佛地之無垢識眞如，加以否定，不承認其爲眞實究竟之法，故作是說：《**常心不變，不過是梵王的舊說而已**。》如是之言，即是不承認佛地第八識眞如是常恆不變之法，不承認法界中有一常住法可以修成常心不變者，則印順意謂佛地眞如所含藏之種子，非是常恆不變，亦謂未曾有一法可以是常住不變之法，則成否定諸佛斷盡變易生死之境界者。故說印順實乃天下破壞佛教正法最嚴重者也。

所以者何？謂諸梵天王所知之常住不壞、常恆不變之心，只是意識心而已，從來不曾見有任何外道經論中，能提及第八識常住心之正確理論者；梵天王等所說常住常恆心之體性，皆是同墮意識心中者，唯有 佛所說之第八識如來藏是常恆不壞心；唯有 佛所說之佛地眞如心，方是種子永無變易者。如是 佛所說第八識心，何曾與外道梵天王所說之第六意識有相同之處？一者為第六識心，一者為第八識心，差異如是天懸地隔，印順焉得誣之為同於梵天王所證之意識心耶？反觀印順自身所建立常住而能連結三世因果之意識細心，則同於梵王之意識心，只是加以「不可知不可證」之說而已，卻同是意識心；以自己同於梵王之意識心，卻來誣蔑第三轉法輪諸經中 佛所說之第八識如來藏常住心同於梵王所說之意識心，知解嚴重顚倒，此理焉可會通？

如是，印順凡有所說，皆欲歸結一切「佛法」於其所崇奉之藏密應成派中觀邪見中，皆欲歸結於「一切法空」之**性空論**中，由是緣故而否定諸宗諸派之正說，並故意顚倒其說，令人誤以為諸宗諸派皆是虛妄之**無常論**

法，令人誤以爲唯有一切法空斷滅本質之性空論方是正說。然而印順所說之性空論，其實正是他自己在諸書言句中所不認同之無常論，卻故意將無常論之大帽子扣在眞常唯心系之無著師資頭上。如是顚倒其說，迷惑眾生。

印順又作是說：《探索三大思想系的教典，性空論到底是正確而深刻的。在虛妄唯心者所依的『解深密經』，它本身就表示這個見解：五事具足的利根，它無須乎解深密。五事不具足的鈍根，或者懷疑否認，或者顚倒亂說，於是不得不作淺顯明了的解說。它的分離俗有，與龍樹「爲初學者作差別說」的見解，完全一致。眞實唯心，是方便假說的，『楞伽經』不曾這樣說嗎？「若說眞實者，心即無眞實，言心起眾相，爲化諸愚夫」。龍樹說：對治境實心虛（唯物論）的妄執，所以說唯心，這確定了唯心在佛教中的價值。》（《華雨集．法海探珍》頁 95、96）

然而印順如是說法，卻是違背事實之說，亦是斷章取義及倒置之說。譬如印順所說：《虛妄唯心者所依的『解深密經』，它本身就表示這個見解：五事具足的利根，它無須乎解深密。》此是用心不善之說，此是故意誤導學人對《解深密經》產生誤解之說。茲錄《解深密經》原文爲證：

《善男子！如來但依如是三種無自性性，由深密意，於所宣不了義經，以隱密相說諸法要，謂一切法皆無自性，無生無滅，本來寂靜自性涅槃。於是經中，若諸有情已種上品善根，已清淨諸障，已成熟相續，已多修勝解，已能積集上品福德智慧資糧，彼若聽聞如是法已，於我甚深密意言說，如實解了；於如是法深生信解，於如是義，以無倒慧如實通達，依此通達善修習故，速疾能證最極究竟；亦於我所，深生淨信，知是如來應正等覺，於一切法現正等覺。》

如是所說者，並非印順所說之《五事具足的利根，它無須乎解深密。》而是說：已經積集上品福德智慧資糧等五事之人，聽聞《解深密經》之後，方於 佛所說「甚深密意言說，如實解了」，方於 佛所說甚深密意「以無倒慧如實通達，依此通達善修習故，速疾能證最極究竟」，乃是應須理解《解深密經》所說法義，然後能證之；並非印順所故意曲解之「五事具足的利根，它無須乎解深密」。印順所說者，正與《解深密經》中佛語相違相反。由此可見印順之一心一意要曲解大乘經典原意，附和他所信奉之密宗應成派中觀之邪見。

《解深密經》中， 佛續開示曰：《若諸有情已種上品善根，已清淨諸障，已成熟相續，已多修勝解，**未能積集上品福德智慧資糧**，其性質直；

是質直類，雖無力能思擇廢立，而不安住自見取中，彼若聽聞如是法已，於我甚深秘密言說，雖無力能如實解了，然於此法能生勝解，發清淨信，信此經典是如來說，是其甚深顯現、甚深空性相應，難見難悟不可尋思，非諸尋思所行境界，微細詳審，聰明智者之所解了；於此經典所說義中，自輕而住，作如是言：「諸佛菩提為最甚深，諸法法性亦最甚深，唯佛如來能善了達，非是我等所能解了；諸佛如來，為彼種種勝解有情轉正法教；諸佛如來無邊智見，我等智見猶如牛跡。」於此經典雖能恭敬、為他宣說、書寫護持、披閱流布、殷重供養、受誦溫習，然猶未能以其修相發起加行，是故於我甚深密意所說言辭，不能通達；由此因緣，彼諸有情亦能增長福德智慧二種資糧；於彼相續未成熟者，亦能成熟。》

乃是說若有菩薩於五事之中欠缺一事：「**未能積集上品福德智慧資糧**」者，然因**心性質直**故，不住於**見取見**中，則信是經所說甚深意爲唯佛及諸智者所知，非己所知，亦非是印順所說之「不須解深密」經典也。

如是，印順其人，正是《解深密經》所說住於**見取見**中之一類人也：《若諸有情，廣說乃至未能積集上品福德智慧資糧，**性非質直**，非質直類，**雖有力能思擇廢立，而復安住自見取中**，彼若聽聞如是法已，**於我甚深密**

意言說，不能如實解了；於如是法雖生信解，然於其義隨言執著，謂一切法決定皆無自性，決定不生不滅，決定本來寂靜，決定自性涅槃；由此因緣，於一切法，獲得「無見」及「無相見」，由得「無見、無相見」故，撥一切相皆是無相，誹撥諸法遍計所執相、依他起相、圓成實相；何以故？由有依他起相及圓成實相故，遍計所執相方可施設；若於依他起相及圓成實相，見為無相，彼亦誹撥遍計所執相，是故說彼誹撥三相；雖於我法起於法想，而非義中起於義想。由於我法起法想故，及非義中起義想故，於是法中持為是法，於非義中持為是義；彼雖於法起信解故，福德增長；然於非義起執著故，退失智慧；智慧退故，退失廣大無量善法。》

觀乎印順一生所造諸書，其中所說道理，悉皆如是：《於一切法，獲得「無見」及「無相見」，由得「無見、無相見」故，撥一切相皆是無相》，墮於**一切法空**之邪見中，**於非義中起於義想**，正是《解深密經》所斥之人也。乃至故意曲解經文所說「五事具足者聞解深密經已，始能親證經中所說甚深佛法」之原意，故意顛倒其說為：「五事具足者不須聞受解深密經之勝妙法義」。何故說為故意顛倒其說？謂經文如是語意極明，非是模糊籠統之說；而印順乃是具有深厚中文修養之人，絕非是讀之不解之人；讀而能解之人，竟作完全與經意相背之說，當知必是故意曲解者，非是無心而誤解者。由是緣故，說印順其人居心不良，心地歪斜，非是質直之人也！

復次，《解深密經》絕非是「虛妄唯心者」之所依也。此謂《解深密經》所說者，乃是非眞非妄之第八識法，豈是專說七轉識虛妄之法？印順何得作是誣說？而應成派中觀見者所說之唯識論，其本質方是「虛妄唯心」說者，所說諸理皆是**虛妄唯心**之依他起性六識理故。何故余作是說？謂《解深密經》所說者，未曾稍離非眞非妄之如來藏心而說法；然而如是非眞非妄之如來藏心，正是將來成就佛果之所依心，正是世間出世間一切法之所依心，正是印順、昭慧、傳道、星雲、證嚴…等密宗應成派中觀師所不能信受者，所欲推翻者，是故印順、昭慧、傳道、星雲、證嚴…等人絕不信受之，焉有可能認同之？《解深密經》若眞如印順所說是「虛妄唯心者之所依經」者，則印順、昭慧、傳道、星雲、證嚴…等人正應認同之，正應廣弘之。然而現見印順、昭慧、傳道、星雲、證嚴…等「虛妄唯心派者」一向否定之，印順並故意將之判爲「虛妄唯心說」之經典，意欲令人對《解深密經》不生信心。由此可見印順之居心所在也！

印順所言：《**五事不具足的鈍根，或者懷疑否認，或者顛倒亂說，於**

是不得不作淺顯明了的解說》，對照經文，亦顯見印順之故意顚倒而解，意欲令人對《解深密經》深生反感，欲令人對《解深密經》生起輕視之心。此謂經文所說者，非如印順所說「因五事不具足之鈍根不能解了……等等，所以作了『淺顯明了的解說』。」反而是爲五事具足之利根質直菩薩，作了甚深微妙的解說；這些五事具足的菩薩們聽了以後，方能瞭解《解深密經》之究竟微妙眞實意旨；而不是印順所說的「五事具足的菩薩不須《解深密經》的深細微妙法義。」藉以達成阻礙《解深密經》廣大弘傳之目的，因爲《解深密經》所說者，皆是與印順所弘傳之藏密應成派中觀完全相反的義理故。

觀乎印順、昭慧、傳道、星雲、證嚴……等人如是聰明伶俐，竟不能粗知《解深密經》之意旨，而作種種誤解誤判之說，可見經中所說意旨，皆是極爲深隱微密之法，云何印順等未悟如來藏之凡夫，未知未解彼經之無智俗人，可說彼經是「淺顯明了的解說」？正是顚倒之說也！乃是貶抑此經，欲令眾生對《解深密經》不生恭敬，不生信樂，不生淨信，以免《解深密經》廣弘時，令其密宗應成派中觀邪見完全曝露，是故作此違於事實之說也！亦因此故，平實欲註疏《解深密經》，以破印順之邪說，以救正法回歸原始佛教正法，遠離印順所扭曲之原始佛教定義；由此可知印順所說完全悖於事實也。

復次，印順作如是說者，非是善說：《它的分離俗有，與龍樹「為初學者作差別說」的見解，完全一致。》何以故？謂《解深密經》並未分離俗有，而是**總說俗有，歸於自心現量**，未曾一言一句分離俗有；觀乎《解深密經》全經所說意旨，處處可知可見「**攝諸俗法乃至勝義諦歸於自心現量**」，印順竟可作是故意曲解之說，令人深覺其故意附和密宗應成派中觀見之不良居心也！

印順所說是語，亦是故意曲解經文意旨者：《**真實唯心，是方便假說的**，『楞伽經』不曾這樣說嗎？「若說真實者，心即無真實，言心起眾相，為化諸愚夫」。》然而《楞伽經》所說真實唯心，從來不是方便假說，經文中處處證實：眞實唯心說是了義說，處處宣示「**一切法皆是自心現量**」故，處處證實如來藏之眞實存在而說之為金剛心故，般若經典乃至因此而命名為《金剛經、心經》，並且廣說其存在之正理。是故印順如是語者，悉是故意妄說，意欲附和其密宗應成派中觀之邪見爾。

而印順所舉之楞伽佛語，非如其說，乃是說如來藏非形非色，是說如來藏離見聞覺知性、離思量性，非如眾生所知之覺知心、思量心等，從來即離知覺性、思量性，故若有人說金剛心爲眞實知覺性、思量性者，即非眞實；若有人因證得此金剛心而說之爲眞實者，即爲誤說，此心絕無知覺性與思量性故，是故不應說之爲眞實。然而爲度諸多二乘愚人與大乘凡夫故，卻以無量言語而述說其有眞實體性，述說其常住不壞之金剛性，余亦因此而造眞實如來藏一書，以化愚凡，然我心中實未曾有眞實之感，皆因此金剛心絕無知覺性與思量性故，是故若說眞實者，此心即無實。佛言有此心，而且說此心能起眾多法相者，乃是爲化諸多二乘有學無學愚夫，令知此心實無知覺性、思量性，而能生起種種法相；證已，則生實相智慧，則不須執著之，方得解脫。眾生若言此心有知覺性、思量性者，則非眞實說也，故說「心即無眞實」。然而印順卻隨文取義，墮於文字之中，誤會佛意而作諸妄解。

復次，印順所舉經語，亦非事實，乃是故意錯置而引用之，故意將前後句倒置，以附和其密宗應成派中觀之邪說。茲舉三譯經文相同段落文句爲證：

《楞伽阿跋多羅寶經》卷一：「採集業說心，開悟諸凡夫；……若說眞實者，彼心無眞實。」《入楞伽經》卷二：「言心起衆相，開悟諸凡夫；……若說眞實者，彼心無眞實。」《大乘入楞伽經》卷二：「說轉識心中，為凡夫相說；……若說眞實者，彼心無眞實。」印順所舉：「若說眞實者，心即無眞實，言心起眾相，為化諸愚夫」，三譯中皆無如此說者，亦無如是連續四句之經語。乃是印順依個人之見解，而將經句改變二字，並將不同譯本之前後句加以剪裁後再逗在一起而說者，並且是將《大乘入楞伽經》之經文變造而說者，《楞伽經》中則無如是經文；茲舉《大乘入楞伽經》原經同一段經文爲證：

《……**言心起眾相，開悟諸凡夫**，而波本無起，自心所取離；能取及所取，與波波浪同，身資財安住，衆生識所現；是故見此起，與浪無差別。爾時大慧復說頌言：大海波浪性，鼓躍可分別；藏識如是起，何故不覺知？爾時世尊以頌答曰：阿賴耶如海，轉識同波浪；為凡夫無智，譬喻廣開演。爾時大慧復說頌言：譬如日光出，上下等皆照；世間燈亦然，應為愚說實；已能開示法，何不顯眞實？爾時世尊以頌答曰：**若說眞實者，彼心無眞實**；譬如海波浪，鏡中像及夢，俱時而顯現，心境界亦然；境界不具故，次第而轉生：識以能了知，意復意謂然，五識了現境，無有定次第。……我所

住實法，爲諸修行說，眞實自證處，能所分別離，此爲佛子說。愚夫別開演：種種皆如幻，所見不可得。……》

如是經文中，佛已宣示：若說如來藏心即是眞實之心者，彼心眞實並無色法之可顯示，雖然眞實存在，而且生起諸法，然唯悟者可以證驗之；對諸未悟者而言，實無一心可舉示之，非是色法故，未悟之人聞之亦不能知解故，由是故說「彼心無眞實」，非是說無有如來藏心也。

復次，如來藏識之體性，非如眾生所知之心性，根本不具有眾生所知之心性，從來離見聞覺知、離思量性，云何可言彼如來藏眞實有眾生心之心性？由是緣故，說「彼心無眞實」，非是說無此如來藏心也。亦由是故，般若系諸經中說之爲「無心相心、非心心」，焉得說有眾生心之體性？既無眾生心之體性，則於眾生而言之，不可說爲眞實也，故說「彼心無眞實」，然非是說無彼如來藏心也。若此句義眞是說「無如來藏」者，則此部經文中處處宣示有如來藏之說，便成自相牴觸之說，便成所說自違也。是故，印順依文解義之後復扭曲之，再加以錯置經句原來位置，移花接木藉以附和己說，乃是不老實之行爲，實屬不當。

是故，如來藏方是生死流轉之主體識，雖然祂從來都不受苦樂受，乃至不受捨受。如來藏方是眞正受苦樂果報者，意識心造善惡業已，不能去至後世而受苦樂報故；此世意識所受苦樂報，乃是前世之意識所造善惡業之果報故；世世之意識皆是唯有一世，而不能去至後世故；而意根乃是依附於如來藏而存在者，非是自能存在之主體，故亦非是眞受苦樂者故。由是緣故，佛說如來藏方是正受苦樂果報之主體識。是故印順否定第八識心已，則令其所說之般若理體，變成**虛相法**，變成**戲論**，亦使其所說之般若成爲**性空唯名**之**虛相法**，成爲無法界實體、一切法空之大戲論，迥異實相之非空亦非有、不生亦不滅之中道實相法。

如來藏與業因同時同處，故說「與因俱」；與業因俱故，則有若生若滅之現象：時時有業種流注而受正報與花報（註），時時有七識心種流注而令見聞覺知心性及思量心性現行運作，時時有六塵內相分種子流注而令吾人得觸六塵相分；時時有四大種子集聚壞散功能之種子流注，而令色身念念變異生滅不停變異，時時有……等法性流注而令吾人在世間與出世間萬法中，不斷受諸正報花報苦樂果實。由是緣故，佛說「如來藏者，受苦樂，與因俱，若生若滅」；若無如是刹那流注之生滅現象，則吾人皆不能住於人間而受苦樂果報及修學正法也。（註：花報：以誹謗正法之地獄罪言之，謂地獄正報受畢後，仍須輾轉再受餓鬼道多劫，方能轉生於畜生道中多劫再受苦報，然後得生人間；初生人間之五百世中，五根不具：盲聾闇啞，又復生在邊地不聞佛法。凡此皆是花報，亦謂餘報。花報盡已，後生中國，甫聞了義勝妙、聞所未聞正法時，又復生謗，再墮地獄；有謗法惡習者，縱使得出家已，由謗法習氣故，聞所未聞勝妙正法時，仍將不信故謗，再墮地獄；如是長劫淪墮受苦，常處三惡道中，輾轉難出。唯除已經修除謗法、謗賢聖之惡種習氣者。）

然而世人之現有受苦樂者，之現有「如來藏與因俱」者，乃是因爲如來藏被四住地及無明住地等二種無明之隨眠所迷醉故。若無四住地無明，若無無明住地惑者，則如來藏不生陰界入等法，則將無眾生之流轉生死而受苦樂果報也。

四住地無明者，謂一念無明也：見一處住地、欲愛住地、色愛住地、有愛住地等四種無明。一念者，謂如是四種煩惱未斷之前，一念甫滅已，次念又生，念念不斷；乃至證得四禪八定已，於等至定境之中，忽然又生一念我見或我執煩惱，致令意根意識不能永滅，致令不能入住無餘涅槃之眞正無我境界中；如是一念又復一念，繼起不斷，致令陰界入我不能斷除，因此流轉生死不已，故名一念。住地者，謂住於其境界中，不知其妄，執之不捨，故名住地。

四住地之首者，乃**見一處住地**，謂以自己之虛妄見爲正眞之見解，執而不捨，住於其妄想所想之法中，是名見一處住地。此無明者，謂眾生執著見聞覺知心之體性爲實有之法，爲常住不壞之法；作此惡見邪解已，恆住如是見中，執之不捨，不肯修正之，名爲見一處住地，即是二乘菩提所說之三縛結。此一住地無明，能障解脫道見地之生起，能障眾生，令不斷除我見，故名見惑，依錯誤之惡見而安住故。

欲愛住地者，謂貪愛欲界五塵觸之樂受，乃至恐懼不能覺知欲界中之苦觸，因此貪愛欲界中之種種苦樂捨之觸覺，恐懼失去如是五塵之觸覺，是名欲界愛。如是欲界愛者，主要爲男女貪愛，餘四爲次要。此欲愛住地，乃是藏密等已經成就「報身佛果」之大法王、大祖師所不能斷者，皆是執著淫樂之第四喜覺受故，皆欲常保淫樂第四喜之覺受者故。

色界愛住地者，謂於色界法生愛不捨；所謂貪愛初禪等至位、等持位中之胸腔樂受，貪愛二禪等至位之制心不亂、住一識處，離於五塵，如是而生心喜勇動；貪愛三禪等至位中，住一識處離於五塵，所生心喜及以身樂；貪愛三禪等持位中心喜身樂境界；貪愛四禪等至位中，離微細念，離身樂觸，離心喜，離息脈，無苦無樂亦無極細念之捨念捨受境界，以為無餘涅槃而貪著之。如是四種色界境界貪愛，是名色界愛住地。

有愛住地者，謂不能捨離無色界有，故名有愛住地。無色界有者，謂執著四空定之微細離念靈知心，以之為常住不壞法，誤以為如是安住於四空定境界中時即是無餘涅槃；如是安住不捨，故名有愛住地。由如是錯誤認知故，墮於無色界有之中，致令不能出離無色界境界，致令不能取證無餘涅槃。凡此四種住地煩惱，皆能障礙學人取證二乘菩提之解脫果，令人不能出離三界生死，故名四住地；必定令人常住如是四種境界而常住於三界中輪迴生死故。

前一是見道所斷惑，但得明心，不唯能斷見一處住地惑，亦能現前證知法界之實相，因此同時打破無始無明。若作二乘菩提之觀行，現觀覺知心我、思量心我虛妄不實者，唯能斷我見，亦名斷見一處住地，但不能了知法界之眞實體性，不能了知法界之實相。後三則是修道所斷之惑，要由見道後之歷緣對境次第觀行而斷除之，非是見道時可以頓斷之貪愛也。然有例外者，謂見道前已證得四禪八定者，早已經由四禪八定之法而降伏此三界愛之貪著，唯因未得見道功德，是故不能斷之；如是具足四禪八定之人，於見道時，即得頓斷後三種修道所斷惑，頓成俱解脫者。

無始無明者，則是對於法界之體性，無所了知；不知自己所接觸所領納之一切法，皆從自己之如來藏出生；不知覺知心之自己，以及處處作主之自己，皆是從自己之如來藏出生者；不知如是事實，是故不知一切法之根源其實就是自心如來藏。由於不如實證知故，便以為實有外法為覺知心之自己所觸受，而不知無始劫以來，自己從來未曾觸受到如來藏以外之六塵境界，不知自己所觸受之六塵境界覺受，皆是自心如來藏所顯現內相分之五塵與法塵。由是緣故，不能解了法界萬法之體性其實即是自心如來之體性，不能了知萬法之實相即是第八識自心如來。

如是無始無明，從無量劫以來，乃是眾生所不曾觸知者；要須親聞善知識開示，要須知有法界實相之後，起心欲加探究時，此無始無明方得初次與眾生之覺知心相應。眾生如是無始以來對於萬法實相之無知，即是無始無明；亦名無明住地，一向住於無始無明之中而未曾了知無始無明故；一切有情眾生，一切二乘有學無學聖人，悉皆不離如是無始無明所遮障故；唯有眞正明心之人方是打破無始無明者，唯有諸多已悟之菩薩方是分斷無始無明者，唯有諸佛方是完全斷盡如是無始無明者。

如是無始無明，函蓋全面之世間法與出世間法；如是無始無明之存在，乃至現行，皆不遮障眾生之解脫三界中分段生死；是故不迴心之定性阿羅漢，雖然未破無始無明，雖然未知無始無明，然亦無妨解脫於三界之分段生死苦；無始無明是實相般若所破者故，是佛菩提道初見道時所破者故；出離三界分段生死苦者，唯須斷盡一念無明煩惱即可，一念無明煩惱即是二乘聖人所斷之見惑與思惑，即是**意識相應之我見與我執**，及**意根相應之我見、我癡、我慢、我愛**也。

莫道無始無明，下至聲聞果之修證，今時全球大師與學人已皆錯會錯說，尚不能如實了知一念無明，何況大乘佛菩提智所破之無始無明，彼等云何能知？今時台灣及南洋地區之所謂證得初果乃至四果之人，悉皆未斷我見，執著於離念靈知意識境界；亦不知**意根相應**之我見、我癡、我慢、我愛，皆在意識心之不貪外境五塵上著眼。彼等諸人皆不知應斷覺知心對自己之貪…等，皆不在斷除我見上用心，皆主張**應時時一念不生而活在當下**，皆執取一念不生之意識心爲金剛心，欲以此意識心而親近自然界，而效法自然法則者，皆是未斷惡見五利使者，皆是未斷我見身見之人，彼云何能斷意識相應之五鈍使？更云何能斷五鈍使中**意根相應**之三種根本煩惱？

何故平實今作是說？謂彼等諸人尚不能證知意識覺知心自身之虛妄，墮在我見相應境界中；亦不能覓知自身之意根所在，不能現觀自身之意根體性與運作，何能斷此**意根相應**之我見、我癡、我慢、我愛？故說彼等諸人皆是因中說果者。若不知云何為**意根相應**之我見、我癡、我慢、我愛者，云何能斷之？如是不知不斷之人，而口中自言已證聲聞解脫果者，皆是大妄語人，皆是我慢深重之人，乃是從來不知不證解脫果者，乃是從來不知不證聲聞初果之凡夫，竟敢以初果乃至四果人自居，於新聞媒體上自高，妄說能令人親證聲聞法之解脫果初果，竟敢言語之中對眾暗示已知已證初果乃至四果。彼等諸人閱平實如是開示已，若猶不肯斷除我見者，猶不肯捨棄**時時一念不生而活在當下**之我見身見者，猶不肯改易先前之方便大妄語者，捨壽時自知，屆時莫怨平實未曾好意先言；平實好意，今日先作此**直心苦口**之言。

一切眾生，自無始劫以來，恆在無始無明所遮蓋中，然而如是無明，從來不與眾生之覺知心、思量心相應，一向眠藏於自心如來藏之中；直至心欲修證法界體性之實相時，方始初次與眾生心相應，是故《勝鬘經》云：

「心不相應無始無明住地。」即是此意也。眾生無始以來悉皆在此無明中住，故名無明住地。

眾生無始劫以來，由於種種邪見、外道見之熏習故，令自心如來中含藏七識所熏習之種種外道見，是故常令眾生住於無始無明所遮障之不明實相之境界中。由如是無明隨眠之存在於自心如來中，是故常令眾生七識心對於法界體性之實相，作諸虛妄想，如是眾生則名為「如來藏者無明住地所醉」者。

眾生不能了知如斯正理，乃至二乘聖者之阿羅漢等無學聖，亦復不能覺知如是實相正理，是故 佛說「凡愚不覺，剎那見妄想熏心。」**剎那見**者，謂 佛說「如來藏名識藏」者，函蓋八識心王並行運作，故有七轉識心之種子流注而剎那剎那現行不斷，故有**種子剎那生滅**現象，謂識藏含藏七轉識心…等法種而剎那流注變異也；然而如來藏自體則恆而常住，非是剎那法。然而 佛作如是開示已，眾生無智，卻多誤會 佛所宣示之剎那正義，便謂如來藏心是剎那生滅之法，便謂如來藏自體有剎那生滅之體性。譬如印順法師之誤解如來藏與無為性之佛法，誤解 佛說剎那之意，而妄說空與不空之理，即是其例：

《「言刹尼迦者，名之爲空。阿梨耶識名如來藏，無共意轉識熏習故，名之爲空；具足無漏熏習法故，名爲不空」。魏譯本略有差別。『楞伽經』所說的刹尼迦——刹那，是與如來藏相離的，所以是空的；無漏習氣是（非刹那）不空的。空是有爲生滅的，不空是無爲不生滅的。空與不空，顯然是引用了『勝鬘經』說：「空如來藏，若離、若脫、若異，一切煩惱藏。世尊！不空如來藏，過於恆沙，不離、不脫、不異，不思議佛法」。依如來藏的煩惱等有爲法，是空的；依於如來藏，與如來藏不離不異的，無量無邊的不思議佛法，是不空的。如來藏是眞如的異名，是一切法無差別性，無漏功德不是從眞如生的，而是與眞如不離不異的無漏習氣所顯的。經修習離障而現起，與眞如相應而永不失壞的。『楞伽經』依無漏習氣說，而歸宗於如來藏學。》（《如來藏之研究》頁248）

然而印順作如是說時，已顯示其居心所在：**將如來藏與無漏習氣分割爲二**。凡是與其所弘密宗應成派中觀見有違者，便加以分割而否定之，此乃印順常用之故技。其文中所說者，處處敗闕，處處違 佛所說：

一者，《入楞伽經》所說者，與印順所解之意，迥然有異，而與魏譯並無差別，乃是印順依密宗應成派中觀之邪見而解之，故生差別之想。所以者何？印順謂《楞伽經》所說之刹那法「是與如來藏相離的，所以是空」，然而現見上來所舉經文之意旨，並非如是；乃是說如來藏若名爲識藏時，則如來藏之非刹那體性現行時，以及配合七轉識而運作時之非刹那現象，是與刹那生滅同在者：刹那刹那不斷流注七轉識之種子故，刹那刹那不斷流注相分種子故。是故，如來藏若是名爲**識藏**時，則是七轉識同時同處而運行者，則有刹那刹那流注之生滅性存在，然而如來藏自體仍是離刹那生滅的，仍是體恆常住而保持無漏性、無生滅性的。

所以印順作是說：「『楞伽經』所說的刹尼迦——刹那，是與如來藏相離的，所以是空的」，完全錯誤，正與佛說相反。如來藏若名爲**識藏**時，則是與**刹那生滅**不相離的，唯除入住無餘涅槃而不名**識藏**之時；是故如來藏恆與七識心及相分作所依，因此恆時流注七識心種子而刹那刹那不停息，恆時流注內相分種子而刹那刹那不停息。是故刹尼迦——刹那，與識藏名之如來藏是不相離的，但如來藏自體則是非刹那、非生滅的；由如來藏之體恆而常住，自體從來離刹那生滅，故能有產生種種刹那生滅法之作用，故能令眾生依此而生存於三界六道之間受諸苦樂果報。

是故，刹那之現象，不得離如來藏而有；若離如來藏，則無七識心及相分種子之剎那生滅現象，則無眾生能在三界中生存活動。印順將如來藏所有流注諸種子之剎那法從如來藏體分割出去，成爲二法，又令大乘佛法勝妙之正義更加支離破碎；由是故說印順非是眞修實證者，根本是臆想者。**印順若依文解義，不作臆想而說佛法者，唯是不證佛法爾，尚不致於對佛教正法產生破壞；然而印順卻依藏密黃教之應成派中觀邪說而作臆想，然後又以此藏密中觀之臆想，將佛經意旨加以分割及扭曲，並廣造種種邪見書籍，廣爲流通弘傳，則對佛教正法產生極爲嚴重之破壞**，彼諸言論乃是將三乘佛法之根本從根剷除故，令二乘菩提成爲斷滅見故，令大乘般若及唯識種智之法悉成戲論故，必因之遠離實相境界之法體如來藏故。

二者，印順隨後又說：「**無漏習氣是**（非剎那）**不空的**」，如是所說，則是將**無漏習氣**解說爲「**外於如來藏之法**」，成爲與如來藏並行之法，非是如來藏本體上之法，則令大乘深妙佛法支離破碎。所以者何？此謂：佛所說之剎那生滅者，乃是說如來藏之流注七識心種子與相分……等種子之現象，乃是有漏習氣，乃是有爲生滅之法，但非是說如來藏自體亦有剎那生滅。佛所說之**無漏習氣**，依大乘法而言，則是說：如來藏本體之自性，體恆常住而不生滅，從來無有剎那生滅之現象，復於六塵萬法中之所有順心違心境界，悉無貪求亦無厭惡，無始劫以來恆離世俗貪厭，純是無漏法；而如是無漏法之體性非是修來者，乃是本自如是，自無始劫以來，恆常安住如是自體性中，永無改易，故名**無漏習氣**。如是**無漏習氣**，我諸同修之中，廣有多人隨余親證之，非唯余一人能證之也；亦非佛所作之施設方便說也，乃是事實故，悟後現觀自己與未悟眾生，各人之如來藏皆是從來不改如是自性，故名**無漏之習氣**。

三者，如今印順將如來藏之**無漏習氣**，自如來藏體分離而說，建立為「與如來並行」之同一層次之法；若然，則如來藏之如是**無漏習氣**隨眠於何處？隨眠於虛空耶？隨眠於七識心中耶？抑或無有處所、無有所依而自能存在耶？則成無因無果之邪見！

若言**無漏習氣**隨眠於虛空，則一切人修學佛法時，皆應從虛空中修學，尋覓虛空中之無漏習氣所在，設法與之相應；則不應從斷除我見與我執下手，亦不應從親證**自心如來**——阿賴耶、異熟、無垢識——下手。審如是者，則一切人皆不須修學佛法也，何以故？謂虛空中之法，是無法故，虛空中並無「無漏習氣」故，無法方可名為虛空故。

若言**無漏習氣**隨眠於七識心中，則世尊但說**無漏習氣**與**七識心**即已足，不須於四阿含諸經中別說第八識心，二三轉法輪諸經之中亦不須別說第八識心也；則舉凡佛所說之第八識心體性，圓成實性等，悉成戲論，悉與**無漏習氣**無關故，**無漏習氣**應當攝在七識心中故；審如是者，則應**虛妄唯識論**方是佛教正法，印順不應貶抑虛妄唯識論；亦應三乘諸經 佛說悉成謬說，佛於諸經中皆說無漏習氣在第八識自心中故。亦應宣說無漏習氣依七識心而有，不應如 佛所說之依如來藏而有也。若不然者，則印順應改正其說，方免誤導眾生。

若言無漏習氣無有處所而能自存在者，則一切人皆不須向自己心中尋求無爲法、正法，尋不可得故。復次，既無處所可尋覓之，則無漏習氣應非存在，應屬想像之法；想像之法則是妄想，妄想之法永不可證，永不可證之無漏習氣則是子虛烏有之名詞，無有法體，性空唯名；性空唯名則非眞實佛法，印順焉得建立爲實相法界之無漏習氣？

是故，一切佛子不可隨於印順…等人之種種邪說而轉，當知**無漏習氣**者，乃是第八識心體之自體性，從來皆是離剎那者，從來皆是離見聞覺知者，從來皆是離「念相」者，從來皆是離貪瞋癡者，從來皆是離惡法者，從來皆是離善法者，從來皆是離佛法三十七道品者，從來是「無智亦無得」

者。如是第八識自心之體性，方是無漏習氣，乃是我諸同修悟後所能現前觀察證實者，不得妄說是世尊於經中言說之名相而已。是故佛門學人絕對不可隨於印順邪見——將無漏習氣自如來藏體分割而出；否則便將處處抵觸不通，處處違佛所說，亦將不能貫通三乘經中所說連貫無謬之三乘菩提妙法也。

印順將無漏習氣與如來藏體分割爲二，其目的唯在否定如來藏爾，目的唯在剝奪如來藏之種種無漏有爲法上之功德，令成空想名相，即可方便貶抑如來藏爲「有爲生滅剎那」之法，令人對求證如來藏一事不生信樂，是故作此曲解《楞伽經》旨意之說。

然印順此語則屬正說：《空是有爲生滅的，不空是無爲不生滅的》，譬如七識心皆是可滅之法，亦如七識心皆是剎那生滅法，七識心皆是在世間有爲法上運作者，是故皆是無常空相所攝，是故皆屬有爲生滅之法。然而印順既作是說，當知不可施設「意識細心常住不壞，爲三世輪迴時之因果主體識。」當知七識皆是可壞之法，皆是有爲生滅之法，云何可以建立爲常住不壞之法？是故印順所說，處處自語相違，皆不如法。

四者，印順言：《不空是無爲不生滅的》，不空既是無爲，既爲不生滅法，則知非是空無之法；若如印順諸書中處處說爲「一切法空」之無，建立「**諸法滅後之滅相不滅**」爲不空之法，則是妄想，**滅相**即是空故，滅相乃是依有爲法之生滅現象而建立其滅後之**無相**故，如是**滅相**實是**生滅法**故，從有生之法而有者故，生已復滅故，乃是有生有滅之法故。印順既說「不空是無爲不生不滅的」，則知必須是**無爲者**方是眞實不生不滅之法；而**意識細心**乃是「意法爲緣」所生者，乃是緣起法，乃是有爲法也；而「滅相」一法乃是依緣起有爲生滅之意識有爲法而有之法，仍是有爲法所攝也，唯是人類心中之觀念故，依人類陰界入中之意識覺知而有者故。如是**意識細心**，或者「**滅相**」，皆是有生有滅之法，復是有爲法，依印順自己所說《空是有爲生滅的》，則諸法滅後之「滅相空無」，不得建立爲不生不滅之**無漏習氣**也！然而印順卻自己建立「**滅相**」之**空無**作爲不生滅法，自相矛盾；是故，印順當速檢驗自書種種邪謬之說，悉皆改易之，否則捨壽時至，將何以自處？將以何心而入後世？依自所說則已成斷滅法故。復云何而言於佛法上有其證量？所說三世因果主體「意識細心」是不可知、不可證者故，意識之一切粗細心皆是「**意法爲緣生**」者故。既無七八識心，印順將以何心而之來世？而不墮斷滅？由是正理，故說印順乃是**研究佛學**

者，非是在佛法中眞修實證之人也！

五者，印順所舉：《……『勝鬘經』說：「空如來藏，若離、若脫、若異，一切煩惱藏。世尊！不空如來藏，過於恆沙，不離、不脫、不異，不思議佛法」》，絕非印順所解釋之《依如來藏的煩惱等有爲法，是空的；依於如來藏，與如來藏不離不異的，無量無邊的不思議佛法，是不空的》，其所斷句亦復有過：

經中原文如下：《「世尊！有二種如來藏空智：世尊！空如來藏，若離、若脫、若異一切煩惱藏。世尊！不空如來藏，過於恆沙不離、不脫、不異不思議佛法。世尊！此二空智，諸大聲聞，能信如來；一切阿羅漢、辟支佛空智，於四不顚倒境界轉，是故一切阿羅漢、辟支佛，本所不見，本所不得。一切苦滅，唯佛得證，壞一切煩惱藏，修一切滅苦道。」》

如是經文明說：空如來藏者，乃是離一切煩惱藏者，亦是解脫於煩惱藏者，亦是異於煩惱藏者。然卻又說：不空如來藏者，乃是不離不思議佛法者，亦是不解脫於不思議佛法者，亦是不異於不思議佛法者。由離一切煩惱之集藏，由脫離一切煩惱種子之集藏，由異煩惱種子之集藏，故名空性之如來藏。

亦因不離、不脫、不異於不可思議之佛法，故名不空如來藏。如來藏確實有其眞實體性故，能令人證知**一切佛法含攝於如來藏中**故；若離如來藏，則無一切佛法可言、可修、可證，故說「不離不思議佛法」。若離如來藏，則無一切佛法；一切佛法依如來藏而有，一切佛法皆是說明如來藏所生陰界入虛妄，而說二乘解脫道故；一切佛法皆是說明「如來藏能生萬法」之實相，因此正理而說大乘般若佛法，因此正理而說大乘唯識一切種智佛法，舉凡三乘不可思議之佛法，皆是如來藏中所生所顯之法，故說：「如來藏不脫不思議佛法。」一切佛法正理既是宣示如來藏所生所顯萬法之事實，當知如來藏不異一切不思議佛法。既如是，則印順何可離於如來藏、否定如來藏而說一切佛法？故說印順、昭慧、傳道、星雲、證嚴…等人不懂佛法也！皆是崇信密宗應成派中觀之斷滅見者故。

然而如來藏永遠住於如是自性之中，無始劫以來不斷出生**世間有爲法**，亦不斷顯示**出世間之種種無爲法**，自身卻又不理會一切佛法，只是由六識心與一切佛法相應。如來藏之如是二種「空、不空」之智慧，二乘無學唯能信解　佛語而不生疑，但不能親證之。諸　佛則是證得此如來藏而了知「空與不空」之眞實義，是故能將**空如來藏**中所含藏之煩惱除滅，是故能修一切滅苦之道，究竟斷盡而無遺餘，故滅一切苦，非如二乘人之唯滅分段生死苦。

由是經文所說，可以證實如來藏之實有，可以證實無漏習氣非是「外於如來藏而有者」，是故，印順故意將如來藏之無漏習氣，自如來藏中割離者，顯非正說，乃是依藏密應成派中觀一向否定如來藏之邪見，所作唯憑臆想之妄說也。

六者，印順作是言：《如來藏是眞如的異名，是一切法無差別性，無漏功德不是從眞如生的，而是與眞如不離不異的無漏習氣所顯的。經修離障而現起，與眞如相應而永不失壞的。『楞伽經』依無漏習氣說，而歸宗於如來藏學。》此即是印順一貫之作風，凡是自己所不能知解、不能親證之法，便將之分割爲二，而以自意臆想，作諸臆測之解說，認爲唯有自己所說方是正確之法，是故印順在此段文中，將經中所說如來藏自體之無漏習氣，從如來藏自體上強行分割爲二，然後妄說無漏習氣非是如來藏自體之法性；復又反說無漏功德是從眞如的無漏習氣所顯現者。猶如有人將濁水之濕性從水體分離，然後妄說濕性是從蒸餾水中所顯示出來者。不知蒸餾水其實由濁水加工蒸餾後所得之水體，本是從濁水而來者，不知濕性本是濁水之性，不離濁水；亦不知蒸餾水其實是未淨化以前之濁水本體，不知濕性本是濁水之自性，反說濁水是從濕性中出生者。

在此一段文句中所說者，顯示印順亦復如是顛倒，將如來藏之無漏功德，自如來藏體分離，而說爲如來藏離障淨化後之無漏習氣所顯示者。然印順所言之眞如，其定義常常自相違背，有時說：一切法滅盡後之空無，即是滅相，滅相即是眞如。今於此段文中卻說：眞如即是如來藏之異名。印順卻又常於書中說：如來藏是假名施設，實無如來藏。既如是，則依印順之意，應爲：如來藏即是一切法空之異名，眞如即是一切法斷滅後之「滅相」，則亦應眞如乃是性空唯名之名相。若如是者，則應無漏功德、無漏習氣皆是空無；既是空無，何處有**無漏習氣**可言耶？而言有**無漏習氣**？

若**空無**即是**無漏習氣**者，世尊不須親來人間辛苦說法四十九年；斷見外道早已宣說一切法空之理故，斷見外道亦自說其法不墮斷滅空故，與印順所說「滅相不滅」之說無異故，唯是**名相**有異爾。

然而**眞如**非是印順所說之「唯名無實」名相法也，並且是「如來藏之異名」——斷盡二障生死而無變易生死之佛地第八識心，佛地之第八識心方得名爲究竟**眞如**故，斷盡二障後之第八識方名佛地眞如故。是故，佛地眞如非是印順所說之滅相，非是印順所說之斷滅空無之空；是故，眞如乃是將凡夫地之第八識如來藏，淨除二障之一切隨眠後，方得名之，即是如來藏之後身，體即是如來藏，非是外於如來藏而別有眞如也。由是緣故，可知印順將無漏功德自如來藏體分割爲另一獨立於如來藏外之法，歸之於三大無數劫後之眞如之無漏習氣所顯示，將如來藏之無漏功德歸之於如是無漏習氣所顯示者；如是顚倒而說之行爲，若非極度愚癡而讀不懂經文者，即是故意曲解大乘經中佛法，使與藏密之應成派中觀見相符者；如是心行，不論前者，抑或後者，皆不足爲訓。

七者，《楞伽經》所說者，前後經文中，處處宣示有第八識心，並且處處宣示：世間出世間一切法，皆是自心如來藏所現之事實，名爲「自心現量」；亦處處說**如來藏自身恆顯此無漏習氣**，**恆住於本來自性清淨涅槃**之**無漏習氣**中，如是處處宣示：**無漏習氣乃是如來藏之自體性**。印順卻故意作如是說：《『楞伽經』依無漏習氣說，而歸宗於如來藏學。》乃是故意誤導學人之言，意欲令人誤以爲：如來藏、眞如，果眞是猶如印順所說之唯名無實之名相；眞如、如來藏果眞是猶如印順所說是一切法空，非有實體。印順爲令學人信受其得自西藏密宗之邪理，是故，將無漏習氣自如來藏體分割爲二，令與如來藏體分離，則可以證成「如來藏唯是名相」之邪說，令其否定第八識如來藏之言論得以成立，則一切人皆不得因爲印順之未證如來藏，而責其不曾修證佛法、而責其爲學問僧也。

八者，印順所說：《無漏功德不是從眞如生的，而是與眞如不離不異的無漏習氣所顯的。經修習離障而現起，與眞如相應而永不失壞的。》眞乃妄說也。無漏習氣之功德，既不是第八識眞如所顯現之體性，亦不是從眞如而生，則眞如是如何與無漏習氣不離不異？而印順竟可主張「無漏習氣之功德與眞如不離不異」？既不異，當知是從眞如所生；若非是所生，則應是所顯；若是所顯，則應是眞如自身顯示出如是無漏習氣功德。然而印順所言卻又完全悖逆自言，令人誤以爲是二法，而狡辯爲不離不異者，云何是說可通？而彼諸隨從者迷之信之，無智自省，不覺其謬，云何可謂爲有智之人耶？

九者，無漏之功德若是印順所言之「經修習離障而現起」者，則此無漏功德應是有生之法；若是有生之法，則未來必定有滅；有生有滅之法，則成虛妄法。請問印順「導師」：無漏功德究竟是不是「經修習離障而現起」者？

當知如來藏雖生七識心等有漏諸法，隨從七識心等流轉生死；然於生死流轉之中，如來藏自體自性卻從本以來不曾顯現有漏習氣，恆住於本來自性清淨涅槃之中，其如是體性永不變易，無始劫以來本自如是，於三界六道輪迴之中，一向如是現行，非從熏習而得者，故名無漏習氣。如是體性，乃是余諸同修隨余親證已，皆能如是現前觀察者，皆與余一般證實無誤。是故，無漏習氣本是如來藏所顯現之法，非唯是如來藏後身之佛地眞如所顯現之法也；印順不知不證如是正理，不知而故作已知，妄作如是顚倒之說，非是有智之人也。

修習離障而現起者，乃是斷盡煩惱障與所知障後之佛地眞如體性，乃是不再含藏染污七識心種之如來藏，乃是已斷盡種子變易生滅之佛地眞如，乃是以如來藏爲體而修行成就者，怎可外於如來藏而有佛地眞如之可修者？怎可顚倒其說，而言斷盡二障後之眞如所顯之無漏習氣出生如來藏？若其說可通者，則應眞如與如來藏是二心，則應第八識以外，應別行建立第九識，方符印順所說也。審如是，則印順非唯應證第八識如來藏，尚應親證其所言之第九識眞如，然後方能修行而從第九識眞如中顯現無漏習氣，再由無漏習氣出生如來藏，然後方能有七轉識之現行也。如是修、如是證者，方是印順所說之「眞實佛法」也；然而印順自身卻連自己之意根亦否定之，竟連自己之第八識如來藏亦否定之，何能親證其理論中所必有之第九識眞如？復次，諸佛在人間示現時，皆是唯有八識心王，並無第九識心，可知印順所說之法，皆是虛妄之法也。

十者，印順既言**眞如即是一切法空之滅相**，滅相則是無法；無法可以名爲無漏之習氣耶？若無漏習氣即是無法、即是一切法空之滅相，則無漏習氣焉得名爲習氣？舉凡習氣，皆必有不能自己控制之現行：或者貪愛習氣，或者無明習氣，或者善行習氣，乃至如來藏之無漏習氣；皆因意識心所不能控制之習氣種子現行，而有自己所不能控制之行爲出現，方得名爲習氣也。今者，印順所言之眞如既是一切法空之無，若是無法，則不應有習氣現行；既無習氣現行，云何名爲習氣？既無習氣之現行，云何名爲無漏習氣？云何而有無漏習氣之可修行而成就者？而印順竟言「無漏功德、無漏習氣是經由修習離障而現起」者？

是故，一切無漏習氣，皆是如來藏之所顯者，皆非是修得者；印順既言「無漏功德、無漏習氣是經由修習離障而現起」者，則可證知印順其人根本不懂大乘佛法。

一切世間出世間法，有所生與所顯二類；所生法皆是有爲法，所顯法皆是無爲法。分述如下，而令佛子了知所生與所顯之正理，由了知所生與所顯正理故，則能了知無爲與有爲之異同處，輒能貫通三乘佛法正理，從此不復爲諸邪師所迷惑，從此不復**追隨名師而造破壞佛教正法之惡業**，從此不復造惡業已，卻仍以爲所造諸業是護持佛教正法之善業。

以初地所證之百法明門言之：所生法者，譬如七識心、色法、心所有法、心不相應行法等；所顯法者，譬如六種無爲法。

吾人之意根——唯識學中所言之末那識——乃是由各人之自心如來中，依於無明習氣而出生者；自無始劫以來即如是伴隨自心如來而同時同處運作不輟，從來不曾刹那間斷，是故於眠熟位、悶絕位、正死位、無想定位（含無想天中）、滅盡定位，悉皆不曾刹那斷滅，悉是刹那刹那從自心如來中流注而出，運作不斷。如是意根，既是從自心如來中出生者，故名所生法。

吾人之五根——眼耳鼻舌身等五色根，分爲勝義根與扶塵根。扶塵根者，所謂眼如葡萄、耳如荷葉、鼻如懸膽、舌如偃月、身如肉桶，皆是**可見有對**之色法。勝義根者，即是吾人頭腦也，此頭腦分掌五扶塵根所觸外相分之色聲香味觸等五塵；此五勝義根者，皆是有色而不可眼見之不可對法，即是頭腦也；今時若有人入手術房中開刀者，則成醫師可見有對之法；於餘人而言，於古時未有頭腦開刀技術之前，悉屬不可見有對之法。可對者，謂可以現前觸及其體性，並可證驗其存在。

如是五根，不論扶塵根，抑或勝義根，皆是吾人之自心如來入胎之後，方藉母血所供養之四大元素，而由自心如來所創造者，非是恆審思量處處作主之意根所能創造之也。五根之基本功能具足之後，則感應母體而出生爲人。出生之後，自心如來繼續完成五扶塵根及五勝義根所未完成之部份，方得漸漸成長爲成人。此五色根，函蓋扶塵根與勝義根五種色法：眼耳鼻舌身根。

五根已具之後，自心如來則能藉五根而觸外五塵；觸外五塵已，則自心如來便出生與外相分幾乎完全相同之內相分五塵，名爲帶質境之內相分，即是色法十一中之色聲香味觸等五種色法。若非由自心如來出生如是內相分，則吾人之末那與意識心等，皆無法觸知五塵與法塵也。五塵是色法故，七識心是心法而非色法故；心法若非色法，則無可能觸知外五塵之色法故。是故，要由自心如來依外五塵而變生似有質境之內相分五塵境，方能由覺知心等意識六心所觸知也。由是緣故，說吾人自從無始劫以來，實未曾剎那觸受外塵，所觸五塵其實皆是自心如來所變生之內相分五塵境也。

然而意識心不能自己現行，要依意根之作意欲令意識生起了別，方能現行；前五識亦復如是，要依意根與意識心之現行運作，方能現起；由是緣故，能見、能聽、能嗅、能嚐、能覺冷暖痛癢、能知諸法等六識心，皆須依賴意根之作意，方得自如來藏中生起現行而運作。意識心亦不能自外於此，是故意識覺知心——了了分明之了知心——要依意根與法塵相觸，然後方能從自心如來中流注意識心之種子，而令意識覺知心生起現行以及了別，是故說眼識至意識覺知心等法，皆是所生之法，皆非所顯之法。

意根雖是意識等六識生起現行之所依與所緣，然而意根自身其實不能自己存在，要依自心如來為依，方得存在；要依自心如來之剎那剎那不斷流注意根種子，方得生起現行。意根之了別慧極劣，唯能了別五塵上之法塵；而此了別，亦唯能了知法塵粗相是否有大變動，不能了知法塵之細相，是故意根從來不與了別境界之五別境心所法中之前四法（欲、勝解、念、定）相應，而唯能與慧心所相應；然其慧心所之功能性，又復極其眇劣，遠不如前六識心，是故眠時若有狀況發生，意根即憑藉此恆而不斷之思量性，欲加了別；然因慧性極劣故，不能自己判斷抉擇，不能作主決定應作不作等，要須喚起意識與前五識而了別五塵境界，意識於五塵上之法塵而作判斷，了知應該如何應對時，意根方能依之而作主取捨；此時意識與前五識之了別，雖然皆無語言文字，然此了別境界之了境慧，已足夠意根作取捨⋯等決定。

換言之：若無如來藏，則無五色根，五色根要由如來藏方能創造之故；若無如來藏之流注意根種子，則無意根能現起；若無意根與五色根，則無色聲香味觸等五種內相分色法生起現行；若無如來藏、五色根、意根、內相分五塵境及法塵，則無眼耳⋯等六識覺知心之生起現行，則無八識心王之並行運作；若無八識心王並行運作，則**五遍行**等法不能存在運作；若無五遍行等心所法存在運作，則五別境等心所法亦將無法生起運作；若無五別境心所法，則不能了知一切法，亦復不能了知自我之存在，則有慚有愧等善十一心所法，亦不可生起現行與存在；則惡見⋯等煩惱諸法亦將不可能生起與現行；則眠、惡作、尋、伺等四種不定法，亦不可能存在；若無如來藏與遍行等**五十一心所法**之和合運作，則無眼等五根之可見可對，則無色等五塵之可見可對，則法處所攝之色法亦將不可能由吾人之觀行而存在。由如是事實，一切證悟之人，方能於八識心王、五十一心所法、色等十一法、心不相應行法等四位諸法中，觀見自己及一切所見有情之自心如來之運作；如是證知者，方能於觀見自他之如來藏心同是一種體性：本來自性清淨涅槃。則知無為法乃是所顯法而非所生法，無為法是顯示之法而非可以運作於六塵中之法故。

如是自性涅槃，有六種示現，非是修行之後所生之法：一者，虛空無為，謂眾生本有之第八識如來藏，性如虛空，非色非形，心無貪染，自性清淨，猶如虛空之無為性，故名虛空無為。而此虛空無為，非是修來者，乃是本自如是，故名**無漏習氣**。而此虛空無為之證見，若離上述八識心王等「四位諸法」，則不可能顯現出來而為證悟之人所見，故名「四所顯示」。云何不言**四所出生**？謂不論何人，於證悟後，現前觀見如來藏之如是猶如虛空之體性時，皆知此性非是修行而後方得者，乃是未修之前本已如是故，乃是未修行前之如來藏本來自己就已是常住如是境界中故，而在眾生之身口意行為上，如是顯現其無漏之習氣；是故如是無漏習氣非是修行佛法之後所得者，乃是無始劫以來就本來如是而不斷在身口意中現行者。是故，印順所說「無漏功德是經修習離障而現起」者，乃是妄說也。如是無漏習氣，乃是本已如是，非是修來者，是故非是所生之法，乃是所顯之法——由自心如來藏顯現無漏習氣與功德。而此無漏習氣乃是眾生之自心如來藏之習氣，不可將之從自心如來藏割離而獨有也，何況可以顛倒錯置而將如來藏之無漏習氣，說之爲如來藏出生之因？云何可以顛倒而說如來藏是從無漏習氣而出生者？是故印順將所說之理，顛倒殊甚，不足取法也！

虛空無爲所言之**無漏習氣**如是，非是修得法，其餘五種無爲亦復如是，皆非純是修所得法，乃是非修非不修之法，修得之後仍將發覺本是原有之法，乃是經由修行過程而在前四位等法中顯現而出者；若離前四位諸法，則不可顯現如是**虛空無爲**及餘**五種無爲法**也。譬如非擇滅無爲，乃是經由修行淨化之後，顯現出七識心之**不須經由簡擇便得安住於無爲性中**；然而七轉識仍是生滅法，如是**非擇滅無爲**者，只是於有漏法中無所爲爾；如是於有漏法中無所爲者，亦只是顯示自心第八識所處之本來無爲無漏之自性爾，只是安住於第八識之本來自性清淨涅槃之中爾，乃是停住七識心之有漏有爲性，而回歸於第八識之性爾；然此第八識之清淨自性無漏習氣，並非修行而後變成者，乃是本來即已如是者，故說非擇滅無爲，非是修所得法，不應說之爲「經修習離障而現起」者。而此無爲無漏之習氣，要由前四位等法方能顯現出來，若離前四位諸法，則不能顯現出來，故是所顯法，非是所生法。

佛地之**眞如無爲**亦復如是，雖然要由修習離二障而證得，仍是所顯法，非是所生法。此謂經由修習離二障之法，而究竟斷盡煩惱障與所知障之一切隨眠後，亦只是斷除前七識心之有漏習氣與現行，斷除前七識心對法界實相之不完全了知之無明隨眠，使得因地第八識所執藏之七識心種子究竟清淨，永遠不再變易第八識心所執藏之一切種子，永離變易生死之極微細苦，故名眞如無爲。然而如是斷盡七識心之二障習氣隨眠已，仍只是安住於第八識所本已自住之性淨涅槃而已，仍非是外於自心如來藏之本來自性清淨涅槃之無漏習氣，非有別別無爲法之可修、可證也。是故眞如無爲，仍非是**所生法**，仍是**所顯法**。而此眞如無爲，若離佛地之五陰，若離佛地之**前四位**諸法，亦不能顯示出來；若離彼四位諸法，則是同於定性聲聞之入無餘涅槃，不得見眞如無爲法之現前也。是故眞如無爲其實亦只是第八識心之原有清淨無漏習氣之顯現爾，不可外於第八識心而說有無漏習氣之現行也。

虛空無爲、非擇滅無爲、眞如無爲如是，其餘三種無爲亦復如是，皆同是所顯法。是故，無爲法是所顯之法，乃是由前四位（八識心王、五十一心所法、色法十一、心不相應行法二十四）諸法而顯現無漏習氣；親證如是無爲法之人，則生智慧。佛地之四智亦如是，由修證佛菩提道之修行而出生，是故種智中說：四智是所生法，非是所顯法；唯有如來藏自體，及其所顯示之無漏習氣，方是所顯之法性。其性本自如是故，非是修行之後所變生者故，乃是未修行之前即已如是故。

如是，由有八識心王之具足，五十一種心所法及色等十一法之具足，方得有心不相應行法，所謂得、命根、眾同分、無想定、滅盡定……等等心不相應行法之由吾人了知。復由如是八識心王、五十一心所有法、色等十一法、心不相應行法等四位諸法，方能顯示六種無爲法，所謂：虛空無爲、擇滅無爲、非擇滅無爲、不動無爲、想受滅無爲、眞如無爲。由是正理，故說唯有無爲法方是顯示之法，除此以外，皆是所生之法，非是顯示之法也。由是正理，故說無漏功德非是印順所說「經修習離障而現起」者，非是所生法故，乃是所顯法故，無漏習氣所顯無漏功德本自有之，經由修行之途，雖能親證之；證已，卻發覺只是證知本已如是之無漏習氣，非是因爲修行而成就如是無漏習氣也。

印順不知此理，妄說如來藏是無漏習氣所顯，妄說無漏功德是從如來藏異名之眞如所生，然後顯現如來藏，正是顚倒之說。顚倒之說，云何可謂之爲眞正佛教之法？如是，印順不知不證佛菩提道之正理，墮於凡夫邪見中，起刹那見，以致妄想熏心，廣造《妙雲集、如來藏之研究、華雨集、性空學探源……》等如是邪說，作諸謬說，以誤學人。皆是由於宿世以來所熏邪見之故，不肯棄捨，此世又強出頭，欲令佛教界信受其得自藏密之應成派中觀邪見，是故造下破壞佛教正法大惡業。凡此皆因年青時熏習藏密宗喀巴《菩提道次第廣論》應成派中觀見之邪見，而生種種妄想所致也。又因不知不覺意識心之刹那生滅現象，故墮於意識細心說之邪見中，轉謗如來藏非有，唯是假名施設，成爲誹謗如來藏正法之一闡提人，有智佛子不應學之，當速遠離如是邪見。

猶如黃金，其性奇特，性不蝕損，歷經多劫之後再稱量之，仍然不減；如來藏之自體性亦復如是，其性奇特，歷經無量無數劫，而其清淨自性始終不變：悟前如是，悟後亦復如是。佛舍利亦復如是，得奇特性，終不損壞，唯有轉易至有緣人手中，而永遠不會滅失；若非如是，則非是佛舍利。

佛菩提之修證亦復如是，所親證之無漏法、無爲法，若有人自稱所證得之心體自性是無間住者，非是剎那剎那流注者，然而驗證之結果，其體性卻是有剎那性者，則此所謂之聖人，應非是聖人。然而佛教中之眞正聖人，卻未曾不是聖人。

佛教中之大乘佛菩提道，所謂已證佛菩提智之聖人，其所親證之常住法、眞心如來藏，必須是可以檢驗者。若是檢驗之後，發覺其所證悟之心，是剎那剎那流注種子方得現行者，是從另一法中剎那剎那流注種子而有剎那性者，不是具有能自己獨自存在之自在性者；其體若乃從來不墮「剎那流注而出生」者，方是證得根本識——無間法——如來藏者，如是之人，方是大乘法中之賢聖也。

今者，現見第七識——處處作主之意根，是可滅壞之法；定性聲聞人入無餘涅槃時，定須自我滅除者故；是可壞滅之法故，則是有間之法，非是無間之法。現見聖嚴、惟覺…等人所證之離念靈知心，必須依自心如來藏，及依意根與五色根、六塵，方得在人間現起；現起之後復生剎那剎那不斷地從如來藏中流注種子之現象，方能繼續現行運作，則非是無間之法，則是有剎那現象之法，如是而言證聖者，則應非聖，則是成就大妄語者也。大乘佛教中之眞實聖人，所證之法，皆是不墮剎那法中者，皆是證得無間住之法者，即是證得從來不曾剎那間斷之如來藏也。如是證得無間法、無剎那法者，方是大乘佛教中之眞實聖人也。如來藏之體性，得奇特性故，自無始劫以前即已如是，於今時吾人親證之時亦如是，乃至未來之無量劫以後，仍將如是永遠無間無斷，永遠不住剎那法中；而於如是無間無剎那之自體性中，卻又無妨以剎那法之流注七識心種，而令七識心現行運作。於如是位中，即是名爲未斷種子變異之識藏如來藏也。

由於眾生之自心如來——第八識如來藏中，含藏著無始劫以來，七識心所熏習之一念無明之起煩惱，以及如是煩惱障之習氣種子隨眠；復又墮於無始劫以來之覺知心所不能相應之無始無明中，加以無量世以來之種種邪見熏習，令無始無明之隨眠極爲深重；因此致令眾生流轉於十方虛空之無量無數世界中，常在三界六道中輪迴生死，永無盡期。而今 釋迦世尊示現於人間，以度諸有緣之人；然而 世尊所說諸法，由眾生之信不具足故，不得明言以示，乃是隱覆之說而宣示之，彼諸凡夫，及二乘有學無學位之聖人，卻都不能善於了知 世尊隱覆密意之說明，而於內法外法，不能覺察其剎那性，作剎那想：**以爲彼諸離念靈知心等剎那法爲不生滅、非**

剎那之法。乃至今時平實具體舉證而言之，彼等諸人仍因名聞及世間利養之故，不肯信受。如是執著者，非是今時獨有，古已有之，是故世尊亦不能度盡一切人，不能度盡一切外道，亦不能令一切學人皆悟佛菩提，亦不能令一切人皆入大乘別教之見道位中，是故世尊乃作是說：「云何凡愚，不善於我隱覆之說，於內外一切法，作剎那想？」

大慧菩薩復白佛言：「世尊！如世尊說：六波羅蜜滿足，得成正覺。何等爲六？」佛告大慧：「波羅蜜有三種分別：謂世間、出世間、出世間上上。大慧！世間波羅蜜者，我、我所攝受計著，攝受二邊，爲種種受生處，樂色、聲、香、味、觸故，滿足檀波羅蜜；戒、忍、精進、禪定、智慧，亦如是；凡夫神通，及生梵天。大慧！出世間波羅蜜者：聲聞、緣覺墮攝受涅槃故，行六波羅蜜，樂自己涅槃樂。出世間上上波羅蜜者：覺自心現妄想量攝受，及自心二故，不生妄想；於諸趣攝受非分，自心色相不計著，爲安樂一切眾生故，生檀波羅蜜，起上上方便。即於彼，緣妄想不生戒，是尸波羅蜜。即彼妄想不生忍，知攝所攝，是羼提波羅蜜。初中後夜精勤方便，隨順修行方便，妄想不生，是毗梨耶波羅蜜。妄想悉滅，不墮聲聞涅槃攝受，是禪波羅蜜。自心妄想非性，智慧觀察，不墮二邊，先身轉勝而不可壞，得自覺聖趣，是般若波羅蜜。」

疏：《大慧菩薩復又向世尊稟白說：「世尊！譬如世尊曾說過：六種波羅蜜多修學滿足之後，可以成就正等正覺。如何是六種波羅蜜多？」佛告訴大慧菩薩：「波羅蜜多有三種差別不同：這是說世間波羅蜜多、出世間波羅蜜多、出世間上上波羅蜜多。

大慧！所說世間波羅蜜多，就是凡夫菩薩未能斷除我與我所之計著，由於我與我所的攝受和計著的緣故，所以執取不離二邊之境界，他們是為了來世求生於種種可愛之處，愛樂色、聲、香、味、觸等五塵享受的緣故，或者愛樂勝妙的色界中的色聲觸等境界，因此而修學滿足布施波羅蜜多，得度於人間及欲界天的境界，雖已超過人間及欲界天的境界，然不能出離三界生死苦，是名世間波羅蜜多；以同樣的心態而修學持戒波羅蜜多、忍辱波羅蜜多、精進波羅蜜多、禪定波羅蜜多、智慧波羅蜜多者，也是一樣的道理，都是只能出離欲界境界，而不能出離三界的生死苦，所以都是世間波羅蜜多。也有一類人，是為了修得凡夫的五神通而修六波羅蜜多的；也有人是為了捨報之後，可以受生於梵天受樂而修六波羅蜜多的。

大慧！我所說的**出世間波羅蜜多**，就是指聲聞與緣覺等二乘人，他們墮於取證**無餘涅槃**的觀念中的緣故，因此而修行六種波羅蜜多，目的其實是樂於自己取證涅槃寂滅之樂。

至於**出世間上上波羅蜜多**，是說：覺悟到一切能見與所見、能聞與所聞、能覺與所覺……乃至能知與所知，皆是自心如來藏所出現之「覺知心、能取心之妄想」之事實；如是現量觀察而了知皆是自心如來藏所執受之法，以及證知**見分**與**相分**皆是自心如來藏中所含攝之法故，因此而知都是自心所現之事實，所以不再出生虛妄分別之種種想；從此以後，對受生於五趣六道之過失都已經了知，因此而不執著於六道眾生任何一道之身相，自心中對於六道眾生之色相不會再有誤計與執著，他只是為了安樂一切眾生的緣故，而生起布施波羅蜜多之種種行為，生起了**上上方便的智慧**。

隨即對於布施波羅蜜多之種種行，了知其實是無得無失之正理，因此而緣『妄想不生戒』，不再生起有所得、有所失之妄想，這就是**持戒**波羅蜜多。就這個**虛妄想不生**之忍，而了知**能取與所取**之體性，這就是**忍辱**波羅蜜多。像這樣，於初夜、中夜、後夜中，都是這樣精勤的修行，並設想種種的方便，而隨順這些修行上的方便而努力修之，使得**虛妄之想**不再出生，這就是精進波羅蜜多。虛妄之想全部都滅除了，不再墮入聲聞人對於無餘涅槃的執著中，這就是禪慮波羅蜜多。了知眾生對於自己的眞實心的種種虛妄想，都不是有眞實體性的法，以智慧作這種觀察，不墮入能取的心眞實，或所取的六塵眞實等二邊，先前修行之八識身因此轉變爲更殊勝，一切人、天、外道，都無法毀壞這樣現前觀察的智慧，證得自內身諸法虛妄，皆是自心現量的事實，而覺悟聖人智慧的義趣，這就是般若波羅蜜多。》

解：大慧菩薩復白佛言：「世尊！如世尊說：六波羅蜜滿足，得成正覺。何等爲六？」佛告大慧：「波羅蜜有三種分別：謂世間、出世間、出世間上上」：

六度波羅蜜多，即是學佛大眾耳熟能詳之菩薩六度，所謂布施、持戒、忍辱、精進、禪慮、智慧。然而如是菩薩六度之眞實理，卻有許多人嚴重誤會，因此導致修行上之偏差，是故久修而不能獲證三乘菩提之修道功德，乃至見道功德亦不能獲得。如是事相，於今時之中國地區，不論是海峽兩岸之任何一方，乃至南洋之南傳佛法地區，悉皆如是；非唯今時末法之季，乃至古時已經如是。由於大眾對六度波羅蜜多產生諸多誤會故，大慧菩薩乃有此問，求 佛開示。

世尊隨後開示曰：六度波羅蜜多，有三種修行上之不同層次差別，也就是世間波羅蜜多、出世間波羅蜜多、世間與出世間的上上波羅蜜多。

「大慧！世間波羅蜜者，我、我所攝受計著，攝受二邊，為種種受生處，樂色、聲、香、味、觸故，滿足檀波羅蜜；戒、忍、精進、禪定、智慧，亦如是；凡夫神通，及生梵天」：

世間之六度波羅蜜多者，猶如今時之慈濟功德會，亦如今時之佛光山：彼等以信受印順法師之邪見故，主張**人間佛教**之「佛法修行」理路，背棄了印順之師太虛大師之**人生佛教**正確路線。彼等諸人，在星雲與證嚴法師之開示與率領下，努力廣修世間善法，廣修布施波羅蜜多，唯求來世得世間善果，不以求證二乘菩提之解脫果見道為己志，不以求證大乘佛菩提之見道與修道功德為己志。而彼二大教團諸徒眾及堂頭和尚，亦不求生欲界天之彌勒內院，亦不能生於彌勒內院勝處；此由彼等信受印順**否定唯識增上慧學**而代以藏密中觀之邪見，並加以支持之故，導致不能往生兜率天之彌勒內院，不能與 彌勒菩薩相應故， 彌勒菩薩專說第八識如來藏唯識一切種智法門故，彼等皆隨印順邪見而否定如來藏故，彼等皆隨印順否定天界之佛教故，認為只有人間才可能有佛教故，所以極力宣揚人間佛教之邪說。亦因彼等信眾支持印順之邪說，不相信有 佛菩薩尚在天界說法之事實，是故大多不能信受「彌勒菩薩尚在天界說法，待時將生人間」之說，如是則於未來 彌勒菩薩降生人間時，亦將不能與 彌勒菩薩相應，今時亦不能往生欲界第四天之彌勒內院。

復又不信不修一切種智，不能證得道種智，更不能往生色究竟天宮，不能面見圓滿報身盧舍那佛；此過失之必然存在，實皆由於信受印順之否定有 佛尚在天界說法，而一意倡導**唯有人間方有佛法之人間佛教**故。佛光山與慈濟之信眾，既然隨順於印順「導師」所說之：「實無西方極樂世界，極樂世界彌陀信仰只是太陽神崇拜之轉化而已，並非真有極樂世界可以往生。」是故亦不求生極樂世界。復又隨順印順「導師」之導向，不信有東方琉璃世界之 藥師佛常住弘化，印順認為藥師佛信仰乃是日月崇拜之轉化故，是故亦不可能求生東方琉璃世界，唯信印順如是邪見，則同於外道一神教之佛學研究者所說：唯餘此世界是真實有，並無大乘經中所說之十方虛空中無量無數佛世界。由如是緣故，則佛光山及慈濟之信徒，皆只能心中作如是想：**再生於此娑婆五濁眾苦之堪忍世界中之人間或欲界六**

天中，只求來世生活美滿快樂。不能往生至諸佛世界，亦不能往生至此界之　佛菩薩住持佛法之處。

而彼佛光山與慈濟功德會之會員大眾，依星雲與證嚴法師所隨從之印順「導師」諸書之教導，非唯不能取證二乘菩提之見道功德，更不能取證大乘菩提之見道功德，是故必定墮於求世間善法有爲果報之境界中。雖然其中多有其人自言不貪不著善業之人天果報，然而由於彼諸信眾皆不能現觀十八界法之虛妄，是故不能取證二乘菩提見道之功德；乃至印順自己尚且於　佛所說之十八界法，橫生謬見，將意根界妄加否定；又不知意識細心之虛妄，施設「不可知、不可證之細意識爲三世因果之主體識」，將　佛所說「意法爲緣」而生之意識心說爲不壞不斷之心，墮於常見外道見之中，即是我見不斷者（但印順書中有時則又說意識細心亦是生滅法，自違己說）；如是不知二乘菩提眞意，將　佛所說「一切粗細意識皆意法爲緣生」之細意識，認作常住不壞之法，乃是我見未斷之人。

如是，身爲佛光山與慈濟功德會**佛法導師**之印順法師，自己尚且不能知證二乘菩提之見道功德，何況智劣於印順甚多之星雲與證嚴法師，云何能知能證二乘菩提之見道功德而斷我見？則彼等座下之法師等人所知所證者，亦可知之矣！我見不斷之人，則難脫離**我所**之執著，必將無法證解見聞知覺性所觸知之六塵萬法虛妄也。雖然口中常說**一切法空**，卻必定墮於一切法中，不能了知自己正是墮於一切法中者。我見未斷之人，必不能了知**我與我所**之虛妄故，必定隨於「我」所觸受之種種法而轉其心故。

由是緣故，佛光山與慈濟之信徒，捨報後唯能求生人間或欲界六天而享欲界勝妙五塵之樂。如是而修布施、持戒乃至智慧者，皆是不離二邊之人，皆必墮於我與我所之中，皆必墮於能取與所取之見分與相分之中，爲求來世受生於喜樂五塵之處故；如是而修善法，而修布施波羅蜜多者，皆名世間波羅蜜多；於出世間法觀之，唯有布施而無波羅蜜多。慈濟功德會如是，佛光山之信徒大眾所修者，亦復如是，同是**人間佛教**之邪思故，悖離太虛法師**人生佛教**之正理故，同是不斷我與我所之凡夫所修之世間布施波羅蜜多故。

法鼓山、中台山之信徒，努力精進修持布施波羅蜜多者，亦復如是，皆是未能斷除我與我所者，復又不肯生起大心而進求三乘菩提之見道功德，皆是唯能在世間波羅蜜多上用心者。然此二山之徒眾，稍勝佛光山與慈濟一籌，謂彼等堂頭和尚未完全信受印順之說，仍然信有西方極樂世界可以往生，仍然信有兜率天之彌勒內院可以往生，未曾否定 彌勒尊佛所弘傳之唯識增上慧學故；亦仍相信有 盧舍那佛常住色究竟天說唯識種智妙法故，亦信有東方琉璃淨土可以往生故，非是人間佛教之忠實信徒故。是故彼二大山頭之信眾，捨壽時，仍可將其所修世間布施波羅蜜多之功德，迴向往生西方極樂世界，唯除誹謗正法及諸賢聖者。然而如是二大山頭之信眾所修行之布施波羅蜜多，仍然是世間波羅蜜多，不能因此而證得第一義諦故，不能解了般若之眞實義故。

又復有人不唯修持**布施波羅蜜多**，兼亦受學持戒之法，進修持戒波羅蜜多；兼亦受學忍辱之法，……乃至進修智慧波羅蜜多；如是受學六度波羅蜜多之後，仍皆不敢追求三乘菩提之證悟，亦不在三乘菩提之證悟上用心，唯以下劣之想以待自己，如是而修六度波羅蜜多，唯求來世獲得善妙之世間生活，唯求來世之不離佛教佛法，便爲已足。此即是印順、昭慧、傳道、淨耀…等人，以及佛光山、慈濟功德會之諸多信徒，共同所有之下劣心也。

中台山諸多信徒固然敢求般若之證悟，然卻隨於堂頭和尚惟覺法師，墮入常見外道見中；如是而修六度波羅蜜多者，非唯難以取證般若之見道功德，反而導致下墮三途，往往隨於堂頭和尚惟覺法師成就大妄語業故。如是等人，雖修六度波羅蜜多，其實於其滿足六度之時，皆是墮於世間境界之中，不能成就出世間之波羅蜜多，所「悟」之實相心乃是意識心故。以意識心爲實相心者，則必墮於三界有爲法中，而自稱不墮三界有爲法中；未證出三界之涅槃境界，而自稱已證出三界之涅槃境界；以意識爲實相心者，必定不能眞解**出世間波羅蜜多**之正理故。

復有一類人，以求證凡夫之神通，或以求生色界天爲其目的，而修六度波羅蜜多。前者即是每日打坐修定，欲以粗淺之欲界定而證神通；是故此等人每於欲界定現前之粗心住階段中，便開始修習神通法門之加行；如是而發起神通境界，以炫世人，以邀恭敬供養。如是之人雖得神通境界，能邀世人之恭敬供養，然而本質仍是凡夫，故名凡夫神通。

世人愚迷，今時之佛門中初機學者，乃至四大山頭之堂頭和尚，悉皆不知不解三乘菩提之異同。初機學人更以爲有神通者即是聖人，而不知一切神通皆是三界中之有漏有爲法，不知神通境界乃是三界中之境界，根本無法藉神通出離三界；不知之故，便認已得神通之人爲佛法中有修有證之人，便隨諸有神通之人輪迴於三界之中，浪生浪死。

當知神通完全是意識相應境界，完全不離意識心行，與出三界之二乘菩提不相應，更不能藉神通而了知**世出世間佛菩提**之修證，是故名為凡夫神通。何況世間人之所謂神通證量者，大多屬於虛言誇大之籠罩言說罷了，何曾眞有神通？極少數有神通者，則唯是粗淺之欲界定粗心住境界中所修得之神通，其神通證量極為粗淺，尚且不能了知色界天諸事，亦不能了知色界天身究為何物？何況能知色界天人及無色界天人所不能知之二乘涅槃？何況能知二乘聖人所不能知之般若與一切種智？由於如是神通境界之不能了知三乘菩提等出世間境界故，名為凡夫神通。

若是藏密所言古今上師之神通者，則皆是妄語籠罩之詞，絕無其實；何以故？謂欲求證神通者，首要之務即是離淫欲之貪；而藏密古今上師卻皆同以淫樂之最大最高之貪——第四喜——之修證為其一生所追求之目標，並且須如宗喀巴所指示之每日八個時辰，不斷「精進」的住於淫樂第四喜境界中，如是每日十六小時常抱女人（男人）交合，而住於如是大貪之中（詳見拙著《狂密與眞密》一至四輯中之舉證），如是大貪之輩，根本不離貪欲，而且是大貪之人，正與修學神通之加行法門完全相悖，背道而馳，根本不可能證得神通；乃至最粗淺之神通境界，亦不可能證得；卻於上師死後，以耳語之方式渲染之，及至大眾皆信受已，方落實於文字中；後人讀之，便信以爲眞，便迷信崇拜之，執以爲實；便隨之墮入雙身法之大貪中，永世不能發起神通。

諸聖神通則不然，乃是證悟二乘菩提或大乘菩提之後，加修四禪八定滿足後，再進修神通之加行法門，然後發起者。亦有在外道法中，未遇 世尊之前，已經修證四禪八定及神通加行者，是故未見 佛之前已有神通境界，此如大迦葉尊者。更爲有名者，即是目犍蓮尊者。然而如是神通皆是外道凡夫之神通，後時値佛，得悟二乘菩提已，方使其神通成爲諸聖神通；如是凡夫位之神通，已因證悟二乘菩提之故，而與出世間之智慧相應故。既然外道未値 佛之前，即可修得神通，則知有神通者，非必即是佛法中之賢聖；要因三乘菩提之修證，方可謂爲佛法中之賢聖也。然而三乘菩提則是無所得法，不能示現與俗人見之，非如神通是有境界法，多少可以示現之；是故無智之世俗人，每輕三乘菩提之親證者，每以神通境界之有無，作爲衡量當人是否有佛法證量之標準；如是無智之人，即說爲俗人，非是佛法中之眞正學人也。

亦有修行人，不求出離三界之解脫果修證，是故好樂色界無色界等有境界法，因此而修證四禪八定，爲求往生至梵天，而享輕安、無念、無煩惱、無心理負擔之遠離五塵境界。如是之人，雖得四禪八定，雖能往生梵天境界，乃至往生於非想非非想天中，成爲三界中層次最高之修行人；然而如是人，仍是凡夫，仍不能了知出三界之正理與證量故。二乘慧解脫聖人，雖然不證四禪境界，亦復不證四空定境界，不能往生至三界最高層次之非非想天中，然卻可於捨壽時，直接進入無餘涅槃境界之中，永離三界輪迴之生死苦。非諸修得神通之世人所能了知者，非諸已證四禪八定之世人所能了知者；唯除後來親證三乘菩提果，否則，窮其想像之力，亦不能知、亦不能證也。是故，四禪八定之證量，不可依憑；神通之修證，亦不可依憑；四禪八定及神通，皆不能令人出離三界生死輪迴之苦故。

神通之修證，要因神通之加行法門之實踐，方得發起。若不修神通法門之加行者，縱有四禪八定之證量，亦不能發起；由是緣故，佛世之俱解脫大阿羅漢中，亦有多人未曾證得神通，彼等已證俱解脫果而了知神通與解脫之修證無關故，已了知神通乃是世間有爲法而不屑於修學加行故。由是緣故，俱解脫大阿羅漢**蓮花色比丘尼**，由於絕美之姿色而招致俗人綁架禁閉，欲於晚間加以侵害淫亂，然因未修學神通加行故，未得神足通而不能以通力遠離；後由目蓮尊者飛入禁所中，傳授神通加行法門，蓮花色比丘尼隨即以第四禪之功德而隨修隨成，方能飛離禁所，不受惱害。此是佛法中最有名之歷史事實，久學佛法之人，無人不知，沒人不曉。是故，菩薩證悟已，不修四禪八定，不修神通加行，唯修無生法忍；直至初地、二地已，仍不修之；進入三地而證三地心之無生法忍之後，方始修證四禪八定，然後加修四無量心，要待即將成滿三地心時，方開始加修神通加行也。

如上所說大乘之佛道次第，皆是說明：初機學人雖亦修學菩薩六度法門，然係以求世間樂、求凡夫神通、求生梵天等為其目的，不以證悟菩提為目的；如是而修六度行門，只是將六度行門作為求取人天善果之資糧，作為求取凡夫神通之資糧，作為求生梵天之資糧而已。如是而修六度者，即是佛法中之**人乘與天乘**修法。然而人天乘之修法，若不以三乘菩提為依歸，則人天乘之六度修法，即非佛法；若是以三乘菩提為依歸，雖不能證之，而信樂之、好樂之，方是佛法中之**人天乘法門**也。若是否定三乘菩提之根本——第八識如來藏，則盡形壽而精進修學六度波羅蜜多者，其實皆非世間波羅蜜多，皆成破壞佛教正法之大惡業故。如上所說者，謂若不能與三乘菩提之修證相應者，所修之六度波羅蜜多，皆是世間波羅蜜多，與出世間波羅蜜多大異，與世出世間之波羅蜜多迥異。

「大慧！出世間波羅蜜者：聲聞、緣覺墮攝受涅槃故，行六波羅蜜，樂自己涅槃樂」：出世間之波羅蜜多，乃是指二乘菩提之解脫果修證，非是大乘佛菩提之般若與種智之修證也，二乘菩提所證得之解脫果，其智慧已能令人出離三界分段生死之輪迴苦故。

二乘菩提之修證內涵，請詳閱拙著《邪見與佛法》書中所說，以及參閱《甘露法雨》之自序，可以稍知其內涵；細說者，則待後時著作《阿含正義》時另行註解。此處限於篇幅，唯作簡單之陳述：二乘菩提之觀行法門，主要在於現前觀察六根界、六塵界、六識界之虛妄。二乘菩提之初始觀察六塵界虛妄者，要在觀察其無常性、緣起性，以此而漸遠離六塵萬法之貪著。

次須觀察六識之虛妄，要在了知六識心之依他而起，了知六識心必須有種種俱有依等法，方得生起而現有六識心之運作，似爲眞實。六識心者謂：能見色塵之眼識，能聞聲塵之耳識，能嗅香塵之鼻識，能嚐味塵之舌識，能覺身觸冷暖痛癢之身識，能知諸法之意識。如是六識心之生起與現行，要依如來藏本體爲因，要依如來藏之流注六識心種子爲緣，要依如來藏之現行配合爲緣，要依意根之運作爲緣，要依如來藏之流注六塵相分種子而顯現六塵相爲緣，要依完好不壞之五色根爲緣，方能在人間生起現行與運作。若無如是種種俱有依等因緣法，則此六識心不能生起現行運作。由是所說，一一現前觀察而證實之，則知能見之心、能聽之心、能嗅……乃至能知覺之心，悉是依他起性之心；乃至一念不生之覺知心，仍然不離如是依他起性，不離如是藉緣而起之體性。於行住坐臥之一切時中，悉皆如是一一現前觀察之，滅除「能見聞覺知之心，常住不壞、實有」之惡見，即是二乘菩提之觀行者，欲實證聲聞初果時所應作者。

三須觀察六根之虛妄。六根分爲二類：有色根與無色根。有色根者，乃謂吾人之色身五根：扶塵根之五色根，勝義根之五色根。如是五色根者，乃是前世造業之後，意根依於業種境界之示現，致使第八識如來藏隨其入胎，藉緣於父精母血，而由如來藏創造者，乃是有生之法；既是有生之法，則知是緣起法；緣起法之色身，當然必定歸滅，是故色身必有老死之苦；苦則非是眞實之我，則捨離色身爲眞實我之惡見。

復須觀察意根之虛妄。意根乃是無色根，爲意識一切粗細心之所依心故，名爲意根。意根虛妄者，謂意根不能獨自存在，要依他法而有故。學人當須如是現觀：意根雖然於眠熟等五位中亦不間斷，仍非是常住而不可壞之法。是故，意根處處作主，恆欲處於快樂境界之中，而竟不能得遂；恆欲得生善處，而竟不能得遂，要依善惡業而決定之。意根恆欲獲得健康之色身，恆欲使令意識心聰明伶俐，恆欲頓捨惡業所得之地獄身、畜牲身、餓鬼身、病痛所纏縛之人身，恆欲於造惡業之後隨即棄捨惡業種子，恆欲……，而竟悉不可得，可知意根非是自在之法；若是可以自己存在而非依於他法——不需依如來藏——就能存在者，則意根應能處於世人所不能安住之無餘涅槃境界中，然而意根實無可能如是，故非自在心。

譬如有諸末法佛門學人，常欲以意根遠離萬法而獨自存在，然而至竟不可得，始終不能離於萬法而獨自存在；是故，乃至眠熟位中，意識雖然已斷，而意根仍能繼續領受法塵，故於法塵有大變動時，能喚起意識心等六識現行而了別之。乃至悶絕位、正死位、無想定位、滅盡定位，亦不能完全遠離六塵而獨自存在。既不能獨自存在，既不能事事如意而為，則知意根必定須依業力而行，則知業力非是意根之所能持，乃是由他心而執持之，則知意根乃是依於別心而存在、而運行者，則知別心即是第八識如來藏也。

唯有第八識如來藏，方能獨自存在；由是緣故，定性聲聞取無餘涅槃時，必須滅卻意根，方能入住無餘涅槃無境界之境界中，由如來藏遠離萬法而獨存，不與萬法為侶。意根既然是可滅之法，既然是依於如來藏所生法塵，及依如來藏所執持之業種及意根種子方得存在運作者，則知非是自在之心，則知乃是依於種種緣起法而生遍計執之心，則知恆審思量而處處作主之意根，其實是令眾生輪迴生死之根源。既是可滅而非自在之法，當知意根虛妄。若人能如是一一現前觀察，並加以細心思惟領納眞意者，即可斷除對六根之自我貪愛執著。

如是現前觀察六塵虛妄、六識心虛妄、六根虛妄之人，當其一一現觀完成時，即是初果聖者，即成斷盡惡見之人，五利使永斷無餘。其中細微處，要須親自一一現觀，非唯聞之即可，非唯閱讀平實之書所說即可。如是十八界一一現觀完成時，即可斷除我見乃至我執，成為初果乃至慧解脫之聖者。

欲作十八界法之觀行者，萬勿信受印順、昭慧、傳道、星雲、證嚴……等人所說唯有十七界之二乘佛法，否則永遠不可能取證聲聞初果之解脫智慧證量，何況能取證大乘般若之智慧證量？

彼等不肯承認有末那識，恣意否定之。然而 世尊於四阿含諸經中，卻處處說意根是心法，非是有色根；是故，既有六識心，復加意根一心，則成七識，云何印順……等人可以否定第七識心？而狂言原始佛教諸經中唯說六識心？而狂言第七識心是因部派佛教之弘傳發展而從意識細分而出者？如是違背四阿含諸經 佛所說者，云何佛子應信受之？若信受之者，即是無智愚人也！信其言者，永不能現觀第七識意根之虛妄，則我見永不能斷，云何能取證聲聞初果之解脫境界？

印順所說之法，常常前言不對後語，自相矛盾，故不可信。譬如印順否定第七識，說爲「後來之部派佛教弘傳發展而自意識心細分而出者」，然而卻又自相矛盾地作是宣說：《無論是病死或橫死，如沒有了識與暖，壽命也就完了。這三者，是同時不起而確定爲死亡的。這樣，如還有體溫，也就是還有意界（識）與壽命，而醫生宣告死亡，就移動身體；或捐贈器官的，就進行開割手術，那不是傷害到活人嗎？不會的！如病到六識不起（等於一般所說的「腦死」），身體部分變冷，那時雖有微細意界——唯識學稱爲末那識與阿賴耶識，但都是捨受，不會有苦痛的感受。移動身體，或分割器官，都不會引起苦痛或厭惡反應。所以如醫生確定爲腦死，接近死

亡，那末移動身體與分割器官，對病（近）死者是沒有不良後果的。》（《華雨集》「中國佛教瑣談」頁117）

如是之言，有諸過失，乃是不懂佛法者之所言也，乃是不懂二乘菩提者所言之說也，也將是導致人間佛教信徒捨壽時受大苦惱之害人言語。如印順所言：**《這樣，如還有體溫，也就是還有意界（識）與壽命……如病到六識不起（等於一般所說的「腦死」），身體部分變冷，那時雖有微細意界—唯識學稱為末那識與阿賴耶識》**，此一段印順所說之語句中，其實已顯示確有第七識意根及第八識之存在也。既承認死亡時尚有**意界**存在，則已顯示死亡後意識覺知心斷滅時，至少尚有**意根**存在，既如是，此**意界**若不是第七識者，印順應說此意界是第幾識？印順自己頗能答得此問否？傳道法師既曾於公開發表之文章中說「沒有第七識心」，請問意識覺知心斷滅後之此時，此一印順所說之**意界心**，是第幾識？

印順與傳道二人若依自己所說之「考證」，而說此**意界**是從意識心細分而出者，請問：「汝等是如何考證者？」今者四阿含諸經中，佛於處處皆說：「**意界與法塵為緣而生意識**。」又於阿含中開示吾人：「**一切粗細意識皆意法為緣生**。」若無此**意界**，意識尚且不能生起，可知**意根**一界乃是意識生起之俱有依，乃是意識覺知心現行之必要條件，乃是**意識**之根故名意根，云何印順與傳道……諸人卻說意根是不存在者？云何卻說意根是從意識心細分而出者？眞是顛倒其說之人也！如是聖教量，明明記載於四阿含諸經中，今者四阿含尚在，迄猶可稽，云何印順與傳道等人，可以故違經中 佛說？可以顚倒本末而說？而諸印順邪謬思想之修習者，竟亦無智可以分辨之？誠乃末法時最最不可思議之怪事也！

此謂佛法中所說「識、暖、壽」三者皆失之際，即是說一般沒有大惡業之人，在此際時，即是已經完成死亡過程者，阿賴耶識、暖、壽三法，悉已滅失於色身中故，識已轉入中陰階段中故，已完全捨離色身故。然正死位之定義，是指意識雖滅，尚未死透，意根與阿賴耶識悉未捨離色身時，方得名爲正死位也。

正死位中，意識雖已斷滅；然於息脈甫斷，初死之時，意識其實尚未全斷，尚非是佛法中所言之正死位也；隨其一生所造善業差別，在息脈俱斷之後，令其意識心在色身中之繼續存在時間有長有短，各有別異；並非息脈甫斷之時，意識隨即完全斷滅也。以一般未造惡業之人而言：當息脈俱斷時，意識仍住於身中，尚未斷滅，仍可了知六塵諸法，一一不昧；唯是不能動身動口表示意思爾，是故此時仍未入正死位中，仍有六塵之觸受與了知也；此時若動刀割其器官，必生瞋恚之心，恐墮惡道之中。

唯有造作殺人等世間大惡業者，於息脈斷滅之後，意識唯能存續短時間，便漸漸消失而無覺受，方可於息脈斷後之一小時後割其器官而不受痛覺；唯有誹謗正法、誹謗大乘勝義僧、誹謗聲聞聖僧、破壞正法等大惡業者，息脈斷後，極短時間便令意識心消失而無覺受，方可割其器官而不受痛覺。一般未造大惡業者，息脈斷後，二、三小時之內，皆猶未入正死位中，要待二至三小時之後，方才開始漸漸進入正死位中，往往要至四、五小時後方滅意識而無痛覺；是故，息脈甫斷之時，皆尚有意識覺知心存在，而能領受冷觸之漸漸擴散於全身；此時若割其器官，必增苦受痛觸，增其瞋恚之心也。特別是造善業之人，頭部最後捨，其意識心在息脈斷後之存續期間極長，若在息斷後之四、五小時之內加以割除器官者，必生極痛苦觸，而生大瞋之心，必於覺知心中生起毒語罵詈，大生瞋恨於教其捐贈器官之人，大恨印順法師；當時必定怨天尤人，則易墮入惡道；由如是善業而感生惡報，豈非最大之冤苦乎！

是故於此呼籲慈濟之所有會員，汝等若已簽下捐贈器官之文件者，應當作一補救措施，要求加註如是字樣於捐贈器官之文件上：**醫師應於確定本人即將於一小時或十幾分鐘後亡故之時，先行注射麻醉劑，作全身麻醉，方可於死後立即割除器官。**並與家屬或同修之師兄姊互相幫助，作確保如是進行器官捐贈條件之行爲。若不信余言，不肯作如是補救行爲者，則命終後被割器官而感受極度疼痛時，請勿生瞋而怨天尤人，以免自墮惡道。已簽器官捐贈文件之慈濟會員，於此應須特別注意之，莫信印順、證嚴…等一知半解者之所說也；否則難免臨命終時，枉受大苦，乃至因爲割取器官之大痛而生起大瞋惡心，墮落惡道，枉受來世之惡道苦，枉修此世種種善業。

是故，印順等人若否定第七八識者，則於如是死亡之內涵不能了知，其中尚有許多細節，更非彼等所能知之也。今爲慈憫廣行善事之慈濟會員等人，略說其中與捐贈器官有關之部份，餘不詳述，且待後時證得道種智時，自能知之。

如是，一一現觀十八界法（包括現觀第七識意根）之虛妄以後，則知所謂入無餘涅槃者，乃是滅除自己十八界法之全部，令自我完全滅盡無餘，唯餘自心如來不滅，而亦不再受生於三界中，不再示現於三界中，離見聞覺知，離思量，離自證分與證自證分，無形無色而獨自存在，不與十八界法為侶，不與萬法為侶，如是寂靜極寂靜，完全無我、無法、無色、無覺知心性、無思量性，是名無餘涅槃之「無境界」境界。如是則已永離三界六道之生死苦，如是方符「涅槃寂靜、諸法無我、諸行無常」之三法印也。如是名為二乘涅槃，如是修行者，名為二乘解脫道之正修行也。

如是修行正理，於聖嚴、惟覺、星雲、證嚴等「我見」未斷之人而言，聞余作是正法之說已，悉皆恐懼而不能接受，悉皆不欲「一念不生之覺知心我」滅失故，悉皆執著「能作主之我」而不肯滅除此執故，悉是恐懼自我消失之人故，是名墮於**我見與我執**之人也。余說如是正理，具載於四阿含諸多原始佛教經典中，今猶可稽，自是印順等人讀之不解，被藏密應成派中觀之邪見所誤，是故不能知之，不能信之，今猶不肯改易彼等得自藏密之邪見，說為可憐愍者！

定性不轉之二乘有學及無學聖人，墮於無餘涅槃之執著故，攝受涅槃之修證故，一心欲遠離三界分段生死苦，一心取滅：**不願再有後世之自己存在，以免自己存在時必須忍受分段生死之苦果**。定性聲聞與定性緣覺，由於此故，不願再受後世生死，不肯發起盡未來際利樂有情之大心，一心要滅卻十八界之自己，一心要取無餘涅槃，由是緣故，彼等若依 佛所說而行六波羅蜜多者，目的只是在追求自己之無餘涅槃寂滅之樂，是名二乘聖者所修之六波羅蜜多，雖亦是六度波羅蜜多，然而唯能出離世間分段生死苦，而不能了知世間萬法之實相，而不能了知「即生死是涅槃」之般若實相正理，故二乘菩提所修之六度波羅蜜多，唯能說是**出世間波羅蜜多**，而不能說是**世出世間波羅蜜多**。非是函蓋世間及出世間之波羅蜜多故，非是上上波羅蜜多。

「出世間上上波羅蜜者：覺自心現妄想量攝受，及自心二故，不生妄想；於諸趣攝受非分，自心色相不計著，爲安樂一切衆生故，生檀波羅蜜，起上上方便」：出世間上上波羅蜜多者，謂大乘菩薩所修證、所弘傳之佛菩提道；佛菩提道非唯親證**法界體性**之實相智慧，亦同時具足證得二乘菩提，亦同時具足出世間波羅蜜多，故名出世間上上波羅蜜多。

如是上上波羅蜜多者，於般若之見道之前，先須聞熏般若正理；聞已，修學四加行，證得煖、頂、忍、世第一法，斷除我見而成聲聞初果之後，方得再事參禪，求證自性彌陀——親證第八識自心如來，因此而發起般若實相之智慧。證得自心如來而發起般若實相智慧之後，尙須親隨大善知識修學最究竟了義之增上慧學——唯識一切種智。修學唯識一切種智已，則能現觀「即生死是涅槃」之般若實相正理，即知經中所說「一切眾生本來常住涅槃」之正理，亦知一切眾生皆在生死流轉輪迴之緣起，亦知二乘涅槃之正理，亦知二乘無學雖證無餘涅槃而實未曾證得涅槃之正理，亦知唯有證悟之菩薩及諸佛方是眞實證得涅槃之正理。

如是兼攝二乘涅槃，亦了知二乘無學所不能了知之無餘涅槃實際，於未出三界之時，已經實證出三界之境界；亦了知二乘無學出三界已，其實未能了知出三界後之境界。如是深妙正理之智慧與現觀，皆在大乘菩薩證悟之後，一一出現於眼前。由如是智慧深妙微細故，說諸佛菩薩所證之般若甚深極甚深。菩薩所修之六度波羅蜜多，以如是目標而修；所修之智慧，以如是深妙之正見而熏修，親證之後，智慧如海深廣微妙，函蓋世間與出世間之法，二乘出世間之波羅蜜多所不能及，故說爲上上波羅蜜多。

如是上上波羅蜜多之修證，悉以親證自心如來爲鵠的；若離第八識自心如來，則無上上波羅蜜多之修證可言也。若人已經親證自心如來者，則能經由悟後之觀行，經由親隨大善知識之教導而作種種觀行，能得親證如是智慧境界，能得證知：一切世間與出世間之有漏有爲法及無漏法等悉是自心如來所生所顯。亦能證知：自心所現一切妄想等事相所顯現之現實境界，皆是從自心如來中所出生顯現者。

親證之後隨大善知識修學種智者，久之亦能現觀而了知：**一切法之由吾人所知所觸所受者，其實皆是因爲自心如來出生了見分與相分所致。**由自心如來出生了相分五塵，故有五塵上所顯現之法塵，是故六塵具足；復因自心如來出生了六識心而有見聞知覺性之現行，由自心如來刹那刹那不斷流注意根種子，而令意根自無始劫以來恆生恆滅而不曾刹那間斷，是故出生了眾生之見聞覺知與恆審思量之心性，名爲見分。由有**見分**與**相分**故，便有種種諸法之爲眾生所觸、所知、所受。如是，由自心如來之出生見分與相分故，名爲**自心二分**。由如是二分故，以能取之心，而取所取之塵，能取與所取其實皆是自心如來所含藏之法，悉皆不能外於自心如來而有任何一法可言也。

由如是親證了知故，從此以後，對一切法之虛妄想便將不復出生；虛妄想不復出生之故，則現觀眾生五趣六道一切法之攝取與領受者，皆是虛妄法；而眾生不能了知如是虛妄，是故心生貪著而有種種法之攝受。其實所攝受之一切法，皆是自心如來所現，而眾生不能了知，執爲實有外法，貪著不捨，是故 佛說「諸趣攝受悉是非分」，皆是非分（錯誤）之想，非是正知正見也。

菩薩如是現前觀察已，了知自心，亦了知自身之種種色法實相，故於自心及色相不再誤計，不再執著，已經可以現生斷除我執而取無餘涅槃；然而菩薩爲安樂一切眾生故，不忍眾生爲外道所誤導故，不忍眾生爲末法時之名師所誤導故，乃生起布施波羅蜜多之法，生起上上方便，以種種善巧而爲眾生宣說二乘菩提之正理，以種種善巧而爲眾生宣說大乘菩提之正理；如是以種種法義而宣示三乘菩提正理，此即是初地以上菩薩之所爲者。初地以上菩薩，爲欲行如是檀波羅蜜多故，乃故意不斷最後一分思惑，保留最後一分思惑，以潤未來世生、一再受生入胎。菩薩如是留惑潤生者，名爲檀波羅蜜多之上上方便。

「即於彼，緣妄想不生戒，是尸波羅蜜。即彼妄想不生忍，知攝所攝，是羼提波羅蜜。初中後夜精勤方便，隨順修行方便，妄想不生，是毗梨耶波羅蜜。妄想悉滅，不墮聲聞涅槃攝受，是禪波羅蜜」：

初地菩薩證得道種智已，進修初地所應修證之無生法忍智慧，親證「猶如鏡像」之現觀而至於滿心，轉入二地之中，即於如是檀波羅蜜之繼續修行上，生心而緣「虛妄想不復出生」之戒；由如是戒故，證得極清淨性，並因修學一切種智而成就戒智—能現觀七識心之體性「猶如光影」，由此現觀而能自己控制內相分之轉易時程及內容，永離戒法之違犯，心地極清淨，名爲二地滿心菩薩成就猶如光影之現觀，則能轉入三地心中；是名二地菩薩「即於彼（法布施波羅蜜之上），緣妄想不生戒，是尸波羅蜜。」進入第三地已，尋覓適當時機修證四禪八定、四無量心、五神通等法，及三地心所應修證之無生法忍。

三地菩薩由有如是證境故，修證四禪八定、四無量心、五神通之後，隨即於彼檀波羅蜜及「虛妄想不生戒」上，而作「虛妄想不生忍」之修行，進修三地無生法忍，令更微細之虛妄想不復出生，了知自己進修佛地之過程中應如何攝取正法，了知應攝取之正法內容；如是而修，不生虛妄想，進修而得「猶如谷響」之現觀，能耐怨害、能安於種種勤苦、能諦察種種無生之法，絕不復令微細煩惱現行，能如是安忍而住，成就三地滿心位之無生法忍果，即是「忍波羅蜜」之修行方便。如是而入四地之入地心中，繼續修佛法。

四地菩薩復由如是基礎上，非唯日間，亦於初夜、中夜、後夜中，以種種精勤方便，隨順於種種修行之方便，於十二因緣等法，更作觀察，令更微細之虛妄想不能出生；若於佛法而作思惟者，凡有所想，皆是如理作意之無生法忍智慧現前，不墮虛妄想中；如是於一切時中，皆令佛法上之一切虛妄想皆不出生者，即是精進波羅蜜。由如是修證一切種智之緣故，不能障礙四地滿心位所須證得之「一切法無差別道」之修證，現觀自他菩薩之一切意生身，悉皆猶如水中所現明月，正報之身亦如水中月，有而不實。成就如是現觀，而得成滿四地心，是名「如水中月」現觀，是名精進波羅蜜成就，即便轉入五地心。

於五地之入地心起，則由隨順如是布施、持戒、忍辱、精進波羅蜜故，微細虛妄想悉皆滅除，是故於般若實相正理，於世間及出世間法，乃至大乘菩提之世出世間上上法，悉皆無有虛妄想，永不墮於聲聞涅槃之愛樂，永離定性二乘聖人所執之「厭生死苦、欣樂涅槃寂滅」之下劣心行，由是緣故而令受生願增強不壞，不思取證二乘無學所證之無餘涅槃。復又進修五地所應修集之無生法忍，依一切種智而作觀行，證得一切法皆是如來藏「變化所成」之現觀，成就五地滿心之無生法忍，是名禪（靜慮）波羅蜜。即得轉入六地心中進修佛菩提道。

「自心妄想非性，智慧觀察，不墮二邊，先身轉勝而不可壞，得自覺聖趣，是般若波羅蜜」：由如是修行之道，次第轉進，至於六地心已，復依第八識自心如來而進觀四聖諦、十二因緣等法之細相，別作觀察，斷除粗相現行障，令煩惱障習氣微細種子滅除，令種種微細之「淨相法執」及「行陰習氣煩惱障種」等執著滅除，出生一切法「非有似有」之現觀，成就六地滿心位般若現觀之無生法忍，故令先所證得之意生身得以轉勝，他人所不能壞；亦令無生法忍極爲殊勝，獲得自身內覺之聖智意趣，爲一切外道、天神、天主所不能壞，如是名爲「般若波羅蜜」。如上略說之諸地「近波羅蜜多」修行法門，其眞實內涵，非印順、昭慧、傳道、星雲、證嚴……等凡夫所能臆想而知，非二乘無學聖人臆想所能知之，亦非已經證悟之地下菩薩思惟所能知之，如上所說「近波羅蜜多」之六度行門，能成就七地念念入滅盡定之不可思議功德，亦能成就八至十地之「大波羅蜜多」，如是六度方是出世間上上波羅蜜。

舉凡七住位之親證阿賴耶識而發起般若根本無分別智，令一至八識身初分轉勝；以及初地通達般若見道智慧，初發無生法忍慧，令一至八識身轉勝；諸地之地地增上（譬如三地滿心之發起意生身、五地之禪定神通增勝、六地之親證滅盡定而發起漏盡通、八地之於相於土自在、九地之發起四無畏、十地之生起法雲智）,而使一至八識身得能分分轉勝;乃至佛地之四智圓明,令八識身究竟勝妙,世出世間無有上之者,皆名八識身轉變殊勝,凡此皆名般若波羅密多之修證。

復有一類人,自以爲是,雖然亦修布施波羅蜜多等,亦迴向三乘菩提之修證,然於出世間之般若智慧錯解之故,便將禪定之制心一處修法,作爲般若之正修,如是名爲邪見妄想,是名「以定爲禪」者;今時之法鼓山、中台山等堂頭和尚所教授之禪法修行者,悉皆如是以定爲禪;尚且不能知解地下菩薩所修之六度波羅蜜多,何況能知地上菩薩所修「近、大」波羅蜜多之「禪波羅蜜」之正修行宗旨?

復有佛光山、慈濟之星雲與證嚴二人,將印順破壞佛教正法之理論,作爲眞正之佛法,並將如是邪理邪道之臆想思惟邪見,用來廣「度」眾生,將諸眾生同入印順所弘藏密外道之邪法中,豈是佛教比丘二眾之所應爲者?而彼等徒眾既信印順否定西方極樂世界之說,復又日日晚課皆誦彌陀經、往生咒,而求生西方極樂世界,豈非自相顚倒?又如慈濟功德會之會員們,既信印順否定西方極樂世界之說法,既不承認有阿彌陀佛,卻又每逢有人死亡時，便去助念彌陀聖號，助人往生極樂世界，如是自相顚倒。又如印順邪法之繼承與弘傳者，既隨印順否定極樂世界及阿彌陀佛，卻又每年舉辦超度法會，欲度人往生極樂世界。佛光山、慈濟等印順邪見之推廣者，既信印順否定極樂世界之說，心中不信極樂世界之實有，卻又爲人舉辦往生極樂之超度法會，卻又爲人助念往生極樂，今問諸多被助念之亡者家屬，亦問參加法會之亡者家屬：「不信極樂世界與彌陀世尊之人，爲汝亡故之家屬助念，求生極樂世界、面見彌陀，有無功德？能助益亡者往生極樂世界耶？對於 佛說『實有極樂世界之道理』不能信受之法師，所辦超度往生極樂之唱誦法會，能度亡靈超生極樂世界耶？」

然而彼諸爲人助念之佛光山信徒，彼諸爲人作臨終助念之慈濟會員，以及接受助念之家屬，都不思量：「如是助念有何意義？能不能對亡者有所助益？」彼諸否定極樂世界而爲人舉辦超度法會之法師，以及參加如是超度法會之家屬們，都不思量：「如是超度法會之舉辦，有何意義？能助亡者往生極樂而離輪迴之苦？」佛光山與慈濟會員等助念之人，既信印順否定極樂世界之說法，各人心中既不信受確有極樂世界，又復未修一心不亂淨念相繼之功夫，助念之時心中不斷打妄想、不斷攀緣，又時時懷疑究竟有否極樂世界阿彌陀佛，又不能一心不亂而爲亡者助念，則其助念彌陀聖號，對於助益亡者得生極樂世界，有多少功德？

彼諸佛光山等出家二眾復又每日 佛前懺摩，祈求諸佛菩薩加被，令得早遇明師、早證菩提，然而諸 佛菩薩安排了眞正之善知識受生於人間、弘傳眞正之三乘菩提時，彼等卻又不信，又爲保持名聞利養而加以大力否定、極力推卻，不肯試著去閱讀善知識所造之書，不肯試著去加以瞭解：彼善知識所弘傳者是否爲眞正之佛法菩提正道？如是不加瞭解而予否定及推卻之後，卻又每日重複立在 佛前祈求諸 佛菩薩派人來傳三乘菩提正法，顚倒至此。諸 佛菩薩每日聽聞彼等之懺摩與請求時，亦唯能苦笑而作是想：「爾等每日求我，及至遣人往傳正法，汝等卻又不信，卻又不肯去加以瞭解，卻又加以否定，卻又反過頭來每日求我。」唯能嘆息末法時之眾生無眼、知見顚倒，迷信大師、不辨正邪。

如是諸大道場比丘二眾，晚課及餘法會之中，常作懺摩及求願：**懺悔往昔所造謗法及謗賢聖之惡業，求佛菩薩加持，令自己得證菩提。**然而 佛菩薩遣人來傳眞正之佛菩提道、眞正之解脫道時，卻又不願加以辨識眞假，完全不肯試著加以閱讀辨正，一味迷信表相大師，努力誹謗眞正之人間菩薩，努力抵制眞正菩薩所傳眞正之正法；然後又來責怪 佛菩薩不慈悲感應，不遣人來傳正法證悟之道。此即是今時末法眾生之寫照也，正是四大山頭比丘二眾所墮之情境也。無怪乎正法至今飄零，法脈如絲如縷，難以壯大。末法佛門弟子，實不應見責諸 佛菩薩，實應責己無智無眼、責己迷信名師之語而不肯嘗試分辨邪正也。如斯等人，焉有觸證出世間上上波羅蜜多之時？

爾時世尊欲重宣此義而說偈言：

空無常剎那，愚夫妄想作，如河燈種子，而作剎那想。
剎那息煩亂，寂靜離所作，一切法不生，我說剎那義。
物生則有滅，不爲愚者說；無間相續性，妄想之所薰。
無明爲其因，心則從彼生，乃至色未生，中間有何分？
相續次第滅，餘心隨彼生，不住於色時，何所緣而生？
以從彼生故，不如實因生，云何無所成，而知剎那壞？
修行者正受，金剛佛舍利，光音天宮殿，世間不壞事；
住於正法得：如來智具足，比丘得平等，云何見剎那？

犍闥婆幻等，色無有刹那，於不實色等，視之若眞實。

疏：《爾時世尊欲重宣此義而說偈言：

所謂一切法皆空、一切法無常、阿賴耶識刹那生滅，這些都是愚癡無智的凡夫，因爲虛妄想而作的說法，都是只看見諸法猶如河水流逸，猶如燈火閃爍，猶如種子變異的現象，墮於有爲法中，不瞭解實相本體之常住不變易，而作如是刹那變易之想。若能證知刹那變易之眞正義理，便可以歇息種種的煩惱與亂想，從此便可以安住於自心如來寂靜之境界中，遠離世間的有爲有作煩惱，一切法都是本來不生的，這就是我所說的刹那的眞正義理。物質的色法，因爲是有出生的緣故，所以一定會有壞滅的時候，這種刹那變異而歸於壞滅的刹那法，我並不是爲那些愚癡無智的人而說的；刹那刹那流注而相續無間的現象，是無始以來的虛妄想所熏習，所以才會出生。以無明爲刹那流注相續之因，八識心王就這樣因爲無明而出現在人間，但是如果詳細探究的話，推究到我們的色身尚未出生之前，在這未出生色身的時候，究竟還有什麼身分與心分可說呢？

由於自心如來相續無間流注八識心王之識種，
而使得每一識之後念識種緊接著前念識種的滅謝而生起，
像這樣依附著色身而次第出生、次第滅謝一樣，
其餘的後後念的心識就隨著前前念的心識而不斷的出生，
但是如果不依住於色身五根之時，
見聞覺知等心識，還能依附於什麼外緣而出生呢？
由於是從這個色身爲因緣而出生的緣故，
所以從這個色身的「因」而出生的心，就不是從如實因而出生的了，
若是從不如實的「因」而出生的覺知心，
這個「因」的道理是講不通的，這個「因」的道理是不能成就的；
爲什麼憑著這種講不通的道理，而能了知我所說的刹那壞滅的道理？
佛教修行者的金剛三昧的正受，世間的金剛，以及諸佛滅度所遺留的舍利，
光音天人所住的宮殿，這些都是三界世間中的常而不壞的事相；
如果是住於正法之中而獲得：如來的無上智慧具足了，
這樣的比丘已經證得諸法平等的智慧，怎麼還可以說諸法有刹那生滅？
海市蜃樓以及魔術師的變幻等等，

吾人所見的這些色相的法，其實也是沒有剎那生滅可說的，由於不能證解「自心現量」的緣故，所以就對不眞實的色法等等，看作是眞實有的色相，而說一切色相都有剎那生滅。》

解：爾時世尊欲重宣此義而說偈言：「空無常剎那，愚夫妄想作，如河燈種子，而作剎那想。剎那息煩亂，寂靜離所作，一切法不生，我說剎那義」：爾時世尊欲再次宣示此一義理，而以偈頌重作開示。

所謂一切法皆空、一切法無常、阿賴耶識剎那生滅，這些都是愚癡無智的凡夫，因爲虛妄想而作的說法，都是只看見諸法猶如河水流逸，猶如燈火閃爍，猶如種子變異的現象，墮於有爲法中，不瞭解實相本體之常住不變易，而作如是剎那變易之想。

當知世尊所言之一切法無常、一切法空、緣起性空，皆是依於三界有爲法而說者，非是正說實相之法體也。是故一切法無常、一切法空、緣起性空等說，唯名世俗諦，唯是解說五蘊十二處十八界等眾生身心之體性，所說者唯是蘊處界緣起故其性是空，及說蘊處界所生萬法亦是緣起性空。如是所說緣起法之對象，乃是三界世俗中種種法之法性，並不涉及出世間第一義諦之理體，是故二乘菩提既在如是三界世俗蘊處界……等法上而說者，當知即是世間道理之極成，世間諸法不能外於如是**緣起性空**之正理，故說爲眞諦，故說二乘菩提爲**世俗諦**。

至於 佛所說阿賴耶識有剎那生滅現象之道理，乃是爲諸已悟之菩薩宣說者，非是爲諸二乘愚人及未悟佛菩提之凡夫而說者，目的在於令諸已證阿賴耶識之菩薩了知：**阿賴耶識非眞非妄，不可悟後永遠認作眞心**。

云何阿賴耶識非妄？此謂阿賴耶識即是將來成佛時之佛地眞如，即是佛地無垢識之前身；若無阿賴耶識之執持所熏修之無漏法種，則修學佛法者皆將唐捐其功；若無此阿賴耶識爲修行之主體，則成斷滅，則無將來諸地菩薩之第八持種識，則無八地至等覺位之第八異熟識，則無佛地之第八無垢識。由於阿賴耶識即是未來佛地眞如之前身，即是一切世間法與出世間法之根源，即是一切佛法之根源，三乘菩提皆是依此第八識阿賴耶而修行，是故阿賴耶識非妄。

然而若因此故，便說阿賴耶識是眞實無妄之心，則菩薩證悟此第八識阿賴耶心之後，便將不再修行，便將永遠不能成就佛地之功德，便會像淨耀法師因爲未悟阿賴耶識眞心故，便誤會大乘佛法之見道：**誤以爲開悟明心之時，便是已經成就究竟佛道了**。眞悟之人「若」有此邪見，因此則將不肯再修行，便將常住於般若之粗淺總相智中，不能證得一切種智。由此緣故，佛於《楞嚴經》中說：「陀那微細識，習氣成暴流；眞非眞恐迷，我常不開演。」《解深密經》中亦作是說。是故必須為諸已悟之菩薩開示：第八識阿賴耶雖是眞相識、實相心，然而此識中仍然有煩惱障之習氣種子隨眠深藏，有待菩薩悟後一一令其現行而進斷之；第八識中仍然有所知障之種種無量隨眠，要待進修一切種智而一一現證，將所知障中修所斷之上煩惱一一斷除之，然後方能將此本自存在，自體性常恆不變之第八識心所含藏之七識心種子轉變清淨，然後始能成為究竟佛地之第八識眞如——無垢識。

菩薩聞佛如是開示已，便知明心證悟之時，仍在因地，仍非是佛，便知應如何修斷第八識所藏種種有漏法種習氣或隨眠，轉易成究竟清淨之佛地眞如。如是，菩薩從佛聞法，現前細觀所證之自心如來體性，是否符契世尊所說？現觀已，了知佛說之屬實，便依佛說而次第進修，斷除自心如來所含藏之七識心種種有漏法種，而令第八識阿賴耶心，轉捨阿賴耶名，乃至轉捨異熟識名，終可成就佛地究竟功德。由是緣故，阿賴耶識非眞亦非妄，成就中道義。由是緣故，菩薩自知明心開悟之時仍非是佛，仍須進修三賢位所應修法，仍須進修諸地所應修集功德，不敢自稱爲佛，則不墮大妄語罪中。

既說第八識心中尚有剎那流注七識心種，及剎那流注自心種子以配合七識心之運作，則知阿賴耶識必定有剎那生滅流注之現象存在，然非是阿賴耶識之自體有生滅、有剎那流注，只是流注七識心種，只是流注自心之其餘種種功能性爾，自體仍是本於「**恆而不審**」之自性而住，不墮剎那剎那流注生滅現象中。然而眾生不了其義，聞佛說第八識之剎那流注七識心種、剎那流注自心功能種子，便誤以爲 佛說第八識自心本體亦是剎那流注而有者，便妄作種種誹謗之說，妄言**阿賴耶識爲是有生有滅之心**。此等誤會之說者，即是聖嚴法師、自在居士以前所說之法。是故，因地之自心如來，非眞亦非妄；愚癡少聞無慧眾生，不知如是甚深之理，便作阿賴耶識自體有剎那生滅之想，悉是墮於阿賴耶識所顯現之世間法表相之中，而作種種不如理作意之剎那妄想。

亦由如是緣故， 佛於《解深密經》中曾說：「**阿陀那識甚深細，一切種子如瀑流；我於凡愚不開演，恐彼分別執爲我。**」此謂第八識心能執持眾生色身，故名阿陀那識。而此阿陀那識體性，甚爲深細難證；又有無量數之種子，不斷流注而出，猶如瀑流一般流注不斷，是故能令眾生之八識心王在三界中現行，能令眾生身心中之種種體性現行運作而無阻隔，方得受報及造業於三界之中，故說「一切種子如瀑流」。

如是正理，必須親證自心如來之已開悟菩薩，方能眞實體解，能於聞法之後親自證實觀察故。如是微妙深細之理，彼諸二乘聖人不能理解，凡夫及諸外道更不能了知，是故聞 佛宣說如是正理時，往往滋生誤會，誤以為 佛所說之第八識自心如來——如來藏，即是外道所說之「常住不壞我」，是故 佛說「恐彼分別執為我」，即是此意也。

如是預記，不幸復又應驗於藏密黃教宗喀巴身上，不幸復又應驗於天竺密宗之寂天與月稱身上，今日不幸復又應驗於藏密法義弘傳者印順法師身上。彼等諸人不知不證自心如來，不知 佛說如來藏阿賴耶識「非眞亦非妄」之正理，以為 佛所說之如來藏即是外道所說之神我、梵我；是故便因如是邪見而大膽否定第三轉法輪諸唯識系一切種智經典為非 佛說，誣指二三轉法輪諸經為 佛滅後之佛弟子長期創造結集而成者。

然而古今眞正證悟之人，將二三轉法輪諸經，比對四阿含諸經時，卻發覺前後三轉法輪諸經所說者，唯有粗淺深細之別，絕無前後矛盾之處；

唯有側重二乘菩提與側重大乘菩提之別，絕無互相矛盾之處。而印順與達賴等密宗應成派中觀師，不知不解如是事實，卻以讀經時誤會之粗淺邪見，反而否定更深妙於四阿含之大乘經典，誣指爲非佛所說；更來否定二三轉法輪諸經所說之如來藏，誣爲同於外道神我、外道梵我。如是等人，即是經中　佛說「恐彼分別執爲我」之凡夫也；如是印順與達賴等人，皆是因爲錯誤之分別而將如來藏執著爲「外道我」者也。

大乘佛子若能證知如是深細刹那變易之眞正義理，便可以現前觀照蘊處界等法虛妄，便可以現觀三界中一切法悉皆虛妄，如是而斷我見與我執，如是而生起般若實相智慧，乃至生起一切種智之智慧，便可以歇息種種煩惱與亂想，便可以永遠如理作意而安住其心，乃至亦可以觀照自心如來**本來自性清淨涅槃**之寂靜境界，而使覺知心、思量心之自己，轉依如是寂靜境界而安住於中。轉依之後，如是安住其心，卻無妨不斷地生其心，以利益眾生，不辭辛勞。

從此可以遠離世間的有爲有作煩惱，而不妨投入世間一切有爲有作煩惱之中，以眞正之佛法三乘菩提而利益眾生，盡未來際恆如是行。此乃因菩薩開悟明心而復進修一切種智，乃至後來能如是現觀：**一切法皆是自心**

現量，一切法本非自有，本是如來藏種種自性中之局部自性，本屬如來藏所有，非可外於如來藏而有少法可得，是故一切法本是如來藏法。見聞覺知等一切法既然皆歸屬如來藏，而如來藏本自不生，本自不滅，是故一切法因如來藏故，亦是本來不生之法。佛子若能如是證知者，如是現觀者，即是證知 世尊所開示諸法刹那之眞正義理者，即入菩薩位中，成爲人間眞正之菩薩。

「物生則有滅，不爲愚者說；無間相續性，妄想之所熏。無明爲其因，心則從彼生，乃至色未生，中間有何分？」

一切粗細物質之色法，皆是有生之法；有生之故，將來則必有壞有滅。譬如密宗之觀想法，所觀想成功之本尊身，既然唯是自心如來配合六七識心之觀想運作而生之內相分，同於覺知心等有生之法；有生之法則必有滅，悉皆不能外於如是定理。然而一切物質色法出生之後，刹那刹那之間念念變異不斷；乃至能觀想之覺知心等法，亦是刹那刹那念念變異不停，如是事實眞相，如是刹那變異而歸於壞滅之刹那法， 世尊並非爲彼愚癡之二乘聖人而說者，更非是爲彼無智之凡夫而說者。

粗細物質色法及覺知心之刹那刹那流注，因而相續無間之現象，乃是由於無始以來之虛妄想所熏習，以致世世之六七識心不斷攀緣世間萬法，不斷執著覺知心及思量心之自我，是故不肯令如是虛妄之自我滅失，是故世世捨報之時，必令中陰身賡續出生，是故為令覺知心等繼續存在故，必令覺知心思量心藉著中陰身再度受生，藉此使得覺知心、思量心繼續現起存在；由如是不願令自我滅失之我見我執緣故，方有世世之受生與今世之覺知心我、思量心我如是現行。

覺知心、思量心之種子流注現行，內相分之種子流注現行，「微心」（註）第八識之眾多種子流注現行，皆是剎那剎那相續而生者，皆是後識心種賡續前識心種而剎那剎那相續出生者；如是剎那相續之過程中，他識種子不得插入其間；自識種子亦不能插入他識前後種子之間；是故，八識心王自識種子各各相續無間，於自識所應流注之處而流注之，同屬無間相續之體性，是故名為等無間緣。亦因自識種子之流注，必須前識種子滅謝已，後識種子方得流注至前識種子滅謝之處；若前識種子未落謝之前，自識之後識種子即不得流注於所應現行之處；而自識種子流注時，亦不得有自識之兩個種子同時流注而出，必定是自識前後種子依序一一流注，無有二識種同時併出者。由是種種緣故，說為等無間緣，要須前識種子滅謝而空出其位，方得令後識種子現行於其位故，相等無間而流注故，說爲「無間相續性」。（註：第八識之覺知性極爲微細，故佛門唯識家常名之爲「微心」。此謂第八識以其五遍行心所法在六塵外之種種法中運作，非凡夫及二乘聖人所知故。）

如是無間相續性，之所以自無始劫以來恆常如是存在，恆不消失者，皆因六七識心無始以來之無明熏習，故有此世如是刹那刹那相續流注不斷之現行，而令覺知心、思量心不斷現行運作，不肯歇息。由是緣故，佛說「無間相續性，妄想之所熏。」是故，無明即是諸識種以及諸相分種之刹那流注相續因。由無始以來之如是無明熏習故，令八識心王之種子流注現象不斷地流注出生又不斷落謝，因之而使吾人之八識心王，緣於無明種子、無明隨眠而出現於人間。

若人有智，詳細加以探究：推究至吾人之色身尚未被如來藏創造之前，尚在受精卵位之時，於此世色身尚未出生之際，豈有色身可言？豈有覺知心可言？豈有離念靈知可言？如是時，尚無色身與覺知心，豈有廣大神通可言？豈有三界中之六塵萬法可言？如是際，何有身分與覺知心之存在？既無身分與覺知心存在，尚有何法而可執著？由是緣故，佛說：「乃至色未生，中間有何分？」此時尚有何覺知心之分量？尚有何五塵等法之分量？

「相續次第滅，餘心隨彼生，不住於色時，何所緣而生？以從彼生故，不如實因生，云何無所成，而知刹那壞？」

吾人生於人間已，一旦清醒之時，八識心王之各識種子皆從第八識中同時流注而出；內相分的五塵種子，也是這樣的從自心如來中，同時不斷的流注而出；由於自心如來如是相續無間之流注一切種子，故使各識之後念識種，緊隨前念識種之滅謝，而繼於其位生起現行。如是依附色身五根而令六識心及末那識、阿賴耶識等識種次第出生，又復次第滅謝。如是，前念、此念、後念識種，刹那刹那相續流注而不斷滅，故令吾人得以了知六塵萬法；同理，吾人八識心王之一切後後念心識種子，亦如是隨於前前念之心識種子而不斷出生現行，皆須依於完好不壞之色身五根方能現行運作。然若不依不住於此人間色身五根時，則吾人之見聞覺知等心識，則不能依附於任何外緣而出生在人間。此乃因人類之覺知心等見聞知覺性，即是以彼色身爲緣方得出生故，即是以彼色身五根爲俱有依，方得流注人類之八識心王種子於人間故。

然而人類之色身五根，非是法界之正因，非是常住不壞之法，是故：

依此色身五根爲俱有依，方得出生之見聞覺知心，即無可能爲從**非如實因**之色法五根出生者。覺知心所依之五根，既是無常有爲之法，則顯然非是覺知心等六識之如實因，則顯然覺知心等六識心非是從所依之五色根而出生者，只是作爲俱有依而已，必定別有如實因爲其出生之根源。五色根之色身，既非見聞覺知心等六識心之如實因，則彼諸多外道，則彼諸多佛門內「外於實相心而求佛法」之**心外求法**外道，何可強言一念不生之覺知心爲常住不壞法？何可強言離念靈知爲常住之實相心？當知所依之俱有依五色根尚且虛妄，尚且墮於非如實因之邪謬中，何況能依之見聞知覺等六識性？云何是萬法之如實因？理不得成，墮於顚倒想中。

如是，今時台灣、大陸，悉有諸多佛門外道，身著僧服而不思體究萬法實際之眞實義，唯事世間有爲有作諸行，唯在意於佛教表相諸法，唯認見聞知覺之六識性爲實性，唯認離念靈知心爲法界之「如實因」，其實皆墮於「非如實因」之中。彼等諸人以如是「非如實因」，加以推演所得之種種「佛法」，豈是眞正佛法？如斯等人，以如是「非如實因」之理，而欲了知 佛所宣示之剎那生滅之正理，實無可能貫通三乘菩提正理；如是不正確之道理，絕無可能成就。由是緣故， 世尊責言：「爲什麼憑著這種不能如理成就的道理，而能了知我所說的剎那壞滅的眞實義？」

「修行者正受，金剛佛舍利，光音天宮殿，世間不壞事；住於正法得：如來智具足，比丘得平等，云何見剎那？犍闥婆幻等，色無有剎那，於不實色等，視之若眞實」：金剛三昧之正受，乃謂佛教修行者所親證之明心境界正受，乃謂中國禪宗眞悟祖師所悟證之般若智慧。如是般若智慧所親證之標的，即是一切眾生悉皆各各自有之自心如來。由自心如來性如金剛，常住不斷，永不磨滅故，凡證得此心者，皆得現觀此心之性如金剛永不磨滅，故說親證之後而能安住不疑不退者，即是證得金剛三昧也。

世間法所傳說之金剛，乃是三界中之不壞法；此乃相對於無常變異極爲快速之世間法，而言其爲金剛，而言其具有奇特性。以應身而示現於人間之諸佛，滅度後火化所遺留之舍利，亦如金剛，無人能壞之；唯能令之消失，轉移至有緣人之住處，如是常住於人間天上而令眾生起信，而令眾生好樂信 佛、見佛，故說佛舍利有奇特性。亦如光音天人所住之宮殿，乃是三界世間中，與其他境界相待之常而不壞事相—相待於下界諸天而言，乃是常住而不壞者，謂之爲世間事物之奇特性。

若有佛子住於正法之中，緣熟之時獲得如是證境：如來之無上智慧已經具足親證（具足悟明眞心與眼見佛性之境界），亦即是具足涅槃實際之現觀，亦具足自心如來鑑機照用、應物現行之佛性「無漏有爲法」之現觀。如是比丘，即是已經證得諸法平等智慧之人；如是之人，若依自己之證境而言，必定不說諸法有剎那生滅，必定如是宣說：「諸法依如來藏而言，其實未曾有生滅。」必定如是宣說：「一切法皆是自心現量，所以沒有生滅可言。」唯除爲令衆生遠離蘊處界我常而不壞之惡見，唯除欲令衆生遠離我見我執，方言十八界法悉皆無常生滅，始說二乘菩提而令衆生現觀十八界法之虛妄，令證二乘菩提解脫果。

然於衆生證得二乘菩提之後，佛必定會隨即爲此等二乘聖人宣說：「十八界法其實虛妄，根本就是自心如來所顯現；而自心如來常住於涅槃境界中，流注如是十八界法等種子，而令衆生得以在三界中受諸苦樂，以及造種種善惡業，如是實現因果律。所以十八界法其實都是自心如來所顯現的表相，其實仍是自心如來所含藏的部份功德性而已。」如是而言自心現量境界，令生大心而迴向大乘教的佛菩提道；以如是方便善巧，先引入二乘菩提中，再引入究竟佛法中，如是安置衆生於佛法中。

猶如海市蜃樓，亦如魔術師所變幻之種種色像，吾人所親見之種種色相色塵，依二乘菩提言之，皆是生滅有爲之法，生已必歸壞滅，無一法非如是；此是世間眞理極成，故名世俗諦。然若依自心如來本體而言，其實本無刹那生滅可言。猶如明珠表面所顯現之種種色像，猶如大水晶珠表面所顯現之種種色像，亦如明鏡表面所顯現之色像一般，都只是珠體明鏡表面所顯現之色像，不斷地在珠體明鏡表面生住異滅，恆常如是；而此珠體或明鏡上之色像，其實只是珠體明鏡所出生之法，不能外於珠體明鏡而有如是色像，所以說色像其實只是珠體與明鏡之一部份；既是珠體明鏡之一部份，則依珠體或明鏡自身而言，如是色像與珠體或明鏡一般同爲無生滅性。

但因眾生不了明鏡所在，墮在影像色塵上，墮在明鏡表面所顯影像之形色淺深廣狹青黃赤白中，不知其實只是明鏡之表面影像，根本是平面之法，而以爲明鏡中之影像確有淺深……等，卻不見明鏡之存在，因此而執影像爲實有；智者爲令愚癡無智眾生了知明鏡影像虛妄，方有智慧去探究明鏡之自體，所以必須先令眾生了知表相所顯影像之虛妄，所以專就色塵像而爲眾生宣說：色塵像虛妄，不應執著色塵像。又因眾生愚癡，不能聞則了知，便又施設種種方便法，令眾生了知明鏡表層所顯色像之虛妄。眾生聞已，如實觀行，則知色像虛妄，不再執著色像爲眞實法，此即佛法中所說之二乘菩提：眾生聞知十八界法（色像）等，皆是虛妄法，因此而不再執著十八界法等自心如來所顯色塵相，便得解脫於十八界法之繫縛，得以出離分段生死苦，成阿羅漢，證解脫果。

證解脫果已，佛即於因緣成熟時，爲諸阿羅漢宣說：「十八界法皆只是在自心如來表層上所顯現之色塵相，色塵之相固然虛妄，然卻是自心如來所經常顯現之相，在自心如來之表層上不斷生住異滅，輪替變換而不停止；所以自心如來方是眞正之實相，所以，能令人親證自心如來，而得了知法界萬法之眞實相者，方是究竟法，這就是大乘教的佛菩提道。」有智慧之阿羅漢聞 佛宣說已，隨即了知如是正理，迴入大乘，修學大乘法之佛菩提道；無智慧之阿羅漢，聞 佛如是說已，則不信受，是故法華會上仍有五千聲聞羅漢退席，其故在此；如是等人，便成爲決定性之聲聞人，決定不迴心於大乘法中故。如是，阿羅漢尚且於大乘法有疑，尚且有疑於佛而不能完全信受，末法時之福德欠缺者，往往因惡知識故而退轉於佛菩提智的事，也就無足爲奇的了。

是故，十八界法皆是在自心如來本體之表面上所顯現者，由於不能證解**自心現量**的緣故，所以就對不眞實的色法等等，看作是眞實有的色相，而說一切色相都有刹那生滅。如果是定性聲聞的阿羅漢等聖人，唯能了知自心如來表面上之六根與六識界法等影像虛妄，而不能了知此等十二界法等影像皆是以自心如來爲體，而在自心法體之表面上出現；更不能了知自己所接觸到之六塵法，其實也是自心如來所變現者，只知六塵是無常虛妄法，所以不應執著貪愛，就會認爲色塵等法是在心外實有，而不肯接受「**色等六塵其實是自心如來所變現、所顯發**」的事實，所以只能斷除我見我執而出三界，不能親證佛菩提所說法界體性之實相，不能發起般若智慧，當然更不能成就佛菩提果；由此緣故，不能了知法界實相，不能顯發般若智慧，所以雖名爲聖，不名爲凡，然在大乘法中仍是愚人。如是等人，名爲不知、不解、不證「自心現量」者，名爲愚人，或名大乘別教法中之凡夫。

由於大乘菩薩親證「十八界法及一切法皆是自心如來本體表層上所生顯之法」，故其見地異於二乘定性聲聞，能由實相自體來看待十八界法，能由實相自體來看待二乘菩提之解脫道，便能全部匯歸於自心如來，便能由自心如來之常住不滅，而得明瞭十八界…等一切法皆是自心如來所蘊含之無量數功德中之法，皆是依於自心如來而有生住異滅者，本無自體，唯是自心如來所顯之部份自性爾。既如是，則十八界…等一切法，本無所謂生滅可言，本無刹那生滅可言，唯是自心現量罷了。如是，菩薩觀見一切法悉離刹那，而不妨觀見一切法於三界中之刹那刹那生住異滅。凡夫不了菩薩如是現觀境界，執著十八界…等法爲實有，是故「**於不實色等，視之若眞實**」。

二乘羅漢愚人，不了菩薩所證之自心現量境界，以爲六塵外法實有，不了自己所觸六塵唯是自心如來所現內法，以爲自己所觸知之六塵爲外六塵，是故依於外六塵之刹那變異，而墮於刹那見中；亦不知離念靈知、時時思量之覺知心…等六根六識乃是自心如來之局部體性，墮於現象上之刹那生滅表相，便言十八界等法皆是刹那生滅者，便言一切法皆是刹那生滅者，墮於刹那見中。菩薩親證自心現量已，現觀十八界法及一切法皆是自心如來所含藏之無量功德法中之局部，本屬常恆而無刹那生滅之自心如來之無量功德，如是親見已，則離刹那與非刹那二邊，不墮世俗凡夫與二乘愚人之境界中，名爲證得道種智之聖者。

爾時大慧菩薩復白佛言：「世尊！世尊記阿羅漢得成阿耨多羅三藐三

菩提，與諸菩薩等無差別。一切衆生，法不涅槃，誰至佛道？從初得佛，至般涅槃，於其中間不說一字，亦無所答。如來常定故，亦無慮，亦無察，化佛化作佛事，何故說識剎那展轉壞相？金剛力士，常隨侍衛，何不施設本際？現魔魔業、惡業果報、旃遮摩納、孫陀利女、空缽而出，惡業障現；云何如來得一切種智，而不離諸過？」佛告大慧：「諦聽！諦聽！善思念之，當爲汝說。」大慧白佛言：「善哉！世尊！唯然受教。」佛告大慧：「爲無餘涅槃故說，誘進行菩薩行者故。此及餘世界修菩薩行者，樂聲聞乘涅槃，爲令離聲聞乘，進向大乘，化佛授聲聞記，非是法佛；大慧！因是故，記諸聲聞與菩薩不異。大慧！不異者：聲聞、緣覺、諸佛如來煩惱障斷，解脫一味，非智障斷。大慧！智障者：見法無我，殊勝清淨；煩惱障者：先習見人無我斷，七識滅。法障解脫，識藏習滅，究竟清淨。因本住法故，前後非性，無盡本願故，如來無慮無察而演說法；正智所化故，念不忘故，無慮無察；四住地、無明住地習氣斷故二煩惱斷，離二種死，覺人法無我及二障斷。大慧！心，意、意識、眼識等七，剎那習氣因離，善無漏品離，不復輪轉。大慧！如來藏者，輪轉、涅槃、苦樂因，空亂意慧愚癡凡夫所不能覺。大慧！金剛力士所隨護者，是化佛耳，非真如來。大慧！真如來者，離一切根量：一切凡夫、聲聞、緣覺及外道根量悉滅，得現法樂住『無間法智忍』故，非金剛力士所護。一切化佛不從業生，化佛者非佛，不離佛。因陶家輪等眾生所作相而說法，非自通處說自覺境界。復次大慧！愚夫依七識身滅，起斷見；不覺識藏故，起常見。自妄想故，不知本際；自妄想慧滅，故解脫。四住地、無明住地習氣斷故，一切過斷。」

疏：《爾時大慧菩薩又復向佛稟白言：「世尊！世尊曾授記部份阿羅漢可以成就無上正等正覺，與諸證悟般若之菩薩相等而沒有差別。有時又說一切眾生，修證佛法而其實不入涅槃，那麼又是誰能證得涅槃而進入佛道？世尊有時又說，從菩提樹下初得成佛，直到般涅槃，於這四十九年中間，從來不曾說過一個字，也不曾以言語答覆過任何人。而且，猶如上來世尊所言：如來常在定中的緣故，也沒有思慮，也沒有覺觀之觀照，只是以化現的佛來化現而作種種的佛事；那又爲了什麼緣故而宣說諸識的刹那展轉壞滅之法相？金剛力士，恆常隨侍衛護者，既然是化佛，爲什麼緣故而不施設本際使眾生得見？此外，世尊又示現有天魔來擾亂，以及現有魔業之困擾，又在自己身上顯現了惡業的果報、旃遮摩納與孫陀利女的故意誹謗、以及乞食未得而空缽出城，有如是等種種惡業障礙之示現；爲什麼如來已經證得至高無上之一切種智，而仍然不能遠離如是種種過失？」

佛告訴大慧菩薩：「諦聽！諦聽！善思念之，當爲汝說。」大慧白佛言：「善哉！世尊！唯然受教。」佛告訴大慧：「我是爲了令眾生親證無餘涅槃的緣故，而說阿羅漢可以成就無上正等正覺，也是爲了誘進那些行菩薩行的人應該要親證涅槃的緣故，而說阿羅漢得成無上正等正覺。此世界以及其餘世界中，修學菩薩行的人，有一些人是好樂於取證聲聞乘的無餘涅槃的，我爲了令此等菩薩遠離聲聞乘的必定取滅，令他們進向大乘，故以化身佛如是授與聲聞羅漢成佛之記，令不入涅槃，非是法佛之身分來授與如是記；大慧！因爲這個緣故，我授記諸聲聞與菩薩不異。

大慧！不異的意思是說：聲聞、緣覺、諸佛如來，都同樣是已經把煩惱障的現行斷除了的，所證得的解脫是同一種法味的，但這並不是說聲聞、緣覺、如來都是同樣的斷除了所知障。大慧！斷除了所知障的意思是說：親眼觀見諸法的無我，證得最殊勝、最清淨的境界。煩惱障斷除的意思是說：先前在世俗法所熏習而產生的實有人我存在的邪見，已經斷除了，證得人無我，捨壽時滅卻七識心。

對於諸法究竟實相證知上的障礙，已經解脫而不存在了；識藏的刹那變異的習氣也已經滅除了，究竟清淨了。因為證得本來已經常住的法的緣故，所以悟前與悟後所認知者並非同一法性；又因為無窮盡的本願的緣故，所以如來不作任何的思慮預備，也不作對於自己有無利害的觀察，如是而隨時隨地演說深妙正法。這是因為眞正勝妙的智慧所化現的緣故，也是由於所修過的一切法都能憶念而不忘失的緣故，所以如來無慮無察而演說種種正法；如來對於一念無明的四種住地煩惱的習氣種子已經斷盡的緣故，對於無明住地所產生的無明習氣已經斷盡的緣故，起煩惱與上煩惱都已經斷盡，已經遠離分段生死與變異生死，覺悟人無我與法無我的究竟義理，煩惱障與所知障都斷盡了。

大慧！如來藏心，以及意根、意識、眼識等七識心，如果種子刹那變異的習氣因已經遠離了的話，善品諸法與無漏品諸法的執著也都遠離了以後，就永遠不會再輪轉生死了。

大慧！如來藏這個心，才是眾生輪轉生死、取證涅槃、受三界苦樂的正因，這個道理，是那些執著**一切法都空的迷亂意識智慧**的愚癡二乘聖人和凡夫們所不能覺悟的眞理。

大慧！金剛力士所隨護的佛，乃是自心如來所化現的佛而已，並不是眞正的如來。大慧！眞正的如來其實是自心如來法身，祂是遠離一切六根、遠離一切世間六塵境界的：一切凡夫、聲聞、緣覺，以及外道所墮的六根現量的錯誤境界，全部都滅除了，證得**自心如來**現前的法樂，而住於『不會有間斷的法的智慧中而能安忍』的緣故，這樣的自心如來才是眞如來，這不是金剛力士所能護持的佛。

一切化現在人間的佛，也都不是從往世所造的業果而出生的；但是**化佛雖然不是眞正的佛，卻也不離眞正的佛**。就如同世人因爲製陶的人家所有轉輪等事相而成就陶器一樣，而說陶器是如何製成的；化佛所說的法也是一樣，從事相修行上，說諸佛是由眾生在道業上所作的種種修行的法相成就，如是而爲眾生宣說佛法；所說者，並非從如來所自證通達之內證境界來說自己所覺證的境界。

復次大慧！沒有智慧的愚癡凡夫們，依於佛所說的七識身滅即是解脫，而生起了斷滅見；或者是因爲不能覺證到確實有識藏存在的緣故，因此誤會而生起常見外道的惡見。這些都是由於自己所作的虛妄想的緣故，不能證知**一切法界的本際**而產生的。如果自己所產生的虛妄想的**邪分別慧**滅除了，就因此而得解脫生死輪迴。由於四種住地煩惱，以及無明住地上

煩惱等等習氣都斷除了的緣故，一切的過失也就全部斷盡了。」》

解：爾時大慧菩薩復白佛言：「世尊！世尊記阿羅漢得成阿耨多羅三藐三菩提，與諸菩薩等無差別。一切衆生，法不涅槃，誰至佛道？從初得佛，至般涅槃，於其中間不說一字，亦無所答。如來常定故，亦無慮，亦無察，化佛化作佛事，何故說識剎那展轉壞相？金剛力士，常隨侍衛，何不施設本際？現魔魔業、惡業果報、旃遮摩納、孫陀利女、空鉢而出，惡業障現；云何如來得一切種智，而不離諸過？」此段經文所說，乃是大慧菩薩爲諸唯觀表相之無智學人而故意請問於佛者。

世尊曾授諸阿羅漢菩提記，謂彼等將來幾許劫以後成佛，佛名如何，弟子若干人，正法、像法、末法住世久暫……等等。然而若人未曾迴心大乘之前，世尊悉不爲之授如是記。迴心大乘之人，若猶尚未證得解脫果者，亦不爲之作如是授記。

然而授菩提記者，乃是證悟般若智慧以後之事；迴心大乘之聲聞聖者，若猶未親證自心如來者，終究未能了知般若實相之正義，則尚不能發起般若智慧；如是等人，所證法道粗淺，完全不能知解菩薩所證悟之般若智慧爲何？完全不能知解法界之眞實相，根本不可能成佛，如何可能將來成佛時之證境與諸菩薩成佛時相等而無差別？既然如是，云何 世尊卻為之授菩提記？學人於此不免生疑，是故大慧菩薩為諸學人而作此問。

復次，世尊於經中曾說：一切眾生，都是不能入涅槃的（詳見拙著《邪見與佛法》之解說）。既然不能入無餘涅槃，那又有誰能修行而進入究竟佛的境界？成佛是必定要親證涅槃的啊！由於眾生不能解了涅槃之眞實意旨，是故生諸狐疑，誤會 佛意，便有種種不如法之說。由是緣故，大慧菩薩憫諸後世眾生，便向 佛作此問，請 佛開示正理。

復次，世尊曾於經中言：**我始從菩提樹下成佛，至於後時化緣圓滿而入般涅槃，於此二時中間，不曾說一字，不曾答人一語。**若 世尊從來不曾言說者，卻又明明前後三轉法輪所說諸法，言語無量無數；卻又答覆諸弟子，答覆諸天天人與天主之所問法。此又是何故？未悟般若之大眾，恆有此疑，是故大慧菩薩為大眾而作此問。

復次，世尊又曾說：**如來常在定**。又說「**如來無慮亦無察，由化佛而化現種種佛事**」，然而今者 世尊卻又廣說「**識藏之八識心王有種種剎那展轉變異而壞滅之法相**」，如是廣說者，顯然已是有慮有察之境界，似又不是常住定中者，似有自相違背之處。眾生未悟般若之前，於此常有疑問，由是緣故，大慧菩薩爲諸有疑眾生而問於佛，請佛解疑。

佛有時說：「金剛力士所常隨奉侍而護衛者，乃是化佛，不是眞佛。」既然如是，則應種種施設而令大眾了知眞佛本際，爲什麼卻不作如是施設而令大眾普皆知悉**眞佛**在何處？未悟之人常有此疑，錯悟之人亦復如是，是故大慧菩薩爲諸大眾而作此問，請佛開示。

復次，釋迦成佛以來，往往顯現有魔來壞法，亦顯現有魔在佛教中出家而方便造種種破法之惡業；復又顯現有往世惡業之果報，譬如旃遮摩納、孫陀利女、乞食不獲而空缽出城，以及因爲往世惡業而有障礙出現等等。然而世尊既已成佛，則應係惡業已經消亡，云何如來已經證得一切種智，而卻仍然不能遠離如是種種過失？大慧亦是爲諸末法少信眾生而問，請佛開示，以利眾生。

佛告大慧：「諦聽！諦聽！善思念之，當爲汝說。」大慧白佛言：「善哉！世尊！唯然受教。」佛告大慧：「爲無餘涅槃故說，誘進行菩薩行者故。此及餘世界修菩薩行者，樂聲聞乘涅槃，爲令離聲聞乘，進向大乘，化佛授聲聞記，非是法佛；大慧！因是故，記諸聲聞與菩薩不異」：

於大慧菩薩所提第一個問題，世尊開示如是：一者，有諸菩薩雖得親證般若智慧，然卻因爲不修證二乘所證之有餘涅槃，是故不在修除性障上有所用心，由是緣故，我見雖斷，般若慧雖生，而不勤於斷除我執煩惱；由此緣故， 佛爲諸已證解脫果而未悟般若之聲聞羅漢授菩提記，令諸已悟而不事修除性障我執之菩薩，作是菩提記，令生欣羨而精進斷除思惑，唯餘最後一分思惑不斷，則能性障永伏如阿羅漢，則能住持佛教正法於人間也。否則菩薩證悟般若之後，悉不修除性障，悉皆不肯斷除我執煩惱，則住持正法於人間時，便將常有貪瞋等不良事行，因此往往致令衆生起於懷疑及煩惱；由是緣故， 世尊授諸聲聞菩提記，令諸菩薩亦應求證聲聞涅槃而不取滅度。

二者，亦爲當時及未來世中，諸多尚未證得般若，亦未證得解脫果之凡夫菩薩，故意作如是授記，以令如是凡夫菩薩中，有諸常樂取證聲聞涅槃者，聞如是授記已，不復專樂聲聞涅槃，而得迴心進趣於大乘佛法；將來設使心中好樂聲聞涅槃，而能取證解脫果，證已之後亦將不致於即取滅度，而能發起受生願，留惑潤生，常住人間繼續修學佛菩提，最後終得成就佛道；亦因常住人間之故，而能住持大乘菩提正法，廣利有緣衆生。由如是二種緣故，化佛爲諸聲聞羅漢而當衆授與菩提記，並且授記諸聲聞將來所證佛果，與諸菩薩不異；而諸聲聞皆因如來授如是記故，多數迴心大乘法中而得證悟佛菩提。

「大慧！不異者：聲聞、緣覺、諸佛如來煩惱障斷，解脫一味，非智障斷」：世尊爲諸聲聞所授之佛菩提記，與菩薩不異，其眞意爲：聲聞、緣覺、諸佛如來，已經同皆斷除煩惱障之現行，所證得之解脫功德，乃是同一種法味而無差異。聲聞、緣覺、諸佛如來，所證得之無餘涅槃境界，皆無所異：同是出離三界生死輪迴。若入無餘涅槃時，其境界皆同：唯有第八識如來藏獨存，皆無十八界及藉緣十八界而生之一切法。亦皆同是離見聞覺知之絕對寂靜，同是滅除七識心等十八界我之無我境界，同是清淨無染，同是遠離身行、口行、意行等行，同皆不墮行苦之中。聲聞、緣覺、菩薩等三聖，若入無餘涅槃之中，解脫涅槃之境界悉皆如是，迥無差別。由是緣故，說聲聞、緣覺、諸佛如來，同皆是斷盡煩惱障之現行，所證得之解脫境界，同是如此唯一之法味，並無不同，故爲聲聞、緣覺而授佛菩提記。

然而佛作是說，並非亦謂聲聞、緣覺、如來於所知障亦皆斷除，故說爲同。此謂聲聞、緣覺等人，皆猶未破、未斷所知障，是故並無般若智慧，唯有修證解脫果而證得之盡智與無生智等十智，未曾發起般若智慧，不能了知法界萬法體性之實相。是故，聲聞、緣覺等人所證解脫果之境界，雖然同於菩薩與諸佛如來，迥無差別，而於所知障——智障——則未知、未破、未斷。所知障未破者，謂二乘人尚未親證自心如來，是故對於萬法之生起所由，未能現前觀察而了知之，故說定性二乘人未斷智障。

「大慧！智障者：見法無我，殊勝清淨；煩惱障者：先習見人無我斷，七識滅」：智障者，又名所知障。以往常有法師居士不解佛法中之粗淺之義理，便自謂是證悟之人，心中欲求廣大佛子之恭敬供養，便以大師之姿態示現於大眾眼前，更作胡言亂語，將所知障亂解錯說，誤導眾生。譬如聖嚴法師如是開示所知障之義理：《「所知障」是**被自己原來的知識學問蒙蔽，產生先入為主的觀念，然後以這個觀念的框架來批評、否定宗教**，妨礙了宗教信仰的道德實踐和內心的體驗。他們自認是站在純客觀立場，其實，局內人可能不客觀，而局外人不明究裡的評論，也未必就能客觀，**怕就怕所知不多而自以為無所不知**。不但對他自己形成了障礙，也可能誤導他人而成為信仰宗教的障礙。》（東初出版社一九九九年聖嚴法師著《人行道》頁24）

如是而說所知障，完全悖離世尊所言之智障——所知障。所知障乃是佛教界通俗之佛法名相，正統之名相乃是智障，意謂法界體性智慧修證上之障礙也。今者聖嚴法師身為中華佛教文化館主人，身為法鼓山事業集團領導者，身為中華佛學研究所之所長，竟然對於末悟般若之老修行者皆能知悉其義之所知障之內涵，也能誤會至如是嚴重之地步，眞可謂是不可思議之事也。

由是緣故，便令其座下之四眾弟子隨之誤會所知障之正義，便皆隨於聖嚴法師而同墮世俗知見中，由如是誤會佛法故，則必將對大乘佛法之般若禪法，產生盲修瞎練之觀念與行門，實屬必然者也！

所知障之摧破，乃是禪宗之開悟明心也。所知障之所障蔽者，主要在於障蔽法界萬法體性之了知，主要在於矇蔽眾生對法界實相之親證。而法界萬法體性之實相者，即是自心如來也；若人能得親證第八識自心如來，則能漸漸深入細觀萬法悉皆直接或間接由第八識自心如來生起與顯現。由如是證知之故，則所知障已破。是故所知障者，乃是指修行人對於法界實相之認識與現觀上，由於未能親證自心如來故，對法界體性之眞正本質所知不足，因此而在了知般若實相上面產生障礙，導致對於般若實相無所了知，名為所知障。

所知障所障礙之內涵，完全是障礙對於法界萬法體性實相之了知，非是聖嚴法師所指世間事相上諸法、或是世間法上種種內幕等事之無所了知也。聖嚴法師對此智障內涵竟然全無所悉，復又不肯虛心置之，竟強加解釋，更印入書中廣泛流傳，便成為佛門老修行人間之笑談資料也。

如是，所知障之斷除者，乃是親見法無我之事實，所證得之般若實相智慧極為殊勝、極為清淨，迥異二乘菩提之修證者。所知障所障礙者，乃是不了知法界體性之眞實相；法界體性之眞實相，即是：「一切世間法與出世間法，乃至出世間上上法，皆是自心如來所生、所顯之事實。」是故，如是證知，而且進修種智而至初地通達位，則可以次第進修而漸至究竟佛地。如是修證者，於世間法之蘊處界及蘊處界所生種種法，悉得了知；亦於世間法之蘊處界及蘊處界所生種種法之虛妄緣起、無常歸空等「諸法空相」，悉得了知，因此而證知出世間法之二乘菩提；亦於八識心王之體性具足了知，亦於第八識自心如來所蘊含之無量種子之多分或全部了知，因此而了知三界世間法及器世間之成住壞空等原理，故名出世間上上法。

舉凡如是智慧之了知與親證，都由親證自心如來——第八識阿賴耶——而漸漸進修具足；若未證得自心如來者，則不能打破所知障，則不能進修般若別相智與一切種智。由親證自心如來故，能現觀一切世間及出世間法悉由自心如來所生所顯，是故能了知萬法之法界其實就是唯一自心如來之法界，亦因是故而能了知爲何 佛說**唯一佛乘**之原由也。

如是正理，聲聞與緣覺等二乘聖人，皆無法了知，故說二乘菩提非是究竟，亦非殊勝。此謂二乘菩提之親證者，彼諸聲聞與緣覺等聖人，唯能了知**諸法空相**，不能了知**諸法空性**。諸法**空相**者，謂吾人蘊處界等十八界法，悉皆無常變異，必將歸於壞滅空無，何況此等蘊處界法所衍生之萬法？何況十八界法所生之我所等法？更是無常變異、必歸壞滅之法，是故《心經》說「諸法空相」。

諸法**空性**者，謂「諸法空相」中所說之諸法，皆因**自心如來**而直接或間接出生，自心如來即是諸法空相之根源所在，即是萬法緣起性空之根源，是故說爲法界體性之實相。而此自心如來，卻無形無色，迴無色相形處，亦不思量自己而不起我執，亦不了知自己及六塵萬法而常住離見聞覺知之絕對寂靜境界，亦不了知諸法而起分別，亦不出生亦無死滅而常住涅槃境，故名空性。自心如來雖名空性，然而諸法卻是此空性藉緣而生，從來不能自外於空性心而獨自存在，本屬空性心之局部內涵，本皆攝屬空性心；由於自心如來有如是能生萬法之體性，故說諸法**空性**。自心如來所以名爲**空性**，而非斷滅空者，謂此第八識心一法，能藉緣而生諸法故。大乘菩提之親證者，如是證知一切法界之如是實相體性，而了知一切世間與出世間法皆是無常性，皆是自心如來所生顯者，皆非眞實，是故無我；亦見蘊處界所輾轉出生之一切法悉皆由自心如來所生，若有人「於一切法中推求實有世間人所說之常住不壞我」者，毫不可得；又現觀自心如來之體性，常住於無我境界之中，從無始劫以來根本就無我見與我執，根本就不起人我見與法我見；乃至根本就不與人無我、法無我等智慧及見解相應，諸佛與諸菩薩，由是而證得法無我。如是事實之親證與現量境界，二乘聖人悉皆不能了知，是故二乘菩提非究竟、非殊勝；是故說大乘菩提是究竟法、是殊勝法，此即是斷除所知障時所斷除之無始無明也，是故禪宗明心之人即是打破所知障之人也，是故諸　佛即是究竟斷盡所知障之聖者也。由是緣故，　佛說：「**智障**（所斷）**者，見法無我，殊勝清淨。**」

斷除**煩惱障**者：謂修學佛法之前，於世俗法上所熏習而產生之「實有人我存在」之邪見，已經加以斷除了，因此證得人無我，捨壽時滅卻七識心而入無餘涅槃。此謂二乘菩提修證者，聲聞緣覺諸聖，修證之菩提道果，唯是在蘊處界等人我上，現前觀察衆生十八界法，一一現前觀察其虛妄，一一現前觀察其緣起必滅；由是緣故，與世人同一熏習「覺知心常住不壞、世世流轉」之我見斷除，與常見外道所熏習「離念靈知常住不壞、世世流轉，即是涅槃心」之我見斷除，與佛門內之常見外道所熏習「一念不生之覺知心常住不壞、世世流轉，即是涅槃心」之我見斷除，與佛門內或佛門外之常見外道所熏習「處處作主之心常住不壞，即是涅槃心」之我見滅除；如是滅除我見已，即成聲聞初果，即可現觀及檢查自己之三縛結已斷。如是名爲煩惱障之初步斷除。

次後再觀自己：斷除我見之後，猶有衆多執著未能斷除，所謂欲界貪愛、欲界法中所生種種瞋、無色界境界中之意識細心之自我執著。如是現前觀察已，次第斷除我執，即成聲聞四果人。如是現前觀察者，要依四念處法而修觀行，令斷我見與我執。斷盡我執已，捨壽時，則完全不執著自己，願令自己之十八界等法一一消滅，永不復現，是故滅卻七識心，永滅不現，成爲無餘涅槃。是名煩惱障斷者，是故佛說：「**煩惱障（斷）者：先習見人無我斷，七識滅。**」

「法障解脫，識藏習滅，究竟清淨。因本住法故，前後非性，無盡本願故，如來無慮無察而演說法；正智所化故，念不忘故，無慮無察；四住地、無明住地習氣斷故二煩惱斷，離二種死，覺人法無我及二障斷」：

假使佛弟子，已經解脫於諸法究竟實相證知之障礙；其後又經由悟後之進修，而令「識藏」名所攝之八識心王種子剎那流注變異之習氣隨之滅除，已至究竟清淨而不再有任一種子可以進修而變異者，即是究竟清淨者。若如二乘聖人之唯斷煩惱障之現行，而不能斷除自心如來中之煩惱障習氣種子，則非是究竟清淨者；唯有菩薩依 佛所說而進修一切種智，並於進修一切種智之過程中，也同時在歷緣對境中修除一切煩惱障之習氣種子，直至佛地究竟清淨時，「識藏」名所言之「八識心王種子剎那流注而可再變異新種子之變易習氣」已經滅盡，則觀察因緣而受生於人間，示現人身而修學佛道及與成佛。

如來由於如是究竟清淨故，亦因為所證得者為本來已經常住之如來藏法之故，所以**悟前**與**悟後**所認知者並非同一法性；悟前所認為常住不壞之法性，譬如離念靈知心…等，其實是緣起變異而終歸壞空之無常法；悟後了知此是無常法，而轉依**悟前即已常住**之如來藏不壞法性。由如是證悟而轉依故，如來不須思慮觀察之後再爲衆生演說了義正法，可以從自心中直接流露而爲衆生宣說。

亦因如來依於二大無量數劫之前，在初地入心時所發無窮盡之本願故，如來不須作任何思慮與預備，亦不作宣演妙法時對自己有無利害之觀察，如是隨時隨地而爲衆生演說深妙正法。如來能如是無慮無察而爲衆生宣演微妙正法者，此是說：如來實由眞正勝妙之智慧所化現之故，若離眞正勝妙之智慧，則無能化現如來身也。如來能爲衆生而無慮無察演說勝妙正法，亦因如來對所修過之一切法皆能憶念而不忘失故，「念」心所法之念力已具足成就故，是故如來無慮無察而爲衆生演說種種勝妙正法。

如來非如二乘聖人之唯斷一念無明現行，亦斷盡一念無明所攝之四種住地煩惱之習氣種子；復又因於親證自心如來而發起般若智故，次第進修而斷盡無明住地（無始無明）中之無明習氣隨眠。如是斷盡一念無明之起煩惱習氣種子，斷盡無始無明上煩惱習氣隨眠，是故斷盡分段生死與變異生死。欲斷此二種死之前，必須覺證二乘菩提之人無我智，亦必須覺證大乘菩提之法無我智，如是斷盡煩惱障與所知障，方名究竟佛地之如來也。

「大慧！心，意、意識、眼識等七，刹那習氣因離，善無漏品離，不

復輪轉」：未至佛地之前，意根、意識以及眼等五識心，如是七識心必定都有種子流注而不斷變異種子之現象；此乃由於七識心種尚未究竟清淨，是故於種子流注現前時，皆仍可加以修除不善性種子，而代以修行清淨後之新種子，是故此七識心之種子，在究竟成佛之前，皆仍是可以變易者。由是緣故，說意根、意識與眼等五識心，皆仍有剎那變異之習氣因。亦因無始無明尚未完全斷盡故，尚有無始無明上煩惱未曾究竟斷盡故，是故七識心種子皆仍是可以剎那流注而變異之者，皆仍是可以改易之者，是故說：未至佛地之前，此七識心皆是尚有剎那變易之習氣因者。

如來藏心亦復如是，自身之無漏習氣固然常恆不變，固然永遠常住於本來自性清淨涅槃體性中，然而由於含藏七識心之剎那流注變異種子故，則不得不受生於世間，則不得不隨同七識心在三界中運作，而配合流注剎那剎那流注之種子，如是心體不變隨緣而流注自心相應之種子，以配合七識心之運作，是故如來藏心亦不能離於剎那流注變異種子之體性，是故如來藏雖然體恆常住而不改其自性，卻為了配合七識心而有剎那流注七識種，並在剎那流注之過程中，將七識心在修行過程中所改變之不淨異熟果種，次第改變為清淨種子；是故，如來藏心在未入佛地境界之前，在自體性常恆不變之狀態下，便有種子隨七識之緣而出現剎那變異之現象；要至究竟佛地，七識心種已究竟清淨，如來藏心方能不再有剎那變異七識心種之流注變異性，從此時起，如來藏改名為無垢識——眞如，此時起，永離種子變異剎那習氣因。如是，則是八識心王悉皆斷盡剎那習氣因，是名「心，意、意識、眼識等七，剎那習氣因離。」

如來藏心，及意根、意識、眼識等七心，種子剎那變異之習氣因若已永離，則八識心王對於世間善品諸法，以及出世間之無漏品諸法，執著隨之永離，由於永離世間出世間一切善品法之執著故，則永離三界生死之輪轉，亦永離剎那生滅流注中之變異生死——一切八識心王之種子悉皆不再變異，悉已究竟清淨而無可再行變易故。如是之人，說為永遠不復輪轉於分段生死及變易生死者，說名究竟成佛也。

佛在如是究竟清淨而永不變易之境界中，種子究竟清淨，煩惱障之習氣種子隨眠永滅，所知障之無明隨眠永滅，悉皆斷盡無餘，故說如來常在定。亦因自心如來不論因地，抑或究竟佛地，皆是常在金剛三昧大定中，永遠不墮於世間禪定境界中，是故無始劫以來，始終不曾有入定與出定差別，如是而言如來常在定，所住之定非是世間禪定，而是世出世間之金剛大定故。復次，菩薩修至究竟佛地已，七識心亦是恆常不變，常如是決定不變，常與定相應；乃至須為眾生說法時，須觀察眾生根器以便施設方便而為眾生說法，如是說法之時及觀察眾生根器時，如來之意識心亦皆不離初禪定境，是故說如來常在定。

如來既如是，何妨意識心住於初禪定中而為眾生宣說「識藏」之義？何妨住於定中而為眾生宣說八識心王之剎那流注法？何妨住在定中而為眾生宣說七識心之剎那壞展轉壞之變異法相？是故，如來常在定，而無妨仍具見聞覺知體性，如是而為眾生說剎那法。然而眾生不能了知如是境界與眞意，反責如來說法為不如實。猶如今時之淺學法師居士，偶有來函責余多言者，亦有來函責余多所著作者，責余於如是言語開示佛法時之非離見聞覺知，責余著作時之非離見聞覺知、非住一念不生境界。

如是等人，悉皆錯以一念不生為悟，錯以一念不生為佛法正修行者。完全不能理解八識心王並行之境界，根本不能了知八識心王並行之際，第八識自心如來常住於離見聞覺知之清淨境，不知自心如來常住於離分別境界，不知自心如來常住於體恆不生不滅之境界，不知自心如來常住於涅槃寂滅境界，而卻能在如是常住之自住境界中，不變自心體性而隨緣以應七識心之須要與作意，而隨緣作種種世間法上所須之運作，而隨緣出生七識心種，以令吾人同時現起見聞覺知心，而作種種弘法利生之行。如是等人不知不解佛法，誤會佛法已，不能忍於平實對印順法師…等人之破邪顯正，執著比丘身分而生唇亡齒寒之邪見，卻來見責平實為不懂佛法，令人啼笑皆非。

「大慧！如來藏者，輪轉、涅槃、苦樂因，空亂意慧愚癡凡夫所不能覺」：如來藏心，方是眾生輪轉生死之正因，方是眾生取證涅槃之正因，方是眾生正受三界苦樂之正因。貪瞋癡等法，二種無明者，皆是眾生輪轉生死之「**緣**」因，而非正因；若無如來藏者，尚不能有眾生之色身七識心五陰等，何況能有色身七識心之流轉生死？何況能有苦樂受諸果報？何況能有三乘佛法可修、可證、可傳？故說如來藏方是眾生輪轉生死之正因，如來藏方是三乘聖人取證涅槃之正因，如來藏方是眾生受一切苦樂受之正因。如是正理，彼諸執著「**一切法空即是佛法般若正理**」之印順、昭慧、傳道、星雲、證嚴…等凡夫人，以及迷亂於意識智慧境界之聖嚴、惟覺等愚癡凡夫，及諸定性二乘無學聖人，皆不能覺悟親證如是眞理。

若無如來藏執持一切種子，眾生尚不能令色身出生，尚不能令色身存活，尙不能令色界天人存活，尙不能令無色界天人存在，云何而有眾生得能輪轉生死？若無如來藏執持善惡業種子而去至後世，何能有眾生之輪轉三世生死而受其苦樂正報與依報？意識心不能輪轉於三界生死，不論爲散亂心或是一念不生之心，不論是有念靈知或是離念靈知，皆不能去至後世故，皆是唯有一世存在故；意根不具大種性自性而不能執持四大種故，意根亦不能創造眾生之色身故，意根不能執持一切善惡業種子故，意根與意識唯能在如來藏所生之色身及六塵相分中現行及運作故；故說如來藏心方是眾生輪轉生死之**正因**也。若無如來藏，則眾生之色身出生，則眾生身中之出現六塵相分者，皆成**無因唯緣**而起，則成**無因論**者。則眾生之受種種苦樂報者，即成無因而受，即成**外道無因論**。

云何如來藏是涅槃因？謂涅槃本是眾生未曾修學出世間法時，本已存在之法也；此謂涅槃之境界，本是依如來藏自住境界而說者，本非依意識覺知心所能安住之境界而說者。然而今時末法諸方大師及諸大居士等人，悉皆不了佛意，悉皆欲以意識而入住無餘涅槃境界，審有彼等所說意識心可住之涅槃境界者，卻成修而後有者，則彼等所證之涅槃卻成生滅法，非是常住法，皆成邪見。如是諸人所說涅槃境界，皆成外道涅槃，皆是不能出三界之法，皆是墮在三界法中之意識妄想涅槃也。

　涅槃本是三界「外」法，三界「外」則無意識意根等法，意識意根等法根本不能出於三界外而存在。三界外之涅槃境界實亦無有境界存在，涅槃之境界其實亦無三界內外之分也，唯是如來藏不復出生十八界法，是故不復出現於三界境界中，立名爲三界外；實無三界外之境界存在也，所謂三界外之境界者，唯是自心如來——如來藏——不復出生十八界法，不復示現於三界中爾，唯是自心如來自住境界，非有三界外之境界存在也。

　定性聲聞之取證無餘涅槃者，實乃滅卻自己十八界法，不令復有十八界法之出生，不復有覺知心我存在，不復有思量作主心之我存在，如是言爲無餘涅槃。如是無餘涅槃者，唯留存第八識自心如來，無形無色、無見聞覺知、無思量性，不復示現於三界中；假饒諸 佛大神通力、大智慧力合爲一力，以如是大力，欲覓阿羅漢入涅槃後之第八識自心如來所在者，亦不可得；無形無色故，無處所故，無一切心行故。如是，無餘涅槃位中，唯是第八識如來藏常住於自心境界，離一切法，是故說如來藏是涅槃之正因；若無如來藏空性心獨存於無餘涅槃中，無餘涅槃即成斷滅法，十八界法一一滅盡無餘後，七識心悉皆滅盡後，若無如來藏者，即成印順所說之

「一切法空」故，一切法空即是斷滅故，即成斷滅相故。已滅之滅相，非是不生不滅之法故，涅槃乃是不生亦不滅之法故，一切法空是法滅後之空無故，空無則非是不生不滅之法故，乃是法滅故。由是正理，說如來藏是涅槃之正因，修證涅槃時之身口意行等，只是證得涅槃之緣因。

復次，吾人所以能於人間受苦樂捨等正受者，皆因如來藏故有。若無如來藏，則不能出生吾人之五根；若無五色根，則如來藏不能緣此五色根而對現完全同於外五塵之內五塵相分，則亦無五塵上之法塵可言。若無如來藏所創造之五色根，若無如來藏攝持五色根而令不壞，則不能令人間之六識心現前，亦不能令六塵內相分現前；若無內相分六塵之現前，則無六識心現前，尚有何人能面對六塵境？既無能受六塵境界者，則無所受之六塵境界，則吾人何能正受六塵境界中之苦樂捨受？是故如來藏方是眾生受苦樂果報之正因。

如是正理，要由現觀如來藏本來住涅槃之自體性，要由現觀如來藏本來自性清淨之自體性，要由現觀如來藏能生萬法之自體性，要由現觀如來藏之隨緣不變而應萬法、而隨緣運作，方能證知。能作如是現觀，已作如是現觀而證實之，方能證解世尊所說「如來藏是輪轉、涅槃、苦樂因」

之實際正理。如是正理，非彼**惡取空**之印順、達賴、宗喀巴、寂天、月稱、昭慧、傳道、星雲、證嚴等人所能知之，是故彼等由於未能取證如來藏故，遂橫加否定，不肯承認有如來藏存在，以免令人覺得其證量粗淺，以免他人言其未悟。如上所舉藏密應成派中觀師等人，皆是**惡取空**者，皆墮於斷見外道所墮之**涅槃斷滅空**中故；爲防他人譏其爲**惡取空**者，遂又自己臆想發明「不可知、不可證之意識細心常住不壞」之說，以臆想之不可知不可證之子虛烏有之心名，作爲眞實佛法；或者發明「滅相不滅，名爲眞如，故蘊處界滅盡之後不是斷滅空，還有滅相眞如存在。」如是欲救斷滅見之作法，其實正是墮於凡夫常見之中，不離斷常二見，一切意識粗細心皆是**常見**所攝故。

二乘阿羅漢及緣覺，雖能取證無餘涅槃，然而捨棄十八界法之自己以後，涅槃之中究竟如何？何法方是涅槃之實際？彼等二乘聖人卻又不能知悉；無餘涅槃之中完全無我、無十八界法、無能覺知思量者故，二乘聖人入涅槃前仍未能證知如來藏之所在故，如來藏方是無餘涅槃之實際故。由是緣故，二乘聖人不能了知「如來藏是涅槃因」之實際現量境界，同於印順、昭慧、傳道、性廣、星雲、證嚴、達賴、宗喀巴……等凡夫無二，皆不能知無餘涅槃中之實際境界內涵，是故 佛作是說：「**空亂意慧之愚癡凡夫所不能覺證。**」

「大慧！金剛力士所隨護者，是化佛耳，非眞如來。大慧！眞如來者，離一切根量：一切凡夫、聲聞、緣覺及外道根量悉滅，得現法樂住『無間法智忍』故，非金剛力士所護」：諸多金剛密跡等力士所隨護之人間佛身，乃是自心如來所化現之佛，非是眞正之如來。眞正之如來其實乃是 佛之自心如來——第八識法身；眞正之佛，乃是色究竟天宮中之圓滿報身佛。自心如來自無始劫以來，恆離一切六根所處境界，恆離一切世間六塵境界，故自無始劫來，恆不了知世間六塵境界，故自無始劫來恆不分別六塵中之一切法，故其自體從無始劫來恆無生滅流注，如是安住而隨緣應運、流注自體所含藏之八識心王種子，以令八識心王之種子現行於三界中。

如是境界，本是自心如來無始劫來所常住之境界，非是七識心所能得住之境界。自心如來所住如是境界，未至成佛之前，悉皆仍有「識藏」名中之種子流注刹那變異生滅之現象存在。如是刹那變異生滅轉換之現象與習氣，即是一切凡夫、聲聞、緣覺，以及外道所墮之六根現量之虛妄境界；如是虛妄境界之認假爲眞等習氣種子悉皆滅除已，證得究竟佛地之自心如來現前之法樂，然後方能住於「無間法智忍」之中，如是而住之佛地第八識，方是**眞實如來**；如是眞實如來，則非是金剛力士所能護持之如來，無人能加以壞滅之故，無人能眼見之故，無人能親觸之故，此是唯佛與佛乃能了知之境界故。

「**無間法智忍**」者，謂親證自心如來——第八識如來藏，眼見如來藏於一切時悉皆不曾剎那間斷，現觀已，而能安忍不疑，執持安住於如是見地中；由所證之如來藏常恆而無剎那間斷，而能安忍不退故，名爲無間法智忍。若所證某一法之自體，其性是有間斷者，則雖安忍之，仍非是無間法智忍；所證之法是有間法故。譬如離念靈知心，於眠熟、悶絕…等五位中必定間斷故。譬如處處思量作主之意根，是可斷之法故，阿羅漢入無餘涅槃時必須將之自我斷滅故，意根亦是剎那剎那自如來藏流注而生之法，不離剎那法故。如是而誤以爲悟者，皆墮「有間法智忍」中，非是「無間法智忍」也。有間法智忍則是外道忍。

復次，菩薩修行至 諸佛究竟地已，依三種意生身故，令色法永無窮盡，令其意生身之色法永無間斷之時，是故依意生身而有之意識心，亦可永無間斷，故名諸 佛莊嚴圓滿報身爲解脫色，解脫色方是眞正之佛身，三界中無有任一大力眾生能起滅之，假饒十方諸佛威神之力合爲一力，亦不能毀壞任何一佛之圓滿莊嚴報身；如是圓滿報身，非是密跡金剛力士之所衛護者。由如是解脫色故，亦令諸 佛覺知心等八識心王得在人間常住不滅，亦令諸 佛之六識心王得在天界中常住不滅，不墮眠熟、悶絕…等五位中必滅之間斷法中，如是安住，亦名「無間法智忍」也。如是無間法智忍所住之解脫色，以及第八識自心如來，皆非是金剛力士所能護持者，無人能壞之故。是故，一切如來悉皆住於如是「無間法智忍」中，永離一切凡夫境界，永離一切聲聞緣覺境界，一切凡夫、聲聞、緣覺及外道所住之有間世俗法之根量境界悉皆滅除，如是而以意識覺知心住於現法樂住境界中，而爲有緣眾生宣說深妙正理。

「**一切化佛不從業生，化佛者非佛，不離佛。因陶家輪等衆生所作相而說法，非自通處說自覺境界**」：化佛者，謂佛之第八識眞如所化現之色身與知覺心，以及依此而有之受想行蘊等，如同人類之色身五蘊身心一般無二。若非如是化佛示現於人間，則學佛大眾皆不能見之，不能親承供養植福，不能受學三乘菩提妙法。如是具有同於人類身心之佛，皆是佛地之第八識自心如來所化現者，故名應化身佛。

一切化現於人間之佛，悉皆非因往世所造業果必須受報故出生於人間；乃是由其本願力故，由其大悲心欲救眾生解脫故，由往世所化之弟子已經緣熟，應該得度，是故示現受生於人間，而有佛在人間出現。然如是佛非是眞佛，乃是佛之自心如來所示現於人間者；猶如吾人之受生於人間，亦是吾人各自之如來藏所化現者，所異者為：吾人往往因於業果之故而化現於人間，唯除極少數人因願力、佛命而受生人間，仍是自心如來所化現者。

然而化佛雖非眞正之佛，卻也不離眞實如來。猶如世間製陶人家所有經由轉輪等事相而造就之陶器，說陶器是由泥土所製成者；化佛所說諸法亦復如是，由事相之修行上，為眾生宣說：諸佛實由眾生在道業上所作之種種修行，而使其佛法修行之法相得以成就，因此而成就究竟佛道。如是而為眾生宣說種種佛法，所說者，非依如來所自證通達之內證究竟境界而說，亦非是說如來自身所覺證之深妙不可言說之境界。唯是為令眾生理解佛地境界之修行法道，故說種種法門，乃至將唯一佛道，一分為三，次第引導眾生，方便誘進，令眾生發起大心，漸漸引入究竟佛道之行門中，以令未來世中悉皆成就究竟佛道。若是諸佛自住之佛地境界，則難以宣說，眾生若未至其地，聞之悉皆不解，亦不可能信受故。

「復次大慧！愚夫依七識身滅，起斷見；不覺識藏故，起常見。自妄想故，不知本際；自妄想慧滅，故解脫。四住地、無明住地習氣斷故，一切過斷」：無智慧之愚癡凡夫，不能解了　佛所開示如來藏密法之眞意，往往依於　佛所開示「七識身滅即是解脫」之文字表相意旨，而起斷滅見，以爲十八界一切法悉皆斷滅之後，成爲斷滅空之時即是涅槃。

此等人者，即是**惡取空**者；如是等人，今於台灣地區及大陸地區，已因著作之長期廣泛流通故，而漸爲佛教界所信受者；即是印順法師所弘傳之藏密應成派中觀邪見也。印順乃是無智愚夫，因於　佛所說「七識身滅即是無餘涅槃」之阿含經中佛語，不解　佛在四阿含諸經中簡說之「無餘涅槃之中有本際不滅」之語，讀之不解，以爲滅盡十八界法已，無一法仍存，而墮於斷見中。然後又曾讀般若經，知此見解已墮於斷滅見中，乃又建立子虛烏有之「不可知不可證之意識細心」，以及「蘊處界滅後之滅相不滅即是眞如常住」之邪說，作爲不墮斷滅之補救措施。

由於不知　佛所說之無餘涅槃中，尚有**實際**、**本際**常住不滅，非是斷滅之法，由是緣故，印順、昭慧、傳道、星雲、證嚴、達賴、宗喀巴、寂天、月稱等人，皆墮斷見之中。墮於斷見已，又施設「不可知、不可證之意識細心」，作爲常住不壞法者，實有大過：意識細心既然是不可知、不可證者，則是子虛烏有之臆想虛妄法，不可謂爲眞實佛法也；眞實佛法必定皆是可證知者故。

而意識心之一切粗心與細心，佛說皆是**意法爲緣**而後始能出生之緣起法；印順、昭慧、傳道、星雲、證嚴…等人，同以緣起法之意識細心爲常住眞心者，則是斷滅本質之法也，意識一切粗細心皆唯能存在一生故，入胎後永滅而無復現之時故，不能去至後世故，後世之意識非是此世之意識故。若無能連結此世身心與後世身心之第七八識，則後世全新之意識，實與此世全新之意識無干，乃是二者，乃是他人而非自己也；如是而主張意識細心說者，則墮**外道無因論**之斷滅見中。如是邪見，即是印順、昭慧、傳道、星雲、證嚴…等人之所墮者，是名「**愚夫依七識身滅，起斷見**」者。正是佛門內之斷見外道也。

亦有學佛人不能覺證如來藏之確實存在之境界，由是誤會而生起常見外道的惡見——認取意識心爲常住不壞之法，認取意識之變相境界爲常住不壞之如來藏，由是而起常見外道所墮之常見見。此如今時台灣聖嚴、惟覺二大法師，亦如河北柏林禪寺之淨慧法師、上平居士……等人，追隨元音老人，同以意識心之變相——覺知心一念不生之際——作爲如來藏眞心，作爲實相心，作爲涅槃心，即是 佛所說「**不覺識藏故，起常見**」之人也。讀者欲知其詳，請閱拙著《**宗門正義**公案拈提第六輯》之舉證，即可了知也。

凡此，皆因自己不如實證知 佛旨眞意，復依自己所作虛妄想，以假爲眞，不能證知一切法界之本際如來藏，而將意識心或其變相境界作爲如來藏所致。歸根究柢，皆由知見嚴重欠缺所致。若能滅除自己心中所生之虛妄想，若能滅除**邪分別慧**，如實依 世尊諸經所說正理，而如實研討如來藏之體性，了知如來藏之眞實體性已，則不復被假名大師所誤，則知彼等所悟之心悉是意識心，悉以意識心之變相境界作爲如來藏心。如是了知者，則能依於自身對於如來藏所知之正理，自行參究之；鍥而不捨，參之不已，有朝一日必可證得眞正之如來藏，必可現前觀察到如來藏本體之所在，亦可現觀如來藏之運作狀況，因此而得了知 世尊諸經中所說如來藏之體性確實無誤，確屬誠實語、不誑語、不妄語。

由是確認之故，我見斷除，我執亦隨之日漸淡薄乃至斷除，由此緣故便可斷盡一念無明之四種住地煩惱現行，而得解脫分段生死輪迴；解脫分段生死之輪迴已，卻不取證無餘涅槃，由大悲心而發起受生願，故意保留最後一分微細思惑以潤未來世之受生於人間，繼續在人間現有人身，如是與眾生同事而利益眾生。復由如是不斷受生人間，而繼續進修一切種智，繼續於五濁人間歷緣對境而修除煩惱障中之習氣種子隨眠，歷緣對境而修除無始無明所攝之無明習氣隨眠。如是從生至生，不離如是修證過程與境界，漸次進向佛地；至最後身菩薩位時，斷盡二種障之一切習氣種子與隨眠，則一切過失永遠斷盡，成究竟佛。

爾時世尊欲重宣此義而說偈言：

三乘亦非乘，如來不磨滅，一切佛所記，說離諸過惡。
爲諸無間智，及無餘涅槃，誘進諸下劣，是故隱覆說。
諸佛所起智，即分別說道；諸乘非爲乘，彼則非涅槃。
欲色有及見，說是四住地，意識之所起，識宅意所住。
意及眼識等，斷滅說無常；或作涅槃見，而爲說常住。

疏：《爾時世尊欲重新宣示此一正義，所以宣說如是偈：

其實我所說的三乘菩提，並不是三乘，而是唯一佛乘的法，
只是爲了接引眾生的方便而分爲三乘罷了；
如來其實是常住世間而永遠都不磨滅的，
不是一般人所說的已經入滅而灰飛煙滅了；
十方法界中的一切佛，所授記的成佛之道，
都是說遠離種種的過失與惡見及習氣而成佛，都不是以斷滅爲涅槃。
爲了宣說種種無剎那間斷的眞實智慧，
並爲了令菩薩也努力斷除思惑煩惱而親證無餘涅槃的境界，
也是爲了誘進種種心性低下與性障深重惡劣的人，
由於這些緣故，我必須隱覆密意而說。
十方諸佛所發起的勝妙智慧，也就是分別演說種種道理，
使諸眾生得以親證出世間上上波羅蜜；
除了我所說的三乘法道以外，外道所說的種種成佛諸乘都不是眞正的佛乘，
他們所說的能令人成佛的乘，所修證的境界，都不是眞正的涅槃。
欲界愛住地、色界愛住地、有愛住地以及見一處住地，
就是我所說的能令人流轉三界生死的四種住地無明，

由於這四種住地無明的緣故，而使得意識會不斷的現起；四住地無明即是如來藏識之住宅，也是意根所攀緣而住的地方。眾生看見意識及眼識等五識時生時滅，因爲看見這六識心會間斷而消滅的緣故，所以就說意識及眼等五識無常；也有人將意識及眼等五識當作是常住而不斷滅的涅槃心，說意識及眼等五識爲常住之心，因此而出生了常見外道的邪見。》

解：爾時世尊欲重宣此義而說偈言：「三乘亦非乘，如來不磨滅；一切佛所記，說離諸過惡」：其實，世尊所宣說之三乘菩提，本非三乘，本是**唯一佛乘**之法──令眾生成就究竟佛道之法；然而**成佛之道**甚深難解，極爲難修，眾生積劫熏習邪見，難具信心、不堪信受，大多不敢求證；成佛路途又復時劫長遠，眾生心性下劣，不能發心；爲接引眾生悉入如是甚深難解、難修、難證之佛道，不得不施設方便而將本來唯一成佛之道，依其淺深粗細廣狹及與次第，施設方便分爲三乘，令眾生得以由粗淺之解脫道之證得，發起信心，然後誘引之，令其漸入深細廣博之**唯一佛乘成佛之道**。

如是之語，所言乃是事實，然而彼諸愚癡無智、心性下劣之人，悉不能信之。譬如印順、昭慧、傳道、星雲、證嚴……等人，始終認爲成佛之道即是解脫道，即是觀察五蘊、十二處、六入、十八界等法悉皆虛妄，由此觀察思惟而斷除我見與我執，因此證得解脫，出離三界生死苦；彼等認爲成佛之法門，唯此一道，絕無他途。是故印順、昭慧、傳道、星雲、證嚴…等人始終認爲：第二轉法輪諸般若經中所說者，亦只是 佛在四阿含中所側重之二乘無餘涅槃修證，只是在說一切法空，只是在說一切法皆是緣起性空，所以印順便將大乘般若定位爲**性空唯名**之**虛相法**。是故印順、昭慧、傳道、星雲、證嚴…等人始終認爲：第三轉法輪諸經所說者，皆是破斥六識心虛妄，皆是在說七八識心非實有，除此無別他義；認爲唯識系諸經所說者，同於 佛在四阿含中所說之**一切法緣起性空**。

如是將般若經以「第八識**非心心**爲中心而說一切法皆空」之眞正佛旨，加以誤會而後廣說之；如是將唯識諸經以第八識如來藏爲中心而說之七識心等一切法虛妄，加以誤會而後廣說之；由此緣故，便將第三轉法輪宣講一切種智諸唯識經，說之爲「虛妄唯識論」，便將瑜伽學所說之實有如來藏等「眞實唯識門」，誣爲專說「虛妄唯識論」者，便將兼攝「眞實唯識門」與「虛妄唯識門」之瑜伽行派，定位爲「虛妄唯識論」派。由此緣故，便令本來眞實無訛之瑜伽行派實相行門，令人誤以爲是虛妄不實之虛相派行門，令人誤以為是專說妄法之虛妄唯識法門，由此導致許多佛弟子誤會瑜伽行派而不信受此派，而不修學此派之眞實法義。

由是緣故，太虛大師言有如來藏，言有第七八識心常在眾生身中，印順法師曾未之信，更作種種否定之說，更將原本一貫相續之聲聞菩提、緣覺菩提、佛菩提等次第進修由淺入深之完整佛法，加以分解拆散為互不關連之法，然後宣說唯有一種佛法——唯是蘊處界等法緣起性空之解脫道，妄謂二乘菩提之解脫道即是佛菩提，妄謂修學二乘解脫道者即得成就究竟佛道，然後以性空唯名之意識想像所得般若作為成佛之道。所以印順根本不信受佛菩提道，根本不認為二乘諸經中所說之解脫道與佛菩提道二法有異有同，認為唯是一種成佛之道：唯是緣起性空之解脫道。印順認為證得有餘及無餘涅槃時，即是已經成佛。而不肯承認別有無餘涅槃之實際為二乘聖人所不能證者，不肯承認別有般若實相智慧為諸定性聲聞緣覺所不能知者，不肯承認別有般若之一切種智為諸定性聲聞緣覺所不能知者。由是邪見之故，印順諸書皆以「外於如來藏」之「緣起性空」二乘法理而解說大乘成佛之道，此是宗秉於藏密黃教宗喀巴《菩提道次第廣論》中之邪見而寫作者；如是印順《成佛之道》之邪見，於印順各部書中亦皆處處可見，所說諸理其實皆非眞正成佛之道，根本不能言及眞正之成佛法道。

印順雖不能宣說眞正之佛道，而其所說二乘緣起性空之解脫道法理，若屬正確之演示者，則其否定眞正**成佛法道**之種種說法，其過尚小；然而觀察印順所言二乘緣起性空之解脫道，卻否定 佛在四阿含諸經中所宣示之無餘涅槃之**本際**，不承認無餘涅槃之中確有**本際**寂滅常住；如是致令其法墮於斷滅見中，同於斷見外道無異。印順爲補救如是斷見之弊，乃又施設「不可知、不可證之意識細心」作爲補救，捨棄 佛所說**可知可證之如來藏**（一切證悟之人皆知皆證故名可知可證）而不求證。如是施設不可知、不可證之子虛烏有想像之意識細心一法，又施設「滅相不滅」之想像眞如，以此二種邪法而取代 佛所說可知可證之如來藏，顚倒其心而造諸書，以如是顚倒之邪見而教眾生修學錯誤之解脫道，然後再將此錯誤之解脫道說爲究竟成佛之道。此即是印順《成佛之道》書中所說者，亦是宗喀巴《菩提道次第廣論》中所說者。如是將二乘菩提之解脫道，引入斷滅本質之中，又否定眞正成佛法道之正理—如來藏，便致本來完整具足之佛教三乘菩提法道，支離破碎，致使後人信其法者，完全悖離成佛之眞正法道，亦使二乘菩提之涅槃修證成爲空想，由是故說印順是破壞佛教正法最嚴重者。

是故，涅槃非是斷滅境界，非如印順所說之「一切法空」也，乃是蘊處界…等一切法空已，有如來藏涅槃心不空；此第八識心，佛如是說其體性：「心不自見心。」是故此第八識心一向離證自證分，又離見聞覺知，絕不反觀自我，絕不了知自我，自無始劫來恆常如是不曾刹那與萬法之執著性相應，完全不具蘊處界我之體性，是故其性無我；如來藏自無始劫以來，離六塵而獨存，不墮於三界一切境界中，離思量作主體性，如是絕對寂靜而獨存，故說涅槃不墮斷滅空中；此如來藏識者，即是佛於四阿含諸經中所說無餘涅槃之實際、本際、我、如、眞如、識、如來藏、心、阿賴耶識、種子識等名所說之心也。是故無餘涅槃之境界中雖然完全無我，然卻非是斷滅境界，非是印順所說之一切法空之斷滅境界，唯是蘊處界…等一切法空已，有第八識如來藏獨存不滅，不墮於三界世間法境界中。

如來其實是常住世間而永遠都不磨滅的，不是印順書中所認爲之已經入滅而灰飛煙滅。印順、昭慧、傳道、星雲、證嚴…等人，將二乘菩提之解脫道，誤認作即是佛菩提道之內容，是故便以一切法滅盡後之一切法空，作爲佛菩提之修證法道；卻又錯會解脫道，以爲解脫道所證之無餘涅槃是斷滅之一切法空，而施設虛妄之意識細心說，以救斷滅見之實質。如是將佛菩提道之正修，認作解脫道之法；又將解脫道解釋爲一切法悉是緣起是故體性空無，自墮斷滅見中，卻不肯承認 佛在四阿含中所說無餘涅槃之中確有**實際**、**本際**、**我**、**如**……等名所說之第八識心。

由是緣故，彼及隨學之徒眾，悉皆不信 釋迦尚有莊嚴圓滿報身常住色究竟天宮中宣說一切種智妙法，悉皆不肯承認尚有 盧舍那佛所化現之釋迦佛變化身仍在人間隨緣感應而度眾生，以爲 釋迦已經入滅而灰飛煙滅，已經一法不存。悉皆不肯承認：十方法界中之一切佛入滅後非是斷滅空。悉皆不肯承認 佛所授記之眞正成佛之道。是故彼等諸人皆不信 釋迦常住人間而度有緣眾生，於是便敢隨意解釋佛法，便敢用藏密之應成派中觀邪見，來取代眞正之佛法。

然而一切佛所說之法理，皆言自心如來中所含藏之七識心，遠離種種之過失與惡見，亦遠離煩惱障之習氣，遠離所知障之無明習氣，致令自心如來不再含藏七識心之無量有漏法習氣而成佛道，皆非如印順、昭慧、傳道、星雲、證嚴所弘揚之藏密應成派中觀邪見所說之斷滅空，皆非以斷滅空作爲無餘涅槃。亦非以印順所言、所誤會之二乘菩提解脫道修行，作爲取證佛果之法門。是故，一切佛所授記成佛之法，皆是以如來藏本體遠離二障之一切煩惱種子與隨眠，作為成佛之法道，絕非以印順、昭慧、傳道、星雲、證嚴等人所說之斷滅空，作為大乘佛菩提之佛法也。

於四大部《阿含經》之一切經中，世尊所側重而說之二乘菩提，莫非如是，絕非以印順所說之「斷滅空無」而可作為解脫道及佛菩提之正修行也。譬如「原始佛法」《雜阿含：央掘魔羅經》卷二中如是載：

《爾時央掘魔羅謂滿願子言：「嗚呼！滿願！修蚊蚋行，不知說法。哀哉蚊蚋！無知默然，不知**如來隱覆之說**——謂法無我。墮愚癡燈，如蛾投火。諸佛如來所不得者：謂過去一切諸佛世尊，於一切眾生所，極方便求『無如來藏』不可得。現在一切諸佛世尊，於一切眾生所，極方便求『無我性（無真實我之體性）』不可得。未來一切諸佛世尊，於一切眾生所，極方便求『無自性（無如來藏之自體性）』不可得。三世一切聲聞緣覺，於一切眾生所，極方便求『無如來藏』亦不可得。此是如來偈之正義。

復次，諸佛如來所不得者：謂過去一切諸佛世尊，於一切法，極方便求『世間之我（五蘊之我）』——如拇指、粳米、麻麥、芥子、青黃赤白方圓長短，如是等比種種相貌，或言在心、或臍上下，或言頭目及諸身分，或言遍身猶如津液，如是無量種種妄想如世俗修我，亦言常住、安樂、蘇息，如是比我，一切諸佛及聲聞緣覺悉皆（求之）不得；正覺彼法，為衆生說，此是如來偈之正義，非如汝向（非如汝上來）妄想所說。

復次，諸佛如來所不得者：謂過去一切諸佛世尊，極方便求如來之藏『作』不可得；如來性是無作，於一切衆生中，無量相好、清淨莊嚴。現在一切諸佛世尊，極方便求如來之藏『作』不可得；如來性是無作，於一切衆生中，無量相好、清淨莊嚴。未來一切諸佛世尊，極方便求如來之藏『作』不可得；無作是如來性，於一切衆生中，無量相好、清淨莊嚴。

三世一切聲聞緣覺，有如來藏而眼不見，應說因緣。如羅侯羅敬重戒故，極視淨水，見蟲不了為是蟲？為非蟲？為是微塵耶？久久諦觀，漸見細蟲；十地菩薩亦復如是，於自身中觀察自性，起如是無量諸性種種異見。如來之藏如是難入，安慰說者亦復甚難，**謂於惡世極熾然時，不惜身命而為衆生說如來藏，是故我說諸菩薩摩訶薩入中之雄，**即是如來。如阿那律天眼第一，眞實明見空中鳥跡；與肉眼者俱共遊行，彼肉眼者所不能見，信阿那律，知有鳥跡；**肉眼愚夫聲聞緣覺信佛經說有如來藏，云何能見佛境界性？聲聞緣覺尚由他信，云何生盲凡夫而能自知？不從他受？**

我聞先佛稱說：『此地於劫初時有四種味，彼時衆生食四味者，於今食土（食土中所生諸物謂之食土），以久習故今猶不捨。曾於過去諸如來所，修如來藏者亦復如是，久修習故今猶信樂，長夜修習，報如來恩。又於未來說法者所，聞如來藏，聞已信樂如彼食土，非餘衆生。彼信樂者是如來子，報如來恩。』譬如梟鳥，從久遠來無有慚愧，不報恩養；以宿習故，今猶不捨；彼諸衆生亦復如是，過去世時無有慚愧——已無慚愧、今無慚愧、當無慚愧。聞如來藏不生信樂：已不信樂、今不信樂、當不信樂。譬如猿猴形極醜陋，常多驚怖，其心燥動如水湧波，以宿習故今猶不息；彼諸衆生亦復如是，去、來、現在心常輕躁，聞如來藏，不生信樂。如夜梟鳥，晝盲夜見，好闇惡明；彼諸衆生亦復如是，好邪惡正，不樂見佛及如來藏，去、來、現在不生信樂。如彼夜梟好闇惡明，如人長夜修習邪見，染諸外道不正之說，以宿習故今猶不捨；彼諸衆生亦復如是，久習無我隱覆之教，如彼凡愚染諸邪說，去、來、現在不解**密教**（密教者謂不可明傳之如來藏秘密教，非謂天竺之坦特羅「晚期佛教」與西藏密宗邪教也），**聞如來藏不生信樂**，非餘衆生。

若人過去曾值諸佛，供養奉事，聞如來藏，於彈指頃暫得聽受，緣是善業諸根純熟，所生殊勝、富貴自在。是諸衆生今猶純熟，所生殊勝，富貴自在。由彼往昔曾值諸佛，暫得聽聞如來藏故，於未來世聞如來藏，當復信樂，如說修行，諸根純熟，富貴自在，色力具足，智慧明達，梵音清淨，莫不愛樂；或作轉輪聖王，或為王子；或為大臣，賢德具足、離諸慢恣，降伏睡眠精勤修學，無諸放逸，及餘功德悉皆成就；或為釋梵護世四王，斯由**曾聞如來之藏功德**所致，身常安隱，無病無惱，壽命延長，人所愛敬。具足聽聞如來常住大般涅槃甘露之法，堅固安隱久住世間，隨順世間而共娛樂；知諸如來不從欲生，廣為世間開示演說。以此智慧功德利益，在所生處子孫眾多，父母長壽，常受人天一切快樂；族姓殊勝悉皆具足，斯由聞知一切眾生悉有**如來常住藏**故。未來、現在天上人中，一切快樂，常得具足，由聞**如來常住藏**故。**若彼眾生去來現在，於五趣中支節不具，輪轉生死受一切苦，斯由輕慢如來藏故。若諸眾生歷事諸佛親近供養，乃能得聞如來之藏，信樂聽受不起誹謗。**若能如實安慰說者，當知是人即是如來。

若諸眾生多背諸佛者，聞如來藏則生誹謗，彼諸眾生自燒種子，嗚呼！苦哉！苦哉！不信之人，於三世中甚可哀愍。**諸說法者，應如是說：稱揚如來常住真實。**若說法者不如是說，是則棄捨如來之藏，**是人不應處師子**

座，如旃陀羅不應服乘大王御象。……」》

如是，此段雜阿含之經文中明說：三世一切諸佛，極盡方便而求證「世間之我爲常住不壞之性」而不可得，世間之我乃是五蘊等生滅有爲變異之法故，五蘊中之十八界法，一一界皆是可壞之法故，古今錯悟者所謂之離念靈知都是十八界法之意識界與意根界所攝故，都無常住不壞性，是故極盡方便求證「世間我常住不壞之性」而不可得。三世諸佛如是求之，悉不可得，悉皆證實世間之我必定是可壞滅法，必定皆是剎那生滅之法。

然卻又說：三世一切諸佛，極方便求「無如來藏」者，亦不可得，必定有如來藏故，隨時隨地皆可親見自他有情之如來藏故，若無如來藏則無一切有情。三世一切諸佛極方便求「如來藏之有爲有作體性」亦不可得，如來藏之自體性是無爲無作性故，是從無始劫來便自無爲無作故，非是因爲修行而從有爲有作轉變成無爲無作故。如來藏體性恆常如是，吾人極盡方便而欲求證其無，終不可得，由是緣故，平實不洩漏密意，而亦能證實其必定存在，是故繕造《眞實如來藏》一書，**證明如來藏眞實有**，非是印順、昭慧、傳道、星雲、證嚴……等藏密黃教應成派中觀師所說之無如來藏也，證實如來藏非是印順、達賴、宗喀巴……等人所說之「方便說有」也；

是故吾人若欲證實如來藏確不存在者，終不可得也。今者平實早年所著《眞實如來藏》一書猶在，反對「如來藏確實有」者，仍可檢校而作辨正，何須於網站上化名而空口徒言？如是「如來藏眞實存在」之意旨，迄今仍為印順、昭慧、傳道、星雲、證嚴…等人所不能推翻者也！

此雜阿含部經典中，亦處處說有如來藏，而印順竟可斷章取義，強行扭曲《楞伽經》「開引計我外道故說如來藏」之佛旨，說之為方便說，將佛度外道之方便善巧而說如來藏，顚倒解釋為佛意實無如來藏，大違楞伽始終說有如來藏之前後眾多經文。今於原始佛法之《雜阿含經》中，則是明說**有如來藏**者，則是明說「極方便求『無如來藏』而不可得」，印順、昭慧、傳道、星雲、證嚴等人，復當作何狡辯之言？有請彼等：對諸佛門四眾，公開澄清之！

如是，印順年輕時，因久熏習外道學者等人所研究之「佛學」理論，復因自身久久探究而不能親證如來藏為何所在，三因修學藏密黃教之應成派中觀邪見，是故追隨彼等外道而否定之。如是，印順、昭慧、傳道、星雲、證嚴師徒等人，聞如來藏已，不生信樂，反生誹謗，於三乘諸經中之處處說有如來藏等言，都不信受，故意處處曲解之，以種種言辭、眾多書論而謗之爲無，故意處處違背三乘佛經所說意旨。既如是不生信心於三乘諸經，篤信藏密外道之應成派中觀見，則應卸下袈裟，改服藏密外道五色之衣，或服一神教外道之神父世俗衣；莫再身披佛教法衣，卻從根本義理上廣破佛教之最勝妙正法，廣破佛教三乘菩提之根本。

如斯等人，即是雜阿含經中所說「**若諸眾生多背諸佛者，聞如來藏則生誹謗**」之人也，由此即可推知：印順、星雲、證嚴…等人歷劫以來必定是「多背諸佛」之異生凡夫，不信樂於諸佛甚深如來藏妙法；是故今生甫聞「無如來藏」之邪說，便生信樂，一生努力謗如來藏，成就謗菩薩藏之最重罪。如是等人「自燒種子，嗚呼！苦哉！苦哉！不信之人，於三世中甚可哀愍。」如是等人「久習（二乘）無我隱覆之教（復又錯解二乘無我之隱覆說法），如彼凡愚染諸邪說」，如是類人「去、來、現在不解密教，聞如來藏不生信樂」，聞如來藏已，必定誹謗。「非餘眾生」而不生信，「非餘眾生」謗無如來藏，唯有印順、星雲、證嚴……等人往世多背諸佛者，方肯追隨印順所主張之**人間佛教**邪思，支持印順所造誹謗如來藏深妙正法之惡業，背棄太虛大師所倡導之**人生佛教**。凡我佛子，萬勿效行之，免受來世之種種不如意，乃至種種極難堪忍之痛苦。

是故，三世一切諸佛之所說者，皆是同一法道：遠離一切過惡，令自心如來所含藏之一切種子轉淨，不以七識心及五色根六塵等法爲眞實法，而轉依如來藏之本來自性清淨涅槃，次第進修，不滅除世世皆得持有之身根與七識心等，世世於人間進修佛菩提道，終至自心如來所含藏一切法種悉皆清淨，七識心之有漏種子完全淨除，不復再能轉易自心如來中所含藏之種子；如是斷盡變易生死，而復不捨一切眾生，不入無餘涅槃亦不住生死之中，如是以其三大無量數劫所修福德而成就之解脫色，利益眾生永無窮盡。是故諸佛應化人間，至於化緣已滿而捨壽取無餘涅槃時，只是示現能入無餘涅槃，非諸俱解脫之阿羅漢等人所能見其住處；唯有證得道種智之初地以上菩薩，能少分了知佛所住之無住處涅槃境界，雖仍不能證得，心嚮往之，精勤而修佛道。

由是緣故，三世十方諸佛，皆不以滅盡十八界法後之斷滅空，作爲無餘涅槃；皆不以一切法空作爲般若智慧之修證，皆不以一切法空作爲成佛所取證之無餘涅槃，皆不以二乘聖人所取無餘涅槃之灰身泯智境界作爲佛地之無餘涅槃修證，而是以實證無餘涅槃之本際，現觀無餘涅槃之本際而斷盡分段生死現行，亦斷盡變易生死之種子變異性，如是超越二乘所證無餘涅槃境界，而說爲證得無餘涅槃。如是能取證無餘涅槃，而不入二乘無學聖人所入之無餘涅槃，而超勝二乘無學聖人所入之無餘涅槃。由如是正理，非如印順⋯等人所說：「一切佛捨壽後灰身泯智而入無餘涅槃，而如灰飛煙滅、空無所有，故無報身尚在天界，故無化身佛仍得與有緣人感應。」而是轉入自性受用之圓滿報身解脫色，常住世間而利益眾生；而生起他受用之圓滿莊嚴報身解脫色，利益諸地菩薩。雜阿含如是說，大乘方廣唯識諸經中亦如是說；是故，佛於此經中說：「三乘亦非乘，如來不磨滅；一切佛所記，說離諸過惡。」此乃是說：遠離一切過失與惡法，故名如來，非是滅盡一切法而可言爲如來也。

「**爲諸無間智，及無餘涅槃，誘進諸下劣，是故隱覆說**」：爲利益諸多有智慧之菩薩，進修大乘法中無量無邊之「無間智」故，應當隱覆密意而宣說種種無剎那間斷的眞實智慧；是故如來雖證無間智，卻要以有間法之五蘊、十二處、十八界法，卻要以有間之世間種種有爲法等語言音聲文字，藉用種種無量無邊之名與相，以有間法之言說名相，而說種種一切種智無剎那、無間之佛法。彼諸外道不了佛所說之種種無間智密意，乃竟謗佛曰：「汝釋迦牟尼既證無間智，然而觀汝成佛以來，皆在有間法中示現行來去止、又復言說極多，累牘盈篇，蔚成十二部經，悉是違於自說者。」此名眾生無智，復兼大慢，不思深入思惟、理解佛意，乃竟作此謗　佛之說。今時之出家在家佛弟子中，亦有如是等人，來函責余多所言說，而悉不能知解余諸書中所說義理者。且舉一例為證，於法義上辨正之，用供學人進益：《

蕭居士大德：

　比丘我小學畢業，無緣深入經藏，因為文字太深難懂，祇能從金剛經、心經、六祖壇經粗淺文字了解一些而已。

　有緣閱讀大德所著作，正法眼藏及宗通與說通，因為大德也說得太深，只能大約從大德所著書中，了解一點點，說出個人一些些粗淺見解：心經：「觀自在菩薩，行深般若波羅蜜多時，照見五蘊皆空……無眼耳鼻舌身意……心無罣礙……」即是如此：若有人謗蕭平實不是，那也只是謗蕭平實這個人，而這個人又與你何關？

　張志成老師語大德：「畫鬼容易畫狗難」，請問大德心動否？若心不動，反責一堆；若心不動，已被眼耳左右，若悟再深，有用否？仰諤益西、喜饒根登……（文長略之）則善。宣化法師言：「……。（文長略之）」我個人也不認同。

閱讀密勒日巴傳，個人不知尊者成就多高，但尊者的忍耐性，又在溪邊山洞克苦精進十二年成就，請問大德能否？「若見其短，不見其長，則非智者。」

閱宗通與說通，大德語諸山長老、古德一、二十人見地不足或邪見，好比「天下人皆非，唯大德獨是」，大德若以客觀角度演說自己對佛法領悟見地，讓大家認同讚賞，則善（原註：小孩不懂大人世界，大人責小孩爲笨，那大人也非智者）。

佛無說法，佛沒勝過人，佛不強人受法，佛心無善惡，佛只將所悟之道，所行之法與眾生分享，如此，佛與法才值得流傳至今至後。遙見一湖水而渴死，不如見了一杯水喝下。我讚賞大德聰明與勇敢的精神，用好則善。

夢中作夢，眞行事；
覺醒夢事，覺是夢。

（依原函字跡大小比例）

《比丘 爲地 2002.8.15.》

如是比丘，空心高腹，於佛法一無所證，而好樂教授、好樂指導他人。乃至對親證之人亦欲加以指授，猶如幼稚園生而欲指導大學教授進修，云何能是有智之人？所謂初生之犢不畏虎，此之謂也，實由不識虎爲何物故。此比丘者，五年前曾來函責余，余未訶責之，並**委婉覆函，詳加細說**。復因來函故，平實吩咐同修於數年來陸續寄贈拙著。不料五年後之今時，仍未改其慢心，佛法知見亦無長進，復作此函責余，今乃公佈而辨正於後，藉此比丘信函爲緣，而作法理之辨正，令諸同墮如是邪理中者，以之而得改易原有之邪見，方有見道之分，是則**爲地**比丘之功德一件也。

未悟之人，於已悟人前，絕無語話分，未得般若之實相智慧故，皆是依文解義而墮於諸經之文字表相中故。初悟之人，於悟後起修多年之人面前，亦無語話分，未得般若之別相智故；悟後進修多年之人，於初地菩薩前，亦無語話分，未得初地無生法忍之道種智故；初地之入地心菩薩，於滿地心菩薩前亦無語話分，未證得初地滿心猶如鏡像之無生法忍現觀故；初地滿心菩薩於二地滿心菩薩之前，亦無語話分，未得猶如光影之二地無生法忍現觀故；……乃至等覺菩薩於諸佛前，亦無語話分，唯除佛之授意故說，未得一切種智故，唯得道種智故；是故一切等覺菩薩於諸佛眼前，無比恭敬，非無因也。眞實了知諸地差別因由所在，而非臆想者，方是地上菩薩。

然而吾人卻是常可得見：每有初學佛法二三年之人，或是久學佛法而始終不入門如**爲地比丘**者，往往自謂一切佛法皆已證知，便敢訶佛罵祖，輕一切人；便敢訶責眞悟之人爲淺學，便敢出手指導眞悟之人。彼諸淺學無智之人，不知悟爲何物，不知大乘法初悟者心行之深妙，乃至一生皓首窮經六十餘年之佛學專家印順「大」法師，亦不敢輕觸之；莫說印順凡夫之人，乃至聲聞阿羅漢，於大乘別教七住菩薩前，亦無語話分；而不學無術之人上門撩之，而輕佛蔑祖，不可謂有智之人也。**爲地比丘**亦復如是，恃其身著僧衣，便來菩薩眼前指授三四六七，即是末法衆生空心高腹之現例也！殊不足取！今因**爲地比丘**於五年前，余曾長函宛轉爲之解釋，而今仍執僧衣以爲卑慢、大慢之資，來函教訓於余，所說卻是偏邪之言論，是故今予披露辨正，用令學人引爲殷鑑！：

一者，小學畢業之人，而言《金剛經、心經、六祖壇經》等經文之**文字粗淺**者，誠恐佛教界內無人能同意之。今時多諸博士、大學教授，乃至中央研究院之院士而精研佛法者，彼等諸人之文學造詣、國文程度，皆不可謂爲淺薄；彼等諸人尚且不敢自稱《金剛經……》等經中文字爲淺，然此小學畢業之比丘，竟敢說之爲淺，復又筆之於文字，則可知末法眾生傲慢心行之一斑也。**爲地比丘**固如是，佛弟子中實仍有多人如是，非唯此一比丘爾。故當舉以爲鑑，令大眾了知：出家專職修行之比丘尚且如是，何況在家居士非是專職精進修行者，當更多於如是比丘也，當可了知此界云何名爲五濁惡世也，當可了知爲何諸多有智祖師不願再來此間受生，而由不懂得作濫好人之平實繼續在此受生弘法之意也。

二者，《心經》所說者，當知非是唯言七識心之虛妄體性也，乃是並言如來藏深妙之體性也。今者**爲地比丘**如是言，乃是欲以如來藏之體性套於意識心上，要求意識應住於如來藏體性中；如是作解者，乃是邪見也。何以故？意識心永遠是意識心故，意識乃至佛地時仍是意識心也，至佛地時之意識心仍是時時分別眾生根性善惡、時時分別諸法而爲眾生宣說之心也，佛地之意識唯是永遠不墮虛妄想中爾，非是不分別眾生善惡根性者，云何爲地比丘欲令意識去除其五別境之了境慧？如是，**爲地比丘**之所墮者，即是今時海峽兩岸諸方大師之所墮者，亦是今時南傳佛法諸大師之所墮者，悉皆欲以意識住於一念不生之境界中，不作任何分別，而言爲眞心如來藏也。至於《心經》之密意，請詳拙著《心經密意》書中所說，此處勿庸重贅。

爲地比丘如是見解，其過極多，余諸書中已曾多所言說，爲地比丘仍然讀之不解，自生煩惱，復又來函責余，更欲教導余：應住於一念不生境界中，應當對境而不起心動念，應當任由他人破壞正法、誤導眾生，而不可起心動念摧邪顯正。以此認作佛法正修，悉墮邪見之中。所以者何？謂佛在人間示現時，究竟有無起心動念？經中具載，不勞強言爲無也。佛在人間，常觀眾生根性而作分別，豈以「意識之無分別」爲佛正法耶？佛在人間時，豈是一生皆坐於定中而無言說耶？豈是「不起心動念說法」如緣覺者耶？是故，學人當建立正知見：於吾人之意識起心動念時，無妨有一從來不曾起心動念之第八識如來藏，常住於不起心動念之境界中，非是今時方始如是，乃是久遠劫來已自如是。

如是證已，不妨意識覺知心之起心動念而作分別，而爲眾生說法、廣利眾生，然而卻有從來不起心動念、從來不分別之如來藏，仍然常住於不起心動念、不分別之境界中，而與起心動念分別諸法之意識覺知心同時同處，如是而爲眾生說法，如是而度眾生。如是證者，方是眞實證悟之人也；如是證者，方能通達三乘諸經 世尊所說諸法之密意也。若非如是證者，則不能現觀自身清醒之際實有八識心王並行運作之佛法正理，則永不能通達二乘菩提之隱覆法義，何況深妙於二乘菩提無數倍之大乘法義，更不能絲毫知之也！是故，不知、不證、不解如來藏者，於已知、已證、已解如來藏之證悟者前，絕無語話分；今者**爲地比丘**完全不知、不證、不解如來藏，昧於平實五年前之長函委婉解說，而竟空心高腹，又來函作諸妄語，眞是魯人而非質直者也。

三者，**爲地比丘**既言《六祖壇經》曾所讀之，並言其粗淺，試問：壇經所言爲教人住於一念不生之境者耶？壇經中有如是偈，爲佛門一切大師與學人悉皆耳熟能詳者：「**慧能無伎倆，不斷百思想，對境心數起，菩提恁麼長。**」**爲地比丘**若非不識字者，應早已讀過，云何今日猶自來函，教令余應處於不起覺想之境界中？教令余應處於一念不生、不了知大師正邪之境界中？是何言歟！

四者，密勒日巴非是佛教中之尊者，乃是常見外道；乃至其師馬爾巴，亦是常見外道，同墮意識心境，同以一念不生之意識覺知心作爲佛地之眞如心故，同以雙身法之淫樂第四喜作爲成佛之境界故。爲地比丘自不能了知其落處，猶爲其張眼，焉是有智之人？密勒之落處，已於拙著公案拈提第三輯《宗門道眼》第 208 則、234 則，以及第五輯《宗門正道》第 399 則中，加以引證，證明密勒只是將覺知心處於一念不生之境界中，作爲證悟如來藏，以此作爲西藏密宗之究竟成佛境界，完全不懂般若實相正義。今者慧炬出版社印行之《密勒日巴全集》三冊，猶可購得，其中所說，處處顯示密勒日巴以離念靈知心作爲佛地之眞如心，墮於常見外道見中。

五者，密勒日巴所修之法，尚有密意者，謂其住於山洞中精進修行十二年者，乃是以手淫之法而修藏密樂空雙運「成佛之道」，以求享受最高最大之第四喜樂觸而不洩精，以此作爲佛法正修，何有苦行可言？乃是放逸而享受淫樂之人。此於全集之文句中，有許多蛛絲馬跡可以證實之，非是平實之空口徒言而誣蔑之也。如是墮於樂空雙運之淫樂覺知心中，以受樂而一心不亂時之覺知心作爲佛地之第八識眞如心，本質乃是常見外道見，亦是追求樂空雙運第四喜最大樂觸之邪淫者，爲地比丘根本不知密勒日巴之本質，只因見其傳記傳說之苦行十二年，亦未考證其苦行是否眞實，便盲目崇拜之；更不知其所謂苦行者，乃是日日手淫之樂空雙運法門，

爲地比丘與密勒日巴無智乃爾！

若人無智，不解佛法之正修宗旨，縱令眞修苦行而非密勒之求受手淫樂空雙運者，假饒三大無量數劫之後，仍是愚人；何況密勒乃是日日而受手淫之樂空雙運，追求欲界世間樂觸者，焉得謂之爲苦行？復次，身之苦行殊不足取，觀乎世尊捨棄六年苦行，改行不苦不樂行，受牧羊女之乳糜供養，於不苦不樂之時，參禪而悟般若正理，終成佛道。**爲地比丘**不知事實眞相，盲目崇拜色身之苦行，不如卸卻袈裟，改修外道五熱炙身、常臥荊蕀等苦行，捨棄不苦不樂而聞熏佛法之正行，捨棄參究宗門般若禪之正行，應當更符己意，何妨聽余言而行之？方契**爲地比丘**之意也！

六者，若人「悟」後，唯能一念不生，而不能分辨法義之正邪，而不能了知邪師與正法分際，則如是之悟，有何可羨之處？而**爲地比丘**竟喜樂之，令人難解！又我　佛世尊在世時，常踵隨外道足後，遍至當時印度各大城摧邪顯正，余今效之而護正法，平實此行若實有過，則　佛亦有過，平實只是效法　佛之正行故。未審**爲地比丘**可說之爲　**佛過**乎？今者**爲地比丘**昧於如是事實，聞余作是說已，當復何言？

七者，若小兒愚癡，而大人不能教之，眼見其愚癡，造諸惡行，明見其未來必定遭逢大難，竟能置之不理，不施教誨；如是大人，殺之可也。如是父兄，寧可無之，要換嚴父；換已，方能令孺兒得生世間智慧，方能令彼孺兒修善而長命保身。乃爲地比丘竟反對如是嚴父之教導，欲代之以愚婦之仁，豈是有智之人？何況彼嚴父者，已曾多年和顏悅色婉言規勸，廣作慈父之事，而其小兒都不聽勸？今者諸方大法師、大居士之成就大妄語罪者，其數眾多，平實於公元二千年年底開始指名道姓而評之前，已曾多年皆不稱名指姓而規勸之，然而都無一人肯聽規勸而改正誤導眾生之惡行；乃竟變本加厲，橫加抵制，又作口頭上之無根誹謗；由是緣故，改易爲明言指正，舉示出處，以證明之；分辨正邪，以示大眾，而令大眾悉得建立正知正見，得免再受諸方大師誤導而入歧路。如是救護眾生、護持正法之所行，斯有何過？而爲地比丘因此謾罵於我？

八者，彼諸被評之諸方大法師，若自認其法正眞，若認定平實所言爲誣枉者，自可以其大名聲、大道場之勢力，出書辨正，令大眾公斷之。或者召開法義辨正之無遮大會，令平實到場，面斥平實之邪謬所在。如是二法，皆可行之，諸方大法師皆有財力與勢力爲之。或者亦可私下見余，面議法義之正邪所在，開示於余。然而諸方被評之大法師悉皆不此之圖，悉皆噤口不言，只作私下無根誹謗之言行。而為地比丘不解佛法，不知眞相，以己身披僧衣故，欲為大法師：等人打抱不平。平實已曾親筆長函委婉解釋之，亦曾寄贈拙著供閱，不意五年之後卻又強欲出頭訓誨於余；及至強出頭來，卻又處處顯示自身不懂佛法至於極為嚴重之地步；如是之人，云何可謂為有世間智之人？何況能有大乘佛法智慧？今將其文公諸於世，將為地比丘示現愚癡無智而復好樂逞強之事，以作辨正，用供大眾引為殷鑑，則可轉其過失為大功德也！

九者，為地比丘所言「佛無說法」，若言可通，試問：三藏十二部經是阿誰說？又問：「若言《金剛經》非佛所說，則成謗法；若言是佛所說，佛卻於經中明言：『若道我有所說法，是人謗佛，不解我所說義。』」究竟《金剛經》是佛說？非是佛說？有智之人何妨離言語試道之？若不能離言語而道盡此意者，皆是未解《金剛經》如是佛語之人也，有何悟處？有何般若證量可言？

十者，為地比丘言「佛不強人受法」，若言可通，試問：世尊初成佛時，常覓諸外道，與之說法，強令其受法而度生死，究竟有無強人受法？乃至以十餘日時間，示現神通諸行，專為大迦葉示現及為之說法，欲令入佛道，究竟世尊強不強人受法？如是之例，不勝枚舉，經中多處可檢，未審**為地比丘**當作何言？

十一者，**為地比丘**言「佛心無善惡」，若言可通，試問：佛若無善惡，若非純善純淨，云何一生為救眾生而破斥惡知、惡見、惡法、惡行？云何一生善知、善解、宣說善法而行諸善？如是言行，經中處處可見，可證平實所言屬實，**為地比丘**當作何解？然而佛又於經中宣示：無善無惡、無眼耳鼻舌身意、無眼識界乃至無意識界、無三十七道品一切法。宣示時，明明卻又有善有惡、有眼等、有眼識等、有三十七道品等。如是經中所說，與佛意有相符相違否？是否符合**為地比丘**之言？

是故，必也能分別善惡之覺知心，分別眾生之善惡與根性時，無妨別有第八識本來無分別、本來無善惡之離見聞覺知之如來藏心，與能分別、有善惡之覺知心同時同處而運作不斷；以如是無善惡分別之心，而言為佛心，方是眞解「佛心無善惡」之證悟者也。**為地比丘**但見余之破斥諸方大師，不能安忍，便來信責余，豈是親證「佛心無善惡」密意之人？閱余書時早已了知善惡，早已起善惡之心了也，何待於後復又來函責余時之起分別與瞋惡？是故，責人之前當先自責：「自己是否已親證無分別、無善惡之心？」是故，不知之人當先自知「己之未知」，安份守己而低心虛心，全力於大乘佛法之見道證道上以用其心，不可絲毫用心於觀察善知識、乃至訶責善知識之言行也。

十二者，**爲地比丘**言：「佛只將所悟之道、所行之法與眾生分享」，意謂佛不曾破斥外道，若言可通，試問：世尊一生破斥外道，經中具載；乃至三大阿僧劫中，常如是行；又於僧團中，對比丘之妄說佛法者，加以當面斥責，一生常所爲之，如斯等事，**爲地比丘**不曾讀耶？不曾知耶？是何比丘歟！

十三者，一切學人當知：諸經中之文字穀，要須舂炊究明，方可作爲般若之食也。一切大乘佛法函蓋二乘菩提，然卻全部匯歸於自心如來藏，若不曾親證自心如來藏之無說法、之無勝過人、之不強人受法、之無善亦無惡，則不能了知大乘佛法般若之眞實意也。

如是，聞善知識宣說如來藏妙理已，而仍秉其高慢或卑劣慢，執著僧衣身分，責人多所言說，責人破邪顯正救護眾生；而不肯深入探究善知識言說中所開示之如來藏正理，將彼能令人親證如來藏之開示捨而不取，而不肯依之探究自心如來藏之所在，藉以發起般若智慧，而一心欲要維護僧衣之尊嚴者，其所披之僧衣，終究不能維持其尊嚴也。

要須親證自心如來，親見自性彌陀之後，發起般若慧，身上之僧衣方能令其人有尊嚴可說也；若不如是，爲地比丘縱使有朝一日能親自證得解脫果之極果，成爲俱解脫之大阿羅漢，於平實眼前，終究仍無語話分；於我會中之初悟同修面前，亦無語話分。如是之人，於大乘佛法而言，有何可取之處？

十四者，一切未悟如來藏，亦未取證聲聞初果而斷三縛結者，皆是博地凡夫，應當速覓聲聞菩提或大乘菩提等正法而求證之；乃竟不此之圖，心中唯見他人弘揚正法、破斥邪說之事行，便生煩惱而責於人，不肯詳加探究弘法者所言是否爲契符佛教正法，不肯對弘法者所說之般若境界加以實證，然後檢驗其眞僞。如是之人，眞是爲地比丘所言「遙見一湖水而渴死，不如見了一杯水喝下」之愚人也。然而爲地比丘自身，終亦不離自己之所責也，「我讚賞爲地大德聰明與勇敢的精神」，敢提筆寫信責余，然而余亦有一語相勸：「如是勇氣，用好則善。用之不善，必生大過。」

所以者何？謂未悟實相心之人，悉皆不能了知自己正在夢中作夢；已悟之夢外人入其夢中來，爲之細說「彼境界乃是夢境，不應執著，應當速醒。」而彼夢中人卻更責彼入其夢中欲令其醒之清醒智者，更勸智者速醒；如是不解自己在夢，不解智者之在夢外，反責智者之在夢，眞乃夢中之人更說夢話也。

試觀余多年來不斷造書，詳細宣示二乘解脫道與大乘佛菩提道之正理；又恐自說妙理，不爲彼諸少聞尙慢之人所信，乃更援引諸經 佛語以爲誠證，細加解說宣演至極微細之地步，老婆無比至於難得再覓其人。然而彼諸少聞寡信之人，尙慢好諍之人，閱余著作已，仍然不能理解拙著細說之旨，仍然不能理解余之老婆心切，仍然不能理解經中佛旨之絲毫，不能於拙著所說正理獲得法益，仍執自己手中數兩黃銅而以爲富，置平實書中所贈整座金山而不顧，竟來函責余爲不解佛法，責余說法爲誤、責余之多所言說，欲余默然而不救護彼等被大師誤導之廣大眾生。今者，余若不作如上多言之行，彼等云何更能知所改正、返入正道？是故說彼爲**地比丘**一類人，悉是無智尙慢之人也，皆是依文解義者，皆是身在夢中、反責夢外清醒之人爲作夢者也。

今於此詳解中，以爲**地比丘**信函爲例，勸諸大師與學人：莫以爲自己所知者即是眞正佛法，亦莫離大乘法義而求佛法，莫以二乘法來解釋唯一佛乘之佛菩提道，汝等皆是大乘法中之比丘故，皆已受菩薩戒故，已非二乘聲聞人故。當求證自身本有之如來藏，當求證本來清淨之如來藏，莫求轉變染污之意識爲清淨之如來藏。染污之意識非是本自清淨之心故，染污之心本是虛妄心故，妄心永遠是第六識妄心，不應求變爲第八識眞心故。譬如《楞嚴經》中 佛語：「妄性無體，非有所依，將欲復眞？欲眞已非眞眞如性，非眞求復，宛成非相；非生非住、非心非法，展轉發生，生力發明；……由是故有衆生顚倒。」

意謂：「衆生迷於如來藏之本明、本覺，致生虛妄想，由虛妄想故出生意識覺知心；此意識覺知心本是虛妄法，非是具有能令萬法所依之眞心體性，爲何欲將此妄心回復爲眞心？欲將妄心回復爲眞心時，此妄心已經非是眞正眞如之體性，以此非眞之虛妄性之覺知心而求回復成爲眞心，好似種種非正之相一般。由如是錯認非能出生諸法之妄心，錯認非是常住法之覺知心，致其認以爲眞之心，非眞實心，亦非眞實法；由如是錯認故，不能瞭解諸法皆是由如來藏所生，是故出生了流轉生死諸法之力量，生死法之一切種子便由如來藏中展轉發生，而導致重新受生；……如是緣故便有衆生之顚倒生活於世間。」

凡此皆由錯認第六識爲第八識眞心，誤解佛法，以爲自己眞解佛法，依於諸經文字表義，便謂已知佛法、已證佛法，皆是依文解義、執言取義之輩。如是現象，非唯**爲地比丘**等少學寡聞之類有之，乃至今時台灣之四大山頭四大法師，猶不能免；乃至四大法師（或三大法師）所崇信之印順法師，亦不能免，悉墮於依文解義之大過中，每以爲解知經中佛語已，便是已經證解佛法者。由是緣故，今將**爲地比丘**之事例舉以說之，以爲教材，而令廣大佛弟子悉能週知，方能戮力求證如來藏也，方能戮力求證二乘菩提也，莫以聞經、閱經、思惟爲足，當以親證爲要。

尤以大乘佛法之親證，必須以三乘諸經之佛說聖教，全部印證之，若能全部印證無誤，方可說之爲證悟也；否則即成大妄語業，捨壽時再欲救之，已不能及；心中悔之，而無復能救，唯有受報爾。若復因此誤解佛法，自以爲已知已證而起慢心，誣責證悟之賢聖，成就誹謗辱罵大乘勝義賢聖僧之罪者，更屬無智之人也；徒恃僧衣而逞一時口舌之快，換得來世多劫之地獄長劫尤重純苦，何其冤枉？

至於眞實之證悟大乘佛法，則必須以親證如來藏本體爲其修證之起始，然後次依大乘經所說次第進修佛道。苟未親證如來藏本體，未能現前領受觀察如來藏本體，而言已知已解大乘佛法者，皆是錯會佛語之人，皆是未入大乘見道位之人，大乘方廣諸經所說者皆是如來藏法故，無有一法能自外於如來藏故。是故平實勸勉今時後世一切學佛之大師與學人，當戮力勤求親證如來藏之道，莫但閱聞而作已足之想，而作已知已證之想。更莫效法今時諸大法師之「非眞求復」愚行，妄心絕無可能修之而變爲眞心，欲復妄心爲眞者，乃是愚人也！是故，依文解義，非是眞悟；必須親證如來藏已，方能了知隱覆密意而說之佛語實義。由是緣故，勸請一切佛門中人，速證自心如來、自性彌陀，而後現前體驗如來藏之運作，方能眞解大乘佛法般若密意；由是舉示爲地比丘之函，爲作辨正，非唯懲其不受平實前函之教，亦示其錯解於天下，以轉諸方大師之謬思，如是以利廣大學人。是故善知識出於人間，有利有弊，如是之語，禪宗祖師早已言之：若人信之，受學之後即得親證，即證本來自性清淨涅槃，即成賢聖，即通三乘諸經，是名爲利；若人不信，而復不肯閉口謹言，妄加誹謗乃至抵制，則成就誹謗大乘勝義僧，及成就誹謗了義正法之特重地獄罪業，妄受無量世之尤重純苦重報，故說爲弊。有智之人，於此悉當明鑑之；平實今者不顧他人閑言，不顧他人之將以此責余爲起瞋，今特詳細分說事相上之正理，言輕意重，伏維佛門諸方大師學人聽之，是則佛教幸甚！聽者幸甚！今時後世學人悉皆幸甚！謂平實之住世，得以唯利無弊故。

是故，剎那心與非剎那心，極難理解，要須親證如來藏已，方能眞解此義也。若如爲地比丘所說者，乃是欲令意識覺知心恆處於一念不生之境界中，恆處於不分別之境界中，則是不知剎那義者，乃是凡夫也，乃是心外求法之外道也。豈唯爲地比丘如是？今時，台灣四大山頭之四大法師莫不如是，何曾了知剎那義？何曾證知大乘佛法之般若妙理？莫道大乘佛法之般若妙義，乃至粗淺之二乘菩提涅槃，亦復悉皆錯會至極爲嚴重之地步，悉皆不斷我見，而欲以一念不生之意識覺知心，以入無餘涅槃，皆是常見外道見者也。

由是引證實例，即知古時眾生尚慢者亦復所在多有；每有眾生以凡夫之邪見，而責世尊：「既說無剎那、無間斷法，卻又處處不離剎那、不離間斷法。既說阿羅漢不解佛菩提，卻又爲阿羅漢授菩提記，言未來成佛時與諸菩薩成佛無異。既說菩薩不斷煩惱而證菩提，卻又開示應斷煩惱障。既說無餘涅槃，教人應證涅槃，卻又教諸菩薩不應入涅槃，應發受生願而自度度他。」由是緣故，大慧菩薩以此而問世尊，是故　世尊作是開示：

「為令聲聞緣覺諸人趣向無間智之修證，為令已悟般若之菩薩斷除煩惱而證無餘涅槃，成六七八地菩薩而入大波羅蜜多境界，亦為誘進下劣眾生修證佛法三乘菩提，是故我釋迦牟尼有諸**隱覆說法**，而作種種方便言說，令不同根器眾生各各得度；是故我所說法，多是**隱覆密意**而說者。」

「諸佛所起智，即分別說道；諸乘非爲乘，彼則非涅槃」：十方諸佛所發起之勝妙智慧，即是 釋迦世尊所分別演說之種種道理，如是不厭其煩而多所宣說者，皆是欲令眾生親證出世間上上波羅蜜故，非是強出頭故，非是好樂爲師故。由親證道種智之賢聖所住智慧境界而觀，除 釋迦世尊所說之三乘菩提法道以外，一切外道所說所修之種種自謂能成佛道之一切法乘，皆非眞正佛乘。彼諸古時天竺外道，雖然亦說彼法能令大眾成就佛道，然而彼諸古時天竺外道所說能令人成佛之法乘，所修證之境界尚且不能親證眞正之二乘涅槃，何況能證佛菩提？何況能令自他成就佛道？由是緣故，世尊開示言：「諸佛所起智，即分別說道；諸乘非為乘，彼則非涅槃」。

「欲色有及見，說是四住地，意識之所起，識宅意所住」：欲界愛住地、色界愛住地、有愛（無色界愛）住地以及見一處住地，即是世尊所開示，能令人流轉三界生死之四種住地無明。欲界六塵法之貪愛，使令眾生輪轉於欲界中，不得脫離欲界。欲界則函蓋欲界六天、人間、畜牲、餓鬼、地獄道，部份修羅眾生亦在此中。此中眾生，除極少數乘願或受命而來之菩薩以外，皆因欲界五塵貪愛而為所繫故，輪轉於欲界中，是名欲界愛住地，必因此貪而住此欲界中，故名住地。此如惟覺、聖嚴之執六塵中了了分明之覺知心為禪宗所悟之眞心者，即是欲界愛所繫縛之人也，如是等人長住於欲界愛境界中，不能捨離。

貪愛色界境界者，亦復如是，為色界境界所繫縛，不能超越色界境界。古時外道住於此境界中者極多，而皆自以為已證得涅槃，悉為色界愛所繫縛，長住於色界境界中，捨壽已，必定生於色界四禪天以內，以為如是境界即是涅槃。長住色界境界故，名為色愛住地。

復有貪愛無色界境界者，以為有身即必有壞，是故滅卻色界天身執著，生至無色界天中，長住於覺知心一念不生之境界中，乃至極微細之念亦無。然而覺知心乃是有生之法，有生則必有滅，非是眞實能出三界之法。彼等不知，長住於此，故名有愛住地，極微細之離念靈知仍是三界有故，乃是無色界有故。

彼諸古時天竺外道證得四禪八定者極眾，昔年 世尊為令眾生起信：信知人類修行可以出離三界生死，可以成佛。是故隨諸外道而學、而修，一一證已，為諸外道說其過失，說其所證非是涅槃，非是成佛之道。一一親證外道所修證之法已，然後捨離外道，自修苦行六年，而不能成就。後又探究之，了知苦行非是證道之因，了知斷除世俗煩惱者不能令人取證二乘解脫之涅槃，亦不能令人成就究竟佛道，乃捨棄極苦行，行於不苦不樂行；雖然因此導致五「比丘」之離去，然終因此不苦不樂行而證取佛道，二乘涅槃亦隨現前。

何故 世尊說四住地無明令人不能取證二乘涅槃？此謂四住地無明，一一住地無明皆必致使意識不斷現起，意識若不斷現起者，則離涅槃境界極遠，遙不可及。必須是超越意識境界者，方是取證涅槃之法。而此四種住地無明，皆必導致意識現行不絕，則無法證知涅槃境界；由是緣故，慧解脫阿羅漢斷除意識心之自我執著；由是緣故，俱解脫阿羅漢斷除意識心現行之習氣，斷除意根之受與想心所法，取證滅盡定。然而彼諸外道雖證四禪八定，不知此理，不知應斷意識心之執著，是故墮於四住地之世間境界中。

阿羅漢則不然，雖然日日現有意識心而利眾生，卻對意識自己無絲毫執著；如是證已，無妨現起意識心而為眾生說法以利眾生，而受供養，為眾生植福。如是二乘涅槃，已非外道所知，已非今時諸大法師所知，何況彼諸少數尚慢比丘更云何知？當知意識之常常現起，不能自我滅除而出三界生死者，乃是由於對四住地無明之本質不曾了知，妄以為三界中之境界即是出三界之涅槃境界，是故意識現起即墮三界輪迴境界中，由是緣故，佛言：「欲、色、有及見，說是四住地。」此四種住地無明，必令眾生常常現起意識心而長住於三界中故。

復次，意識之現起者，除上述外，佛於種智中，亦說肇因於意根。由於意根之普遍計執四住地無明所相應之法故，遂致意識日日現起，不斷攝受六塵法而了了分明。了了分明即是分別，了了分明即是攝受六塵，不可謂是離六塵也。乃至住於非非想定中，尚且仍有定境中之法塵，仍是攝取定境法塵者，仍非是離六塵者；既非是離六塵者，則知尚處三界中也。了了分明時，乃是意識覺知心猶存；若是意識覺知猶存者，則非是已出三界也，意識覺知心永在三界中，永不能出於三界外故。由如是意識心之誤判緣故，令意根不肯斷滅意識心，而與四住地無明相應，亦令意根不肯斷滅自己，是故常令意識心現起，由是輪迴三界生死而不能斷絕，是故 佛作是說。

復次，此四種住地無明，即是眾生輪迴三界而生死不斷之原因。於三界中輪迴不已之際，如來藏則隨同眾生之意識心而長住於如是四種住地無明中，故說爲識宅。意根亦復如是，自無始劫以來，長隨意識之虛妄熏習故，長住於如是四種住地無明中，未曾與無始無明相應也。要待起心而欲探究法界萬法體性之眞實相時，方才首度與無始無明相應也，是無始無明說爲「眾生心不相應者」，說爲「心不相應無始無明住地」。由是緣故，說四住地無明即是如來藏識輪轉三界六道生死之識宅，亦是意根所常住之無明境界。

「意及眼識等，斷滅說無常；或作涅槃見，而爲說常住」：彼諸外道由於現觀意識及眼等五識時生時滅，捨壽時永滅，復又缺於天眼而不能見有中陰身之眼等六識現行，而不能見有中陰階段之覺知心等隨同中陰身入胎，便因親見六識心必定間斷消滅故，乃言意識及眼等五識無常；見眼等六識無常斷滅故，墮於斷見之中。此如印順…等藏密黃教之應成派中觀師，皆墮此中；雖又施設「不可知、不可證之意識細心常住不壞」之說，以爲補救，仍墮斷見中，不離斷見，意識心不論粗細，皆不能去至後世故，皆必於入胎後永斷故。雖又施設「滅相不滅」，以爲五陰十八界法滅除後不墮斷見之補救措施，仍是斷見，滅相乃是已滅之法故，依三界有之消滅而施設滅相一法故，本質未離斷滅見。如是應成派中觀所說者，悉皆不足爲訓。

復有外道由於不能證知如來藏故，便將意識心處於一念不生之境界中，以之作爲如來藏；此即是 世尊所言「不覺識藏故，起常見」者：《大乘入楞伽經》中譯作：「不了藏識，起於常見」。即是今時台灣四大法師之所墮者也，悉皆不離意識境界故。亦如法鼓山聖嚴法師，以爲意識覺知心處於一念不生之境界中時，即是涅槃心（詳見拙著《宗門正義》舉示證明）；亦如中台山惟覺法師，以意識覺知心之一念不生、了了分明、處處作主，作爲眞如佛性（詳見拙著《宗門正義》舉示證明），大陸河北柏林禪寺之淨慧法師亦復如是，同此一墮。凡此，皆因不能了知藏識之體性，是故誤解佛法，便將眼等六識或意識心誤認爲常住而不斷滅之涅槃心，便將覺知心處於一念不生之境界中，說如是安住者即是涅槃之境界。如是同常見外道之邪見，焉得說爲眞實佛法？焉得說爲佛法中之實證者？

復次，佛之現有十種苦報者，非爲菩薩故現，非是實受苦報；乃是因於大悲之心，爲欲教導眾生：「凡造惡業者，必受果報，乃至我今成佛，亦受其輕報；何況未證解脫果、未證佛菩提之凡夫眾生，云何造惡業已，未來世中而不受其苦報？」如是示現之故，以令凡夫眾生遠離惡業之造作，未來可以免受障道之惡業。如是示現者，亦爲聲聞人而現，爲令聲聞人精進取證無餘涅槃而不懈怠；亦爲新學菩薩示現，令知一切惡業皆必有報，非可無報；令知乃至成佛，猶受其輕報，何況新學菩薩未證解脫果，未證佛菩提果？如是示現，非爲久學菩薩而現，久學菩薩雖未修證神通境界，然於定中往往觀見往昔無量劫前所造惡業而受其報；亦因了知如來藏之無覆無記性而能執藏一切善惡業種，因果由之昭昭不爽，深知造惡業後，因果報應如影隨形，未來世中必受其報，不須世尊如是示現。

又因菩薩欲求成佛，是故已入初地滿心位時，已能取證慧解脫果之後；或如三地滿心菩薩已能取證俱解脫果之時，仍須留惑潤生，世世常在人間修菩薩行，是故受報因緣極多，難可免除；菩薩如是觀已，由是緣故，極畏造因，唯除所造乃是善因。然而少聞少慧之人，不知如是正理，便謂佛之示現爲眞實受報。然實諸多俱脫阿羅漢已能免受其報，隨時隨地可以取證無餘涅槃而永不示現於三界中，尚有何報可言耶？何況三地滿心以上菩薩，亦可隨時隨地滅盡思惑而入無餘涅槃，尚有何報可言耶？下至初地滿心菩薩，亦可於一生中斷盡煩惱障現行，成慧解脫，而不能斷此果報？如是，諸阿羅漢，諸大菩薩，悉已能離果報，而故意不離之，以求成佛；何況諸 佛世尊勝妙無喻，以其威德神力，悉能隨意改變自己之內相分，豈有不能免者？是故當知， 世尊十業因緣受報者，乃是示現，爲令未悟三乘菩提之眾生精進修行佛道，爲令新學菩薩畏於因果報應，而不再造障道惡業。如是示現，乃是 世尊之大慈大悲也，一切學人當知 世尊之意也。

爾時大慧以偈問曰：

彼諸菩薩等，志求佛道者，酒肉及與蔥，飲食爲云何？

惟願無上尊，哀愍爲演說。

愚夫所貪著，臭穢無名稱，虎狼所甘嗜，云何而可食？

食者生諸過，不食爲福善；惟願爲我說：食不食罪福。

疏：《爾時大慧以偈問曰：

彼等諸多修學佛菩提之菩薩等人，志心欲求成佛之道的話，對於酒、眾生肉以及蔥蒜等污穢食物，在飲食時應當如何看待呢？希望無上正等正覺的世尊，哀愍我們而爲大眾演說。酒肉五辛等食物是愚癡凡夫所貪著之食物，食者身上臭穢又無美好名稱，那是兇狠的虎狼所貪愛的食物，爲什麼學佛的人心腸慈悲而可食之？如果食用酒肉等食物的話，就會產生種種過失，不食酒肉五辛等食物的話，那就是將來有福報的善業；希望世尊爲我們大家宣說：食酒肉五辛以及不食酒肉五辛的罪業與福報。》

解：「爾時大慧以偈問曰：『彼諸菩薩等，志求佛道者，酒肉及與蔥，飲食爲云何？惟願無上尊，哀愍爲演說。』」：酒肉及五辛等物，於佛法修行上，有許多爭議，亦是障道因緣之一；彼諸外道修行者，亦多不食之，以免障礙修道，亦免世人之惡評。由是緣故，大慧菩薩特地提出此問，請佛開示。

「愚夫所貪著，臭穢無名稱，虎狼所甘嗜，云何而可食？食者生諸過，不食爲福善；惟願爲我說：食不食罪福」：若是唯修二乘菩提之解脫道者，若入城中托缽乞食時，但凡有人布施時，不論所施何物，受已則食，不分葷素。若是進修大乘佛菩提道，欲求未來成佛者，必須茹素；然而往往多有新學菩薩不能茹素，仍續食之，致有過失。大慧菩薩言：如是等物，肉者不淨，五辛臭穢，乃是愚癡無智之凡夫所貪著者，若食用者，身根臭穢而無美好名稱；亦是虎狼等兇狠眾生所好樂之食物，是故學佛之人不應食之。若食眾生肉及五辛者，往往生諸過失。大慧菩薩見初學大乘佛法者，迄猶食肉及五辛等，是故為諸眾生性命及長養菩薩之慈悲心，以利佛法之住世廣弘故，乃特意提出如是等問。又因食不食肉，亦影響佛弟子修菩薩行者，後世之世間福德與果報，皆與佛弟子未來世之佛法修證息息相關，是故請 佛開示。

大慧菩薩說偈問已，復白佛言：「惟願世尊為我等說：食不食肉功德過惡。我及諸菩薩於現在未來，當為種種希望食肉眾生分別說法，令彼眾生慈心相向。得慈心已，各於住地清淨明了，疾得究竟無上菩提。聲聞、緣覺自地止息已，亦得逮成無上菩提。惡邪論法諸外道輩，邪見斷常顛倒計著，尚有遮法不聽食肉，況復如來世間救護、正法成就，而食肉耶？」佛告大慧：「善哉！善哉！諦聽！諦聽！善思念之，當為汝說。」大慧白佛言：「唯然受教。」

佛告大慧：「有無量因緣不應食肉，然我今當爲汝略說：謂一切眾生從本已來，展轉因緣嘗（註）爲六親；以親想故，不應食肉。驢騾駱駝、狐狗牛馬、人獸等肉，屠者雜賣故，不應食肉。不淨氣分所生長故，不應食肉。眾生聞氣，悉生恐怖，如旃陀羅及譚婆等，狗見憎惡、驚怖群吠故，不應食肉。又令修行者慈心不生故，不應食肉。凡愚所嗜，臭穢不淨，無善名稱故，不應食肉。令諸咒術不成就故，不應食肉。以殺生者見形起識，深味著故不應食肉。彼食肉者，諸天所棄故，不應食肉。令口氣臭故，不應食肉。多惡夢故，不應食肉。空閑林中，虎狼聞香故，不應食肉。令飲食無節量故，不應食肉。令修行者不生厭離故，不應食肉。我嘗說言：凡所飲食，作食子肉想，作服藥想故，不應食肉。聽食肉者，無有是處。」

（註：古時「嘗」字，通「常」字，作「往往」或「有時」解。）

疏：《大慧菩薩說偈問佛已，又復向佛稟白說：「希望世尊爲我等大眾宣說：食肉與不食肉這二種人之功德與過惡。我及諸位菩薩於現在及未來世，當依佛說而爲種種希望食肉之眾生，分別宣說此食肉與不食肉之功德過失的法，因此能令彼諸眾生各起慈心互相對待。若得生起慈心以後，就可於各自所安住的境地中，使得身心清淨明了，就可迅速的證得究竟無上菩提。聲聞、緣覺如果能於自身修證之境界上，因爲止息食肉之惡行以後，也將因爲不食眾生肉而發起慈悲心的緣故，可以迅速成就無上菩提。在惡見邪說議論法中的諸多外道等修行人，他們雖然常住於邪見斷常邊見而顛倒計著，但他們尙且有遮止之法，不聽從弟子眾等食眾生肉，何況如來乃是世間之救護者、正法成就者，怎麼可以允許弟子大眾食眾生肉呢？」佛告大慧：「善哉！善哉！諦聽！諦聽！善思念之，當爲汝說。」大慧白佛言：「唯然受教。」

佛告大慧：「有無量無數的因緣，所以不應該食眾生的身肉，然我如今應當爲你們大略的說明，這意思是說：一切眾生從最早以前以至如來，展轉互爲因緣的關係，都曾經是六親眷屬；由於往昔都曾經是六親的想法的緣故，所以不應該食眾生肉。驢騾駱駝、狐狗牛馬等等肉類，乃至那些屠宰獸肉的人，有時會將人肉混雜於種種獸肉之內一起販賣的緣故，所以不應該食眾生肉。由於眾生肉是在不清淨的環境下所熏習而生長的緣故，佛子不應食眾生肉。眾生嗅聞到食肉者的氣味時，全都會生起恐怖的心；譬如屠殺豬狗⋯等眾生之旃陀羅種姓，以及好食狗肉的譚婆等人，狗類聞見他們身上的氣味時都心生憎惡，因此而心驚恐怖群起同吠的緣故，所以不應該食眾生肉。而且也會使得修行者慈悲心不能出生的緣故，所以不應該食肉。肉食是凡夫與無智愚人所嗜好之食物，臭穢不淨，食者即無善名稱的緣故，不應該食肉。也會使得種種咒術都不能成就的緣故，不應食肉。又因爲食肉的人，由於殺害眾生身而食的緣故，當他看見眾生身形時，就會現起此一眾生可食的認識，因此深深味著的緣故，所以不應食肉。那些食肉的人，是諸天所捨棄而不照顧的人的緣故，所以不應食肉。又因爲會使得口氣常常惡臭的緣故，不應食肉。也因食肉的人惡夢會增多之故，不應食肉。在空閑林中修行的人如果食肉，虎狼聞到肉香就會前來的緣故，所以不應食肉。食肉也會使得飲食變得沒有節量的緣故，所以不應食肉。食肉會使得修行者貪愛肉食而不能出生厭離心的緣故，所以不應食肉。我曾經說過：凡是在所有的飲食之時，應該當作正在吞食自己親生子女的肉，或者當作是正在服藥之想法，由此緣故，不應食肉。如果說我釋迦牟尼佛聽受弟子食肉的話，這種說法是不正確的。」》

解：大慧菩薩說偈問已，復白佛言：「惟願世尊爲我等說：食不食肉功德過惡。我及諸菩薩於現在未來，當爲種種希望食肉眾生分別說法，令彼眾生慈心相向。得慈心已，各於住地清淨明了，疾得究竟無上菩提。聲

聞、緣覺自地止息已，亦得逮成無上菩提。惡邪論法諸外道輩，邪見斷常顛倒計著，尚有遮法不聽食肉，況復如來世間救護、正法成就，而食肉耶？」佛告大慧：「善哉！善哉！諦聽！諦聽！善思念之，當爲汝說。」大慧白佛言：「唯然受教。」

大慧菩薩以偈請問 世尊之後，又重新再請問一遍，請 佛開示。詳如前段疏文中所說，勿勞再贅。

佛告大慧：「**有無量因緣不應食肉，然我今當爲汝略說：謂一切衆生從本已來，展轉因緣嘗爲六親；以親想故，不應食肉**」：若修菩薩法，行菩薩行，則有無量因緣而不應食肉。譬如菩薩自無始劫以來，常以世間眾生爲師長父母子女兄弟姊妹眷屬，無一眾生於往昔之無量世中不曾爲我六親眷屬；然因時隔久遠，各因業行差異而各自分離，又因悉有胎昧故而互不相識，由是緣故，但見此世身形表相不同，處於不同道中，便將之取來烹食；殊不知彼豬牛狗…等眾生，於吾人之往昔無量世中，或者爲我世間法中之師長，或者爲我父母子女兄弟姊妹…等眷屬，何等親厚？如何此世卻取之而烹，卻取之而食？由是緣故，菩薩常懷此想：「一切女人爲我母，一切男子爲我父。」往昔無量世中流轉三界六道中，必定如此故。既然如是，則不應取之而食，當念往昔彼等亦曾多所親厚於吾人故。

復次，菩薩於未來三大阿僧祇劫中，仍需受生無量世故，仍需以無量眾生為父母師長眷屬故，仍需與眾生結善法緣故，由是緣故，不應食眾生肉。若食眾生肉者，眾生由於如來藏所含藏之怨恨惱心業種故，來世甫見菩薩時，便將不由自己地產生厭惡之感，尚且不喜眼見菩薩，何況肯聞菩薩說法？由是緣故，菩薩不應食眾生肉。

「驢騾駱駝、狐狗牛馬、人獸等肉，屠者雜賣故，不應食肉。不淨氣分所生長故，不應食肉」：古時印度，亦如中國人之不食牛肉；中國人因感恩牛隻終生為人勞累，是故不食牛肉；印度則因宗教因素，將牛認作聖物，是故不食。然賣肉者，有時往往將牛肉混雜於羊肉中出售；若不欲食牛肉者，應當斷肉不食。乃至有時屠殺異地之流浪人類，或自然死亡之人，混雜於羊肉之中而販賣；若欲避免，應當斷肉。

復次，一切肉類，皆由不淨氣分所生長故，不應食肉。云何不淨氣分？謂由父精母卵不淨氣分所結珠胎而生，亦由不淨母血供養四大而漸漸形成者，復由食諸土地糞壞所生種種土食而長養，是故氣分不淨，不應以之為食。

「眾生聞氣，悉生恐怖；如旃陀羅及譚婆等，狗見憎惡、驚怖群吠故，不應食肉」：食肉之人，身有肉味，眾生聞之，便知其人為肉食者；由知其人肉食故，甫見之際，心中便生恐怖之心，畏懼被其人所殺害而食。菩薩若如是，則不能與旁生眾生為侶，則此眾生未來世生而為人時，菩薩便不能度此眾生，是故不應食肉。猶如屠夫及好食狗肉之人，狗類見之，便生憎惡之心，亦復驚恐而群起狂吠其人，由是緣故，此食肉之人若修菩薩行時，必令眾生輕之，則難行於菩薩行也，是故不應食肉。

「又令修行者慈心不生故，不應食肉」：復次，修行人應當修行慈心，尤其菩薩發願為度眾生，發願欲廣益眾生，乃至於一切怨家而生慈心，如是以修四無量心，勤修慈無量心、悲無量心。既如是，則不應心想眾生肉，不應復食眾生肉。若續食眾生肉者，障礙慈心與悲心之生起及修行，是故菩薩行者不應食眾生肉。

「凡愚所嗜，臭穢不淨，無善名稱故，不應食肉」：食肉者，非是有智之人所行，亦非清淨者所行，乃是凡夫與無智慧者，不知肉之不淨，不知食肉障礙修行慈與悲心，是故食之。如是食肉之人，於修行人之中，無有善名稱，亦妨礙菩薩之弘法度眾事業，妨礙菩薩之自身修行，是故不應食肉。

「令諸咒術不成就故，不應食肉」：若是正在修學咒術之人，皆不應食肉，唯除所修咒術之相應神祇為山精鬼魅等極低下之鬼神，否則皆不應食肉。以諸欲界天中之正神等，悉皆厭惡人間眾生肉類之腥臊故；若修持咒法之人，日常食肉者，則其身臭穢，令諸天神聞之生厭難奈，便悉遠離；如是而修諸咒法者，悉不成就。

觀諸藏密行人修諸咒法，而欲成就佛法上之極高果證，卻以極污穢之肉類，特別是必須以生鮮肉類及生血為供，方為如法，則知彼等所修息誅懷增等四法之持咒諸行，所相應者必是山精鬼魅之屬，方受如是等食。若是天神者，唯須清香淨水淨果即可，焉用如是極污穢之生鮮肉類、生鮮血液？

乃至藏密修懷法誅法時，更用男女交合時所排洩之淫液精液為供品者，如是所請得之「佛菩薩」，其實皆是邪淫之鬼神與尚未歸信佛法之夜叉眾等所化現者，雖有「佛菩薩」形，實是欲界中極低下之邪淫鬼神。如是而求彼諸鬼神增益藏密行者之道業，真可謂為邪見中甚。

觀乎道教於法會之前三天，亦復必須茹素，然後法會中諸咒術方得成就；如是，食肉之障礙咒術成就者，亦可知矣。是故，藏密諸人若欲修諸咒術者，當捨肉食，更勿以生鮮肉類血液而供而修，否則，一切悉地皆不成就；萬勿信受密續所說之以生鮮肉類血食而供而食。

「以殺生者見形起識，深味著故不應食肉」：若菩薩好食眾生肉者，眾生見輒不喜，悉皆以爲菩薩生性殘暴故；旁生若見菩薩食肉，甫見輒畏，不敢親近，悉皆心慮菩薩或將取之殺害而食故。食肉之人，往往遊行野外之時，甫見眾生便言其肉可食，亦言其味鮮美等，如是心行起已，慈悲心斷，亦令眾生起恐懼心，不敢親近，則違菩薩之道；亦因此故，令人於眾生肉之氣味而生貪著，難證解脫果報，是故亦不應食肉。

「彼食肉者，諸天所棄故，不應食肉。令口氣臭故，不應食肉」：復次，五辛之爲物，性極辛臭，不食之人聞之每欲作嘔；肉類亦復如是，食者身生臭氣。又復肉類味腥，是故烹者常以五辛等物而調其味，食之則生大臭；故聲聞人食之尚無大礙，不需廣說佛法而利人天故。菩薩不然，應須廣說諸多佛法，常說種種佛法而利人天；若食肉類及調味之五辛已，則食已口氣常臭，縱能說法利諸人天，然一切人天聞之悉皆難忍，咸皆遠離，則菩薩難與眾生親近同事而說諸法，則不能成就法施佛事，是故不應食之。

「多惡夢故，不應食肉」：佛子未入三、四、五地之前，乃是尚未證得意生身者；要待三、四、五地之滿心位時，方能發起意生身，方離胎昧，未離眠夢。如是，菩薩雖至三地（亦有爲四、五地者）未滿心前，皆未離隔陰之迷，亦皆未離眠夢（佛在人間之應身，有時亦須睡眠，以維健康，然而無夢）；由於食肉之人夜晚睡眠時，常作惡夢，是故菩薩不應食肉。此乃因眾生身肉被食，臨當殺害之時，心中極度驚恐；被殺害後，轉至中陰階段時，心生極度怨恨乃至生惱，而思報復；雖然力有未逮，然已熏入第八識自心如來中；後於中陰階段乃至往生之後，其自心如來中之如是瞋恨怨惱等，仍將由其業力故，仍將由其不可知執受故，滋生擾亂，致使食肉之人夜晚眠夢中，常多惡夢。由是緣故，菩薩爲避如是惡夢，應當斷肉食。

「空閑林中，虎狼聞香故，不應食肉」：菩薩若是出家，常處空閑林中而修佛法觀行等；或是在家菩薩爲修禪定，是故避諸人群喧鬧之處，住於空閑山林之中而修禪定者，若不斷肉食，繼續食肉，則每因食肉之故，由肉味香塵而引來虎狼等肉食動物，則於道業生諸妨阻，是故不應食肉。

「令飲食無節量故，不應食肉。令修行者不生厭離故，不應食肉」：貪肉之人往往因爲貪著肉食，故令多食，由是導致飲食無節量；時日久之，漸成貪食之習慣。貪食習慣養成已，則於飲食之法日益重視，則於佛道修行滋生障礙，令道心不得成就，是故修菩薩行之人不應食肉。

「我當說言：凡所飲食，作食子肉想，作服藥想故，不應食肉。聽食肉者，無有是處」：語譯：《我往往這麼說：凡所有飲食，都應該當作吞食子女肉之想，或者應當認作服藥之想故，不應食眾生肉。》佛於經中多次宣說：凡所飲食，應作嚐子肉之想，不可貪著；亦應作服藥之想—為治形枯，是故不應貪著飲食。如是，一般飲食尚且不應貪著，何況眾生肉而可貪著？而可食之？是故，若有人言：「釋迦牟尼佛聽諸弟子食眾生肉」者，無有是處。

「復次大慧！過去有王，名師子蘇陀娑，食種種肉，遂至食人；臣民不堪，即便謀反，斷其俸祿；以食肉者有如是過故，不應食肉。復次大慧！凡諸殺者，為財利故殺生屠販；彼諸愚癡食肉眾生，以錢為網而捕諸肉；彼殺生者，若以財物、若以鉤網，取彼空行水陸眾生，種種殺害、屠販求利。大慧！亦無不教、不求、不想，而有魚肉；以是義故，不應食肉。大慧！我有時說遮五種肉，或制十種；今於此經，一切種、一切時，開除方便，一切悉斷。大慧！如來應供等正覺尚無所食，況食魚肉？亦不教人。以大悲前行故，視一切眾生猶如一子，是故不聽令食子肉。」

疏：《「復次大慧！過去世曾經有一國王，名為師子蘇陀娑，他喜歡食用種種眾生肉，最後遂至於食用人肉；由此緣故，大臣與民眾都不堪忍受，最後即便謀反，將國王王位褫奪，斷除他的俸祿；由於食肉之人有如是等過失的緣故，所以不應食眾生肉。

復次大慧！凡是種種殺害眾生的人，他們為了錢財利益的緣故而殺害眾生、屠宰販賣；那些愚癡的食肉眾生，其實是以錢為網而捕殺種種眾生肉；那些殺害眾生的人，就是這樣，或者以錢財寶物、或者以鉤子羅網，捕取那些空中飛行以及水中陸上的眾生，種種的殺害、屠宰販賣而求利益。大慧！其實並沒有不教殺、不求肉、不想肉食，而自然會有魚肉可食等事；由這個道理的緣故，菩薩不應食眾生肉。大慧！我有時說遮法，而使弟子可食五種肉，或者制定十種遮法，而使弟子可食肉類；從今時說此經開始，舉凡一切種類的肉、於一切時中，全都開除方便之制，一切肉類全部都制斷而不可再食。大慧！如來應供等正覺，於一切食物尚且都無所食，何況可食眾生魚肉？亦不教人食眾生肉。因為如來是以大悲心最在前

行的緣故，等視一切眾生猶如自己唯一之獨子，由此緣故，不允許弟子們食獨子之肉。」》

解：「**復次大慧！過去有王，名師子蘇陀娑，食種種肉，遂至食人；臣民不堪，即便謀反，斷其俸祿；以食肉者有如是過故，不應食肉**」：獅子蘇陀娑王，由因喜食眾生肉故，益求種種所未曾食之眾生肉，最後乃至食於人肉；由是故遭大臣民眾所制，失其王位權力及與俸祿，爲人所不齒焉，其由食肉之過所致。食肉者，往往亦因如是緣故，導致眾多過失。

亦有眾生好食血肉，是故親捕眾生以滿足口腹之貪；如是因肉生貪，則尚不能斷除我所之貪，墮於六塵之中，何況能斷我見與我執？是故食肉之貪，障礙佛法解脫道正修，亦障礙佛菩提修行之道種性發起，是故菩薩不應貪著肉食。

「**復次大慧！凡諸殺者，爲財利故殺生屠販；彼諸愚癡食肉衆生，以錢爲網而捕諸肉；彼殺生者，若以財物、若以鉤網，取彼空行水陸衆生，種種殺害、屠販求利**」：舉凡殺害眾生之行爲，皆是爲財、爲利故殺，以殺害眾生爲樂者，唯是少數之人；是故，若有人以殺害眾生爲職業者，皆屬爲財爲利而殺、而屠宰販賣者，無出其外。

世間食肉之愚癡眾生，自無閑暇捕諸眾生，便以錢財交易而獲得眾生肉。由因此故，便有獵人為求錢財，親自上山入海及與平地，以網、以鉤、以刃而捕水陸空行眾生，種種殺害而販售求財；是故食肉之人雖以錢財而交易眾生肉，其實乃是錢財為網而捕眾生，而得其肉食之，與諸獵人無異，共造惡業，成就共業。

佛教界近年流行大規模放生活動，是故常為舉辦放生活動故，向商家指定須要某類眾生數量多寡，又指定某類眾生數量多寡……等等，屆期放生。商家接獲訂單已，便向獵人訂購；獵人便向山林野地及與水中網捕眾生，屆時交貨，由佛教徒放生於他地；放生之後，大多不易覓食而致死亡，亦造成所放生之處原有自然平衡之生態，遭受重大改變與傷害，致令原有生物受到極大衝擊。而被網捕之眾生，亦復先已死亡四分之一乃至近半，唯有部份可交付之；是故獵人必須增大網捕之數量，如是大量殺害眾生，殊不可取。

是故放生之舉，宜不定期而行，應當突然而至市場，隨緣購諸非是豢養之野生動物，或是臨時購諸可放生而不影響生態之動物，臨時放生於適合之野地。絕不可預先訂購，以免為利眾生，卻反而傷害更多眾生，成為殘害眾生之無智行爲。如是隨時突然而作放生之事，方是眞正救護眾生者。更應教導大眾：保護環境野地，不應過度開發，以及廣作保護野地種種眾生之行爲；應當如是教導眾生，共爲利樂眾生而行，方是眞實修福之行也。

「大慧！亦無不教、不求、不想，而有魚肉；以是義故，不應食肉」：人類文明發達之後，其實並無不想眾生肉而得有眾生肉之事，亦無不教獵取眾生肉而自然有者，亦無不求眾生肉而自然得有者，是故，一切魚肉等，皆是起心動念、付諸行動，或自殺害、或以教殺害、或想食之，然後以鉤網、錢財網而捕眾生肉以食之。是故，凡眾生肉者，皆是因教、因想、因求而有者，由是緣故，菩薩不應食眾生肉。

「大慧！我有時說遮五種肉，或制十種；今於此經，一切種、一切時，開除方便，一切悉斷」：世尊初出弘法時，隨順世間方便而度眾生，是故施設三淨肉：謂一者我不見殺，其肉可食；二者，非爲我而殺，其肉可食；三者非是自手所殺，其肉可食。是名三淨肉，乃是爲諸初機學人得入佛法而方便施設者。

復有五淨肉者，於上述三淨肉外，復加其二：一者，若疑是爲我而殺者，則不應食；若無疑者，則可食之。二者，野外壽命終了，自然死亡者；或野獸所捕殺之食餘，其肉可食；但不得搶而食之，否則即非淨肉。是名五淨肉。

如是三淨、五淨之肉食，乃是爲接引初機學人而設，久學之人所不應食，若學菩薩行，新學之時亦不應食之。

十種者，謂於如是三淨肉、五淨肉之外，其肉若屬如是十種之肉，則不應食：人、象、馬、蛇、狗、驢、狐、豬、猿猴、獅等十。如是十種不淨肉，縱符三淨、五淨之例，亦不可食。食之犯戒。

今於此《楞伽經》中，世尊重新宣示：一切種肉類，一切時間地點，前所施設之種種方便遮斷而可食肉等法，如今全部廢棄，永不得食。若人復以種種藉口而食眾生肉者，則違佛制，斷大悲種。

此事最易犯者，即是藏密諸人也。乃至承認是「大慈大悲觀世音」化身之達賴喇嘛，來至台灣寶地已，竟亦不捨肉食。彼等藏密諸人，若於藏地雪地不毛之地，以肉爲主食，余等不忍見責；然而來至台灣寶地，素食之精美、之普遍、之色香味具足，常令洋人前來參加佛學會議者，讚賞不已，而達賴竟仍須以牛排…等眾生肉爲食，眞乃故違佛旨者也。彼等固言：

食肉之時即得超度彼被食之眾生。然而其說法有極多法理不通之處，錯謬無比，乃是妄想邪見，絕無可能食後即得度彼被食之眾生；唯有無智之人信其邪見，唯有藏密貪味之「法王」上師等人執著肉食而不能捨。故說藏密非是眞正之佛教也，身行、口行、意行及其理論與行門俱皆大謬故。

「大慧！如來應供等正覺尚無所食，況食魚肉？亦不教人。以大悲前行故，視一切衆生猶如一子，是故不聽令食子肉」：如來應正等覺，非以人身爲身，唯是示現應化故而有人身存在人間；眞實如來曾無所食，何況食肉？亦不教人食肉。復次，應化於人間之化身如來，以大悲心前行，凡事皆以慈悲心而爲眾生說法、而爲眾生行事，是故等視一切眾生猶如獨生子，由是緣故，不令修學其法之一切弟子食眾生肉。

爾時世尊欲重宣此義而說偈言：

曾悉爲親屬，鄙穢不淨雜，不淨所生長，聞氣悉恐怖。
一切肉與蔥，及諸韭蒜等，種種放逸酒，修行常遠離。
亦常離麻油，及諸穿孔床，以彼諸細蟲，於中極恐怖。
飲食生放逸，放逸生諸覺，從覺生貪欲，是故不應食。

由食生貪欲，貪令心迷醉，迷醉長愛欲，生死不解脫。
爲利殺眾生，以財網諸肉，二俱是惡業，死墮叫呼獄。
若無教想求，則無三淨肉，彼非無因有，是故不應食。
彼諸修行者，由是悉遠離，十方佛世尊，一切咸訶責。
展轉更相食，死墮虎狼類，臭穢可厭惡，所生常愚癡；
多生旃陀羅、獵師譚婆種，或生陀夷尼，及諸食肉性，
羅剎貓狸等，遍於是中生。
縛象與大雲，央掘利魔羅，及此楞伽經，我悉制斷肉。
諸佛及菩薩，聲聞所訶責；食已無慚愧，生生常癡冥。
先說見聞疑，已斷一切肉，妄想不覺知，故生食肉處。
如彼貪欲過，障礙聖解脫；酒肉蔥韭蒜，悉爲聖道障。
未來世眾生，於肉愚癡說，言此淨無罪，佛聽我等食。
食如服藥想，亦如食子肉，知足生厭離，修行乞食。
安住慈心者，我說常厭離，虎狼諸惡獸，恆可同遊止。
若食諸血肉，眾生悉恐怖；是故修行者，慈心不食肉。
食肉無慈慧，永背正解脫，及違聖表相，是故不應食。

得生梵志種，及諸修行處，智慧富貴家，斯由不食肉。

疏：《爾時世尊欲重宣此斷除食肉之正義而說偈言：

吾人所食之眾生，於過去無量世以來，都曾經是至親之眷屬，

他們身上的肉又是粗鄙污穢而不清淨的，也是與種種不淨物而互相混雜的，

他們的身肉也是藉不清淨的父精母血所生長的，

眾生嗅聞肉食者身上的肉血氣分時，心中都會生起恐怖之想。

人間一切的肉類與蔥蒜，以及種種類如韭菜蒜頭等五辛類之菜，

以及種種會使人放逸的酒類，這些是佛教修行人常常都應遠離的食物。

佛弟子們也應該時時遠離麻油而不食，也應該遠離種種有穿孔的床褥，

因為那些很多種類的細蟲，住在那些孔洞中，

一直都是很耽心人類睡上去時會壓死牠們，所以心中是很恐怖的。

由肉類的飲食而生出了放逸的心，再由放逸的心而出生了種種不該有覺受，

復由這些不好的覺受之中而產生了貪欲，由於這個緣故，所以不應該食肉。

食肉會助長貪求之心而欲多食，這貪欲心出生以後就會迷醉於肉味中，

由迷醉肉味而多食肉類的緣故，就會增長男女愛欲，

由此緣故而輪迴於生死之中，永遠都不得解脫生死輪迴。

爲了世間的財利而殺害衆生，或者是以錢財爲網而捕取種種的衆生肉，這兩種行爲都是惡業，由於殺生的業力所致，死後會墮落於叫喚地獄受苦。如果沒有人教他去殺，沒有人想食肉，沒有人求肉而食，就不會有三淨肉，三淨肉或五淨肉並不是無因而有，由於這個緣故而不應該食肉。那些清淨的修行者，由於這些原因，所以全都遠離肉食，食肉的人，十方諸 佛世尊，全部都會訶責他的。

這樣展轉受生而互相吃來吃去，吃肉的人死了以後就墮落到虎狼類之中，來世的虎狼等身體是臭穢而可厭惡的，以後所出生的五陰常常是愚癡的；報盡還債以後大多出生爲屠夫、獵師以及愛吃狗肉的譚婆種，或者出生爲陀夷尼—空行母，以及出生爲種種喜愛食肉體性的衆生類中，將會成爲羅刹、貓類、狐狸等，將會世世普遍的在其中受生。

於縛象經與大雲經，央掘利魔羅經，以及此楞伽阿跋多羅寶經中，我今已全部制戒，斷除一切三淨、五淨肉及十種遮除之法，不聽佛子食肉。十方諸佛菩薩，以及清淨的聲聞聖人常常訶責食肉的人；喜愛吃食肉類的學佛者，開始食肉之後便漸漸的失去慚愧心，後世若出生爲人時，常常是生而癡冥的人。

我在先前所說的見殺、聞殺、疑殺等，如今已經斷除一切的肉食，
眾生捨報時，由於虛妄想而不能覺知食肉之過失，
所以就出生在專門食肉爲生的眾生類中。
如是種種食肉貪欲的過失，會障礙聖道與解脫之修行；
各種的酒、肉、蔥、韭、蒜等，全部都是修學聖道的障礙。
未來世的末法眾生，對於肉類食物會作這樣的愚癡說法：
說肉類是清淨的，吃肉沒有罪過，　釋迦佛聽許我們大家食用。
我說飲食時應當猶如服藥之想，也應該猶如啃食獨生子之身肉一般而觀，
應於飲食知足而且生起厭離飲食之心，
爲離飲食之貪著，所以修行的人行於乞食之法。
安住於慈心的人，我說他們是時常厭離於肉類的貪著的，
這樣的人，沒有殺害眾生的心，虎狼與諸惡獸都可以與這樣的人共同遊止。
如果是常食種種血肉的人，眾生聞到他所吃的血肉味道時，都會心生恐怖；
由於這緣故，修行佛法的人，應該修習慈悲心而不食眾生肉。
食肉的人沒有慈悲與智慧，永遠背離眞正的解脫道，
以及違背聖教修行的表相，由這個緣故而不應該食肉。

如果有人出生在專門修行的種性之中，以及種種可以修行佛法的地方，或者出生在有智慧的富貴家庭中，這是因爲他過去世不吃肉的緣故。》

解：「爾時世尊欲重宣此義而說偈言：曾悉爲親屬，鄙穢不淨雜，不淨所生長，聞氣悉恐怖」：於《入楞伽經》中，世尊如是開示：《「大慧！如是等利，慈心為本；食肉之人斷大慈種，云何當得如是大利？是故大慧！我觀衆生輪迴六道，同在生死，共相生育，迭為父母兄弟姊妹，若男若女、中表内外六親眷屬，或生餘道善道惡道，常為眷屬；以是因緣，我觀衆生更相噉肉，無非親者；由食肉味迭互相噉，常生害心增長苦業，流轉生死，不得出離。」佛說是時，諸惡羅刹聞佛所說，悉捨惡心，止不食肉；迭相勸發慈悲之心，護衆生命，過自護身；捨離一切諸肉不食，悲泣流淚而白佛言：「世尊！我聞佛說，諦觀立道，我所噉肉皆是我親，乃知食肉，衆生大怨；斷大慈種，長不善業，是大苦本。世尊！我今日斷，不食肉，及我眷屬亦不聽食；如來弟子有不食者，我當晝夜親近擁護；若食肉者，我當與作大不饒益。」佛言：「大慧！羅刹惡鬼常食肉者，聞我所說尚發悲心、捨肉不食，況我弟子行善法者，當聽食肉？若食肉者，當知即是衆生大怨，斷我聖種。大慧！若我弟子聞我所說，不諦觀察而食肉者，當知即是旃陀羅種，非我弟子，我非其師。是故大慧！若欲與我作眷屬者，一切諸肉悉不應食。」》既然六道眾生往昔悉曾互爲六親眷屬，身肉又復不淨，屠時又復與諸穢雜同處，亦是不淨氣分所生長者，而眾生嗅聞食肉者身上氣味又復恐怖，則菩薩行者即不應食肉。

「一切肉與蔥，及諸韭蒜等，種種放逸酒，修行常遠離」：食眾生肉者，多與蔥蒜等五辛之物調味而食，以免肉味之腥臭；然而去除肉味腥臭已，轉生五辛之臭味，無一非是惡臭之味。如是惡臭之人，鬼神常來舐其脣吻，護法善神諸天悉皆不奈其臭而各遠離，不能護持之；是故食肉與五辛之人，常與鬼神爲伍，往往因此而生種種障道因緣，眞學佛人應當速離肉食與五辛。酒之爲物，易致破戒，復能使人亂性而肇大禍；亦常令人昏醉，復又障礙修學禪定，故不應貪杯，當應遠離之。

「亦常離麻油，及諸穿孔床，以彼諸細蟲，於中極恐怖」：麻油者，在天竺之製法異於中國，不可食之；然於中國地區，則不須禁食麻油。天竺地區所製麻油者，乃是採收麻油子後，置之甚久而令生蟲，逮至蟲數已至所預定之成數時，再烤熟壓榨成油，是故古時天竺麻油非是素食用品，乃是幾近半數爲蟲油，故不可食，如是麻油亦是眾生肉故。

復次，素食者由於所食疏菜多屬寒性者，溫性者少，是故常須以熱性之麻油爆薑而後炒之，去其寒性，以免身寒日久致疾；又因中國地區之麻油製法迥異天竺，並無殺害眾生而食其肉之問題，是故中國地區所造之麻油，可以調理素食疏餚，不須比照天竺禁食麻油。

穿孔床者，印度古時多有；乃是欲求眠臥時身上汗氣發散故，而將臥床加以鑿孔。然因有孔時，不免會有蟲類棲身於孔洞中；若人眠之，常有壓死諸蟲之事，故說彼諸細蟲於中極生恐怖之心。

「飲食生放逸，放逸生諸覺，從覺生貪欲，是故不應食」：食肉易生過失故，菩薩行者不應食肉，《大乘入楞伽經》中，佛如是開示：《「大慧！昔有一王乘馬遊獵，馬驚奔逸，入於山險；既無歸路，又絕人居。有母獅子與同遊處，遂行醜行，生諸子息。其最長者名曰班足，後得作王，領七億家；食肉餘習，非肉不食。初食禽獸，後乃至人；所生男女悉是羅剎，轉此身已復生師子、豺狼、虎豹、雕鷲等中，欲求人身終不可得，況出生死涅槃之道？大慧！夫食肉者，有如是等無量過失，斷而不食，獲大功德。凡愚不知如是損益，是故我今為汝開演：凡是肉者，悉不應食。大慧！凡殺生者，（後世）多為人食。人若不食，亦無殺事，是故食肉與殺同罪。」》

如是食肉之人，常生放逸之心，貪著肉味；由諸邪知邪覺邪觸故，輾轉復生種種貪欲，以故流轉生死，終無了期。

「由食生貪欲，貪令心迷醉，迷醉長愛欲，生死不解脫」：由食肉因緣故，生諸貪欲心；如是貪欲心，常令學人心生迷醉，便又轉生愛欲而日漸增長，由是緣故，長時流轉生死之中，不能取證解脫，是故不應食肉。

「爲利殺衆生，以財網諸肉，二俱是惡業，死墮叫呼獄」：爲求世間財物之利益而殺害衆生者，或是以錢財爲羅網而取得衆生肉者，此二種皆是惡業，死後將下墮於叫喚地獄中，長受其苦而叫喚不已。

「若無教想求，則無三淨肉，彼非無因有，是故不應食」：皆因世間有屠夫之教唆，故有諸獵師以刀鉤網等諸器而捕衆生肉身；皆因世間有想食肉之人，故有屠夫之操刀殺害衆生，求取衆生身肉而販賣之，故有種種殺害之事；歸根結柢，皆因有人欲得衆生肉而食，故有殺害衆生之事；三淨五淨十遮等，亦皆因此而施設。故說：「若無教想求，則無三淨肉。」凡一切肉之來源，皆必有因；造其因者後世必受其果，是故一切菩薩行者不應食肉。

「彼諸修行者，由是悉遠離，十方佛世尊，一切咸訶責」：若是清淨之修行者，由如是所言之理由，悉皆遠離種種肉食；凡食肉者，十方佛世尊悉皆訶責，是故一切修學菩薩行之人，皆應捨肉不食。

「展轉更相食，死墮虎狼類，臭穢可厭惡，所生常愚癡；多生旃陀羅、獵師譚婆種，或生陀夷尼，及諸食肉性，羅刹貓狸等，遍於是中生」：《入楞伽經》中，佛如是開示：《「復次大慧！有諸衆生過去曾修無量因緣，有微善根得聞我法，信心出家，在我法中；過去曾作羅刹眷屬，虎狼獅子貓狸中生。（今世）雖在我法，食肉餘習，見食肉者歡喜親近。入諸城邑聚落塔寺，飲酒噉肉，以為歡樂；諸天下觀，猶如羅刹爭噉死屍等無有異，而不自知已失我衆，成羅刹眷屬。雖服袈裟、剃除鬚髮，有命者見，心生恐怖，如畏羅刹。是故大慧！若以我為師者，一切諸肉悉不應食。」》是名「死墮虎狼類，所生常愚癡」之人也。

如是好樂食肉之人，死後常生旃陀羅中，或爲好食狗肉之人，或者生爲空行母，以及種種好食肉類之其餘動物等衆生類中。陀夷尼者，譯作空行母，即是藏密之密續中所說之空行母也。又譯作：荼吉尼、拏吉寧、荼耆尼、荼枳尼、荼吉倪、陀祇尼等。此乃外道所崇奉之夜叉鬼女也，性好血食及淫行；於藏密胎藏界曼陀羅外金剛部院南方，於閻魔天之左側；共有三大天鬼（外道說爲天，其實非是天屬）及一偃臥鬼，即是陀夷尼也。

三種天鬼女者：中爲周身赤者，右手持人足而食之，左手則持人臂待食；右鬼爲左手持刀，右手豎其肘，食指向右邊指，餘四指彎曲執缽，缽中盛鮮血；左鬼爲左手屈臂握拳當胸，右手豎肘持缽，缽中亦盛鮮血。偃臥鬼則臥於三鬼之前，閉目怒髮直豎，二手置於身側。此四鬼皆是夜叉之屬，絕非天屬，具載於密續中。密續經中謂此四鬼已由佛攝受而歸命三寶，然而此言實未可信；觀乎密宗行者須以五肉而供之，復須以五甘露（男精、女經血及淫液、酒、大便、小便）而供之，即可知之矣。是名陀夷尼。

陀夷尼者，在左道密宗之藏密中，又名荼吉尼，又名空行母，此等空行母者，乃是食魚、肉、酒而與種種異性不停雜交，以求獲得淫行中之至樂不斷，作爲「瑜伽行」。男行者亦名爲金剛陀夷尼，女行者亦名爲智陀夷尼（由有女陰而能使男行者於合修雙身法之淫行中獲得樂空雙運之邪淫「智慧」故，名爲「智」陀夷尼），有第四喜之「證量」者則名爲「佛陀陀夷尼」。讀者欲知其詳者，請詳閱拙著《狂密與眞密》即知。此處勿容再述。

「縛象與大雲，央掘利魔羅，及此楞伽經，我悉制斷肉」：今於《大雲經、縛象經、央掘魔羅經、楞伽阿跋多羅寶經》中，世尊已明示：一切肉悉斷，悉不應食。是故凡我佛門弟子，悉應斷肉勿再食之。

「諸佛及菩薩，聲聞所訶責；食已無慚愧，生生常癡冥」：食肉之人，當其食肉之時，明知食肉爲非慈悲之心行，而仍繼續食之，即是「食已無慚愧」；明知 佛已告誡而續食者，「生生常癡冥」，不信佛語故。如是之人，諸 佛菩薩及諸聲聞阿羅漢皆所訶責。

「先說見聞疑，已斷一切肉，妄想不覺知，故生食肉處」：世尊爲方便度化初學眾生，是故先行施設三淨、五淨、十遮等法，令初學佛法而不能離肉者，所食之肉必須是不見殺、不聞殺、不疑彼肉係爲己而殺者。然今既已遮斷一切肉，則一切佛子即不應再食肉。若不能了知食肉之過，墮於種種妄想之中而續食者，來世則生於食肉之眾生類中，而爲貓狗獅狐⋯⋯等肉食眾生。

如上佛語意旨，藏密諸人特應注意之；彼等每言：「食肉時以遷識法，觀想被食之眾生往生諸佛淨土、烏金淨土、羅刹淨土，則食其肉時即是度彼眾生之時。是故食肉有功德。」其實皆是妄想，遷識法乃是虛妄之法故（詳見拙著《狂密與眞密》之辨正），藏密諸師實以如是妄想，遂其食肉之貪爾，絕無超度彼被食眾生之實質也。藏密行者若不改其邪謬觀念，繼續食之不已，來世多將出生於食肉動物之中，一生食肉不斷；皆成愚癡衆生，欲復得人身，極難可得也，願藏密行者注意於此。

「**如彼貪欲過，障礙聖解脫；酒肉蔥韭蒜，悉爲聖道障**」：肉食之人易生貪淫，觀乎世俗人之不斷肉食者，每貪淫行，藏密之法亦復如是，由肉食故，滋生貪淫之心，是故彼等樂好紅肉（牛羊肉），不樂好白肉（豬肉），紅肉能增強男性之性能力故。是故達賴喇嘛來台時，由其習於食紅肉故，由於宗喀巴所指示之《密宗道》仍是雙身邪淫之法故，必須保持其男性之性能力，是故達賴喇嘛旅台時仍須食牛肉。猶如彼藏密行者好肉食故滋生貪欲而行邪淫，故說肉食及貪欲，皆是障礙聖道解脫修證之法，故不應食。此外又說：酒、肉及蔥、韭、蒜…等五辛，其實亦皆是障礙吾人修學聖道之物，善神悉遠離故，諸惡鬼神常隨身旁故；由是緣故，悉不應食。

「**未來世衆生，於肉愚癡說，言此淨無罪，佛聽我等食**」：《大乘入楞伽經》中，佛如是開示：《「大慧！未來之世有愚癡人，於我法中而為出家（譬如今時之藏密喇嘛），妄說毗尼，壞亂正法，誹謗於我，言聽食肉，亦自曾食（言佛自己亦曾食肉）。大慧！我若聽許聲聞食肉，我則非是住慈心者、修觀行者、行頭陀者、趣大乘者，云何而勸諸善男子及善女人，於諸衆生一子想、斷一切肉？大慧！我於諸處說遮十種、許三種者，是漸禁斷，令其修學。今此經中：自死他殺，凡是肉者，一切悉斷。大慧！我不曾許弟子食肉，亦不現許，亦不當許。大慧！凡是肉食，於出家人，悉是不淨。大慧！若有癡人謗言如來聽許食肉、亦自食者，當知是人惡業所纏，必當永墮不饒益處。大慧！我之所有諸聖弟子，尚不食於凡夫段食，況食血肉不淨之食？大慧！聲聞緣覺及諸菩薩，尚惟法食，豈況如來？大慧！如來法身，非雜食身。大慧！我已斷除一切煩惱，我已浣滌一切習氣，我已善擇諸心智慧，大悲平等，普觀衆生猶如一子，云何而許聲聞弟子食於子肉？何況自食？作是說者，無有是處。」》是故，一切大乘法中之行者，聞此經已，不應繼續食肉。

「食如服藥想，亦如食子肉，知足生厭離，修行行乞食」：由是緣故，飲食五穀諸物時，當如服藥之想，想諸食物能療形枯，而令色身正常，得以繼續修道，非爲食物之色香味等貪而食；若須以眾生肉爲藥，入於藥中燉煮時，亦當作食子肉想，不應於肉味而生貪著。於食物應當生厭離心，不應於食物而生種種奢求與煩惱，不應每日爲食物而生心籌謀；由是緣故，昔年世尊規定比丘行於乞食之法，不設爐灶，意在此也。

「安住慈心者，我說常厭離，虎狼諸惡獸，恆可同遊止。若食諸血肉，衆生悉恐怖；是故修行者，慈心不食肉」：《入楞伽經》中，佛如是開示：

《「大慧！譬如旃陀羅、獵師、屠兒、捕魚鳥人，一切行處，衆生遙見，作如是念：『我今定死；而此來者是大惡人，不識罪福；斷衆生命，求現前利，今來至此為覓我等，今我等身悉皆有肉，是故今來，我等定死。』大慧！由人食肉，能令衆生見者皆生如是驚怖。大慧！一切虛空地中衆生，見食肉者皆生驚怖，而起疑念：『我於今者為死為活？如是惡人不修慈心，亦如豺狼遊行世間，常覓肉食，……。』即捨逃走，離之遠去，如人畏懼羅剎無異。大慧！食肉之人能令衆生見者皆生如是驚怖，當知食肉，衆生大怨。」》

閱此開示已，即知佛於如上所舉偈之眞意，勿勞再行疏解偈意也。是故若人不食肉者，常住慈心之中，常厭離種種肉食；如是之人，恆可與諸虎狼而共遊止，彼諸虎狼悉知如是之人慈心不害眾生故。若是食肉之人，眾生見之恆生恐怖之心，是故菩薩常修慈心悲心，以攝眾生，不應食肉。

「食肉無慈慧，永背正解脫，及違聖表相，是故不應食」：食肉之人與聖智聖教表相有違，故不應食。《入楞伽經》中，佛如是開示：《「復次大慧！我諸弟子為護世間謗三寶故，不應食肉，何以故？世間有人見食肉故，謗毀三寶，作如是言：『於佛法中，何處當有眞實沙門、婆羅門、修梵行者？捨於聖人本所應食，食衆生肉；猶如羅剎食肉滿腹，醉眠不動；依世凡人豪貴勢力，覓肉食故，如羅剎王驚怖衆生。』是故處處唱如是言：『何處當有眞實沙門、婆羅門修淨行者？無法、無沙門、無毗尼、無淨行者。』生如是等無量無邊惡不善心，斷我法輪，滅絕聖種，一切皆由食肉者過。」》

是故藏密行者貪著肉食，乃至象馬人肉⋯等五肉悉亦食之，如是破壞佛教正法表相，無復能過之者，名爲「違聖表相者」。復次，如是嗜肉之人，心生我所之貪，尚不能於我所斷貪，何況能於我見我執而得斷之。如斯藏密行者等人，永背三乘菩提正眞解脫之道，云何而得名爲佛教內之宗派？云何可謂藏密食肉及雙身邪淫之法，爲佛教中之修行法道？

「得生梵志種，及諸修行處，智慧富貴家，斯由不食肉」：若人得以出生於梵志之家，清修來世得生清淨梵天之法者，皆是由於往世曾持慈心，斷肉食、不殺生，以致得此福果。若人此世能生於清淨修行處所者，能生於有智慧之人家者，能生於富貴之家者，皆是由於往世之斷肉食，之持不殺戒所致。佛門中的大乘行人，若欲眞修菩薩行，當持不殺生之戒，當持「不間接殺生」之戒；由如是戒故，來世可得世間福報，可得具足財富及眷屬，亦可因此而得世間智慧，以此即得作爲修菩薩行之資糧也。是故大乘學人，除布施之外，當斷肉食，當持不殺生戒，如是斷肉者亦是修集來世福德資糧之一法也；由如是不殺、不食眾生肉之福德，來世不生見道之種種障礙，以之作爲來世見道之資糧，即是有智之佛門弟子也。

附論——對印順「楞伽經正訛考證」之商榷

三十年來，常有人主張《楞伽經》非是佛說，認爲是後人之長期創造所編集而成者；然而彼等對於此經「集成時間與地點」之考證，皆是臆想，全無正說也，實非眞正之考證，而假借考證之名，以行否定大乘經典之實。譬如晴虛法師依印順法師之見解而作是說：《…依據 印公導師對『楞伽經』發隱抉微所見，有幾點極爲重要的幽旨大義，最値得注目與體認：

一、『楞伽經』（以宋譯四卷本楞伽爲依據），爲大乘佛法三大系中的「眞常唯心論」的要典。此與『密嚴經』、『勝鬘經』等並同一意趣，祇是『楞伽經』較爲早期集成的眞常唯心系要典。

二、集成而流傳於世的時間，約在釋迦文佛入滅度第八世紀之後（西元第四世紀中葉）的笈多王朝盛世的時代。

三、集成的地點，應在南印度的海濱—一處有山海景觀的地方。此所依據的是：1.本經譯本的緣起分，以佛出南海龍宮，登上楞伽山城說法。2.經說南天竺的龍樹，持佛正法。3.傳南天竺一乘宗的達摩，是南天竺人，也以此經印心。4.初譯本經的求那跋陀羅，也是從海道來華。5.經中所記楞伽山海的險峻形狀，應是由於編集成者所熟悉的環境。

四、編集成以流通的人，應爲由大眾系傳出的多聞部後代，而發展於南印度的多聞分別部的學者。當然學派間的思想義理，是會有互相影響而演進、消長，所以有時、地性的人文特徵。　五、經義的主要依據，乃源於大眾部之「心性本淨」說，又融攝了犢子系「不即蘊、不離蘊」的眞我說（不可說我），糅會而演成，即於一般所說「三科」之蘊處界中，以爲具有眞常之覺性，而成「眞常」與「淨心」之融合的唯心論。　六、經序所說楞伽山海的情況，原爲象徵眾生心境的，亦即託事以喻顯眾生業繫生死的苦惱與恐怖的世界相。而佛登上眾寶莊嚴的摩羅耶山城，爲夜叉王說法施化，也就是象徵大乘佛法嘗流行弘傳於楞伽島的古錫蘭。『西域記』亦載述：玄奘大師西遊天竺時，嘗到南印，曾知楞伽島上多有能精通大乘法相的學者。　七、宋譯本『楞伽經』的譯者求那跋陀羅三藏，是從南印海道來華，前後還譯出了『法鼓經、勝鬘經、鴦掘魔羅經』等，可見他是典型的眞常唯心系大乘的論師。　八、『楞伽經』向來傳爲大乘唯識宗所依的『六經』之一，因爲此經文中處處說到唯識宗義的名詞，如五法、三性、心識等，及諸法相；但是**深究其根本大義，則每相反，所說的阿賴耶本義亦異**。舉例說：經文的「如來藏藏識心」。又如說：「略說有三種識—眞識、現識、分別事識。」、「藏識海常住、境界風所動。」這是說「眞識」與「常住」的阿賴耶識之自性相，而**唯識宗義卻不是這樣說的！**又如說：「如來藏……爲無始虛僞（妄）惡習所熏，名爲藏識……自性無垢，畢竟清淨。」所說「藏識（平實案：經中非是言藏識，乃是言識藏，二名之義有異，此文作者混淆爲一）」，就是**指阿賴耶識，是如來藏與雜染熏習的統一，是眞妄和合的意義**。所以此阿賴耶識雖由於雜染種習而現起根、塵的器界與七轉識，而境風浩浩，識浪滔滔！然而，**識藏**（平實案：應爲藏識，非是識藏）自體卻是本來清淨的。這與早期學派時代大衆部本宗同義的「心性本淨，客塵煩惱之所雜染（而）說爲不淨」的口吻多麼相合。相反的，可以確見，而與唯識大乘所說的義旨，有著根本不同的異趣。　九、『楞伽經』雖廣說唯識義理；但是認爲「唯心所現」，不是究竟的眞實。如宋譯本說：「若說眞實者，心即非眞實」、「如實處見一切法者，謂超自心現量」、「超度諸心量，如來智清淨」。諸法究竟的眞實義相，可是決非一般所說的「唯心」或是「唯識」！　十、據高僧傳記載：菩提達摩來華，傳授的禪法，嘗特以宋譯的四卷本『楞伽經』授與慧可神光，以爲印證傳授的是「南天竺一乘宗」的心地法門：「可師後裔，盛習此經」。可見早期的禪宗，與『楞伽經』的關係，至爲深切。然而後代的禪徒，卻已是忘「宗本根源」了！……》（《楞伽阿跋多羅寶經親聞記》之《晴虛法師序》：印順法師講述，印海法師等人筆記，佛陀教育基金會 1996 年印行。）

平實云：如是說法，如是判斷，多屬臆想思惟而得之見解，極爲武斷與主觀，亦充滿先入爲主之觀念，復又誤解眞常唯心之旨，復又誤解般若第一義諦，復又誤會禪宗之明心與見性意旨，非是如實之語也！亦與佛法眞義互違。

一者，印順對於現存經典中明文記載之明確佛語眞義，尚且嚴重誤會至無以復加之地步，是故拙著十餘冊舉述印順說法之邪謬，至今已歷七年餘，而印順今猶耳聰目明，竟不能置一語以辨之；乃至昭慧法師等一向極爲強勢之人，一向不能忍受任何人一言評及印順之人，竟能安忍、無動於衷，可知印順之謬矣！今者既知印順法師對現存經典中明文記述之佛旨，尚且嚴重誤會，處處曲解經中佛旨，則其所謂古時經典考證之可信度，思可知矣！彼晴虛法師何得引述印順邪謬之語而證成之？何得引述印順錯誤考證之說，據以爲實？無是理也！

二者，古印度資訊之流通極爲不易，又復幅員廣大，北方與南方之訊息流通，非如今時之迅速；亦無今時之電話、電視、網際網路，亦無今時發達之印刷術，經典依靠口語傳述之情形非常普遍；於如是情況下，欲求如今之以書籍、電子郵件而迅速傳遞者，殆無可能。是故常有南方多所流通之經籍，而北方數十、數百年後仍無者；北方亦復如是，往往數十年乃至數百年間不曾有南方所常弘傳之經典傳入。譬如今時資訊發達之南洋地區，仍然少有大乘佛法弘揚，只有少數華僑所住地區有之；若後時無人大力弘傳，將來漸漸消聲匿跡，終至後時已無可考，則南洋終將仍無大乘佛法弘傳；若正巧四阿含諸經不曾弘傳至中國地區，則吾人依印順之「考證」說法，便可推斷二乘佛法為南洋古時諸師所創造結集成功者。然而卻與事實不符；如斯等事，古來亦應所在多有，非是現今絕無僅有者；若不知現實事相上往往有如是事者，便如印順以一己之好惡而推斷之，則其推斷便成妄斷。是故不應因如來藏系之經典多在南方流傳，北方無之（當時之北方是否眞正無之？抑或有彼經典而無人弘揚之？亦仍待考證也，不可印順說了就算數。）亦如今時中國地區，若無平實大力弘揚此經，只是私下為少數人傳授；亦無印海法師將印順原先所講述之《楞伽經》加以記述印行流通，若因此故而導致後時楞伽經失傳於中國地區，偏又正巧楞伽經經文亦屬流傳於他國，則依印順之推理，應可說為「中國地區在二十世紀並無楞伽經弘揚」，然而事實絕非如是。是故，唯見彼經在南方廣為弘傳，亦未確實考證北方是否有人弘傳而未留下證據，便斷言彼經是在南方之人所創造編集者，非是正確之說法，純屬推理之說，非是眞實之考證也。若不如是，則唯流傳於北方之經典等，亦應可說為北方之佛弟子所創造者。審如是，則天下大亂矣！（註：印海法師以印順年輕時所講之楞伽法義，由自己及他人親聞而筆記之，說服「佛陀教育基金會」加以結集出版，作為印順九十大壽之祝，其實是「拍錯馬屁」了。因為印順後來之私心，實欲推翻《楞伽經》中所說之第八識如來藏法，本欲完全否定第八識阿賴耶、異熟、無垢識之存在，實欲否定《楞伽經》整部經典，絕不可能喜見《楞伽經親聞記》之出版與流通；然而印海與晴虛法師，不知印順心中所思、所樂、所厭，卻將他後來所厭惡而欲令其消失之《楞伽經講記》出版；出版後，則將因此經文之流通而更加證明第八識法之眞實存在，使印順欲消滅楞伽法義之私心不能實現；如是而欲求其「斧正」，而欲邀其賜序者，當然求不可得。印海法師於《楞伽經親聞記》「後語」第748頁中，記敘其寄奉書稿與印順過目，並致函請求印順法師賜序及予斧正，遭印順假藉身老色衰為由而回絕，書稿則託明聖法師寄回；後來印海法師於一九九四年自己面謁印順，當面請求，亦遭拒絕。但六年後，印順卻以更高之齡、更弱之體，而有精神閱讀邱敏捷所寫的《印順導師的佛教思想》一書；乃至八年後之二〇〇二年，更以九十八歲高齡而言為「耳聰目明」，而為潘煊居士所寫《看見佛陀在人間—印順導師傳》一書，親自加以斧正：「這次出書前，印順導師在台中華雨精舍，逐字閱讀這部傳記，還為她改錯字，顯見導師仍耳聰目明。」（中國時報2002年4月21日報導）此中差別，原因無他，只因為邱敏捷與潘煊二人，知道印順心中想的是什麼，但印海法師與晴虛法師二人，卻不知道印順心中想的是什麼，所以出資出力為印順出書，卻得不到印順的善意回應或相助。）

三者，經典之弘揚流通，往往依弘法者之心性而有不同，此是自然之現象，亦是古今必然之現象；譬如今時台灣地區，有部份道場宣弘南傳佛法所說解脫道，不曾弘揚北傳大乘佛法之佛菩提道；亦有部份道場專弘大乘佛菩提道，絕口不提南傳佛法之解脫道者；亦有我正覺同修會非唯弘揚南傳佛法之解脫道，亦大力弘傳北傳佛法之大乘佛菩提道。如是弘傳佛法之過程中，若有出現大師之情事，往往因為大師之極力弘傳而使一方蔚成風氣，便致彼大師所在之一方專弘其法，漸漸形成自然排擠他法之現象，他法之弘傳勢將漸漸消失於該地。但考證者絕不可因此便言彼大師所弘揚之法門或經典，是在彼方編造結集者。同理，印順依彼時印度南方大力弘揚大乘佛菩提道之《楞伽經》，便斷定《楞伽經》是當時的南方所編造結集者，未免太過武斷，亦屬並無證據而單憑推斷者，難避臆想之嫌。

四者，印順因爲「本經譯本的緣起分，以佛出南海龍宮，登上楞伽山城說法」，便可引爲南方之錫蘭所弘之法者，則應錫蘭今時正是大乘佛法廣傳之地，不應今時全無大乘佛法弘傳，而唯有二乘聲聞法之弘傳也；所以者何？謂大乘之法甚深微妙，縱使密意失傳，仍無可能因此而致完全滅失也；譬如百足之蟲，死而不僵，大乘之法亦復如是，必然擁有極大餘威，而致表相大乘之法弘傳不絕，猶如今時之中國地區海峽兩岸無異。然而現行錫蘭今時已然炯無大乘佛法，甚至在錫蘭之佛教歷史中，欲尋大乘佛法之蛛絲馬跡亦難可得。由是可知印順主張「錫蘭是楞伽經之編造結集發源地」之說法，是虛妄之說法；可知印順所謂之考證，皆只是臆想之說，並無明確證據：只是臆想，而非考證。

五者，印順因爲「經說南天竺的龍樹持佛正法」，便可考證爲「《楞伽經》是南方大德所編集創造者」，則依印順之意，更應當主張「楞伽是龍樹菩薩所創造編集之經典者」，而且楞伽之經文中更說龍樹菩薩是地上菩薩，公開極力讚歎之，則應更有理由指稱楞伽是龍樹所造者。然而睽諸龍樹菩薩一生論著，專在般若中觀上用心，不曾在唯識增上慧學上有所用心，亦未多見龍樹引用楞伽之經文。復次，龍樹雖在南方住持正法，但此事與《楞伽經》是否有關？印順亦應舉證之，不可完全未作舉證，就說《楞伽經》是南方人所創造集成者；不可因為龍樹也在南方，就指稱創造《楞伽經》者必是南方之人。若印順之推理可以是正確之說法，則應《楞伽經》正是龍樹所創造者；何以故？當時尚無何人之證量高於龍樹故，應當唯有龍樹才有資格承當「創造《楞伽經》」之令名也！然而從來不見有人能證明楞伽是龍樹創造者。印順若改言楞伽是他人所創造，非龍樹所創造者，則亦有過：若別有其人能創造《楞伽經》者，其證量應當同於諸佛，則其聲名更應上於龍樹，然因何故其人卻又不曾廣聞於當時印度南方？此乃不可能有之事也！所以，龍樹在南方弘法、住持正法一事，印順不宜引作「《楞伽經》是在南方的某些人所創造者」的立論根據。由此可證印順之推理完全不正確，與「考證」無關，純是臆想推理爾。

六者，由於達摩大師是南天竺人，而以《楞伽經》是達摩所用來印證開悟之經典，便因此而認定此經唯是印度南方所弘之經典者，則有過焉。若今時仍如古時之資訊流通不暢狀況，而大陸地區復又已無《阿含經》流通存在者，今時平實復又多引阿含之經旨而證明確有如來藏，則後時印順再來人間時，便將據以考證，而作是言：「《阿含經》乃是台灣一地學人創造之經典，大陸並無此經故，復是當年平實居士之所引，爲證悟者印證其悟之經典故。」然而如是「考證」者，實無意義，悖於事實故。由是故說：印順以達摩之用楞伽印心，便謂楞伽唯是當時印度南方獨有之經典者，如是考證，非有其理。

七者，由於「初譯本經的求那跋陀羅，也是從海道來華」，便可說本經是印度南方所獨有之經典者，亦是牽強之說。當時若海道不暢，導致求那跋陀羅從陸路來華者，則依印順之推理邏輯，應可被引證爲「楞伽是印度北方流傳之經典」，則與印順之「考證」迥異。是故，譯者從海路抑從陸路來華傳此經典，不應被引證爲是否唯在南方弘傳之經典證據也。

八者，印順既主張：「楞伽經集成的**地點**，應在南印度的海濱，一處有山海景觀的地方」，說「經中所記楞伽山海的險峻形狀，應是由於編集成者所熟悉的環境」，又舉出五種景觀事相，以證明其考證之可靠性；然而卻又在第六點考證上說：「（楞伽經的）經序所說楞伽山海的情況，原爲**象徵心境**的，亦即託事以喻顯眾生業繫生死的苦惱與恐怖的世界相。」卻又以**心境象徵**作爲考證經典編造集成的原因，與**地點**之說顯然自相衝突；若純是**心境**之象徵，則不可因**地點**可能類似而作爲認證之理。由此可見印順之考證者完全是推理之想像，並非事實。

九者，由於「**經中所記楞伽山海的險峻形狀**」，便可判定「**應是由於編集成者所熟的環境**」，如是將經中敘述山海險峻狀況與現實世界連結，說可通者，則諸經所說須彌山之廣大情境，亦應是宣說須彌山之作者所熟悉之環境，則應作者是長時生活於須彌山之人物，是耶？非耶？則後時大乘諸經，特別是《法華經》中所說　多寶如來等富麗堂皇境界，亦應是後人創造編集法華時之彼人所熟悉環境，然後據以創造法華經文者，則法華之編集創造者，應是生活於如是天界境界中人，然而此經卻非是流傳於天界者，卻是流傳於人間者；其境界亦非是人間境界，是故將經中所說，與現實世界之環境連結，然後而作考證者，非是正說也！

十者，亦如阿含諸經中所言諸天天人常來人間覲佛，依印順考證之理，則應阿含諸經是由住於天人境界者所創造結集成功。若必將經中境界與現實世界連結而作考證者，則應彼阿含經是住於天界之後人所創造者，非是人間境界。因此考證之結果，亦應說阿含諸經非是正法經典，現實境界中並無如是處所故。是故，將經中所描述之環境，作爲考證彼經是流傳於何處，是何處人氏所創造者，其說非正，不可信也。

十一者，「編集成以流通的人，應爲由大眾系傳出的多聞部後代，而發展於南印度的多聞分別部的學者。當然學派間的思想義理，是會有互相影響而演進、消長，所以有時、地性的人文特徵」，審如是，則後人考證平實之著作時，應言平實是生長於阿含經廣弘之時期，平實所說者，悉與阿含諸經之理契符故；則應平實所說之法，皆是印順所言之原始佛教之法，應唯言緣起性空之理，而不言如來藏法理。然而顯然非如是說。雖然平實常言阿含諸理，然而依於阿含而說大乘法理者，迄無相違之處，是故依法義之相同或相似，而作考證之依據，而言某經受某地域之法影響者，非是正說也。

此外，佛入滅度以後，各部分宗分派，致令本來完整性的佛教法義開始分崩離析，各宗各派專弘局部性的佛法；有時東方部派專弘某法，西、南、北方亦復如是各弘一法。然而亦有可能偶然出現大善知識，將各宗各派之法匯歸之後，回復佛世之完整形態。是故印順指稱南方廣弘楞伽之理，因此便指稱楞伽是南方佛子所共創造編集者，不能成立；若其理可以成立，則未來學者考證今時之正覺同修會完整法義之弘傳時，當作何說？是否應說平實確曾親從諸方大師請益修學而匯整之？此外，印順對自己之考證，其實亦無把握，故言：「應爲由大眾系傳出的多聞部後代，而發展於南印度的多聞分別部的學者。」而不能有所舉證。

十二者，《經義的主要依據，乃源於大眾部之「心性本淨」說，又融攝了犢子系「不即蘊、不離蘊」的眞我說（不可說我），糅會而演成，即於一般所說「三科」之蘊處界中，以爲具有眞常之覺性，而成「眞常」與「淨心」之融合的唯心論。》然而印順如是說者，絕非事實。譬如：四阿含諸經中，早已處處宣示第八識如來藏心之「心性本淨」正理，大眾部當時去佛未遙，亦依如是阿含諸經中之正理而弘傳之，是故「心性本淨」正理，本非大眾部所自創之理，原是四阿含諸經中佛所說之正理。

然而印順等人卻同於歐美之「佛教學術研究者」一般，不解經中意旨，擅自認定「心性本淨」正理爲後人所創造者，而不知四阿含諸經中，佛已處處隱說及顯說。如今平實亦常援引而證實之，爲印順…等人所不能推翻之，唯能默然。是故，印順…等人所說「心性本淨之理是大眾部所發明而演說弘傳，原始佛法中並無如是說法」者，乃是昧於事實之說也。如今四阿含現在，印順等人尚且錯解、錯說，何況能知現在所不能現觀之大眾部時代之事？由此可知印順等人之所謂考證者，皆是唯憑片段資料加以臆想而說者也，焉有可信之處？

犢子系之「『不即蘊、不離蘊』的眞我說（不可說我）」，本屬四阿含諸經中， 世尊所處處隱說及顯說之法，並非犢子系弘法者所自創之說，平實今於諸書中，已曾多少而證明之；譬如《阿含經》中 佛處處說「色非我、非異我，不相在」；處處說「受想行識非我、非異我，不相在」等言，悉皆言「我」；又處處顯示此「我」即是無餘涅槃之實際，當知即是「心性本淨」之正義；經文今猶現在，尚可稽考，正是犢子系所說「不即蘊、不離蘊」的眞我說（不可說之「我」），與四阿含諸經中如是 佛說正理，迥無差異。自是印順等人不解阿含諸經中之佛意，以日本歐美一分否定佛教之外國學者所誤說之理，用以否定自己所不能證得之如來藏阿賴耶識；是故印順等人假藉考證之名，而言犢子系之「不即蘊、不離蘊的眞我說（不可說我）」正理爲後來犢子系所發明之新說者，其理無據，復違四阿含諸經所說，絕非事實也；印順之考證與經中 世尊所說完全相違故。由是故說印順等人之所謂考證者，皆是錯會佛法，信受藏密黃教應成派中觀邪見之後，所作臆想之言，並無絲毫可信之處。

復次，「不可說我」，本非是不可說之法，乃是稟於佛之告誡，不許明說，故言不可說；絕非是「說不出來」之意也。一切眞悟之人，皆能以一言而說明此如來藏識何在，令諸學人一言之下便得證知自己之如來藏所在，絕非如今諸方大師所言「說不出來」之意也。

復次，「法界實相離言說」者，乃謂一切有情之自心如來，悉皆離於言說境界，自無始劫以來一向如是離言說；此離言說之自心如來，方是法界之實相，故說「法界實相離言說」。然而古今一向皆有顢頇大師，墮於文句表義之中，誤會經中文句表義，每欲將本來不離言說之意識覺知心，修除言說，常住於無念、無分別之中，以一念不生作爲佛法之正修行，去道遠矣！

十三者，「經序所說楞伽山海的情況，原爲象徵衆生心境的，亦即託事以喻顯衆生業繫生死的苦惱與恐怖的世界相。而佛登上衆寶莊嚴的摩羅耶山城，爲夜叉王說法施化，也就是象徵大乘佛法嘗流行弘傳於楞伽島的古錫蘭。『西域記』亦載述：玄奘大師西遊天竺時，嘗到南印，曾知楞伽島上多有能精通大乘法相的學者。」由大乘佛法曾流行於古錫蘭，便可斷定此經爲印度南方所獨有者；是說不通，以當時之交通工具而言，錫蘭距印度甚遙，非是甚近故，由此而引證者，理不通順。

又，玄奘西行求法回唐，曾造《大唐西域記》云：「**國東南隅有堎迦山，巖谷幽峻神鬼遊舍，在昔如來於此說堎迦經。**」然玄奘說東南方一隅有堎迦山，非說東南方**海中一島**爲堎迦山；凡海中島國，都說爲國南**浮海**或國**西浮海**至某某國；記中並說堎迦山係東南方一隅，並非浮海而至，非屬天竺東南方海上之錫蘭。玄奘法師傳記中亦言，從天竺東南方乘船到師子國只需三天，即今錫蘭；與印土東南隅之堎迦山，在傳記中同舉，並非同一處之異名，證知玄奘記中所言堎迦山絕非錫蘭；印順將《大唐西域記》所載楞伽山扭曲爲現今之錫蘭，不符事實，確有輕率引據之嫌。

復次同理：若唯識學曾廣弘於中國，而又適逢部份歷史記載文獻佚失者，則後人亦應可說唯識系諸經是由西域樓蘭一地人士所創造，而後流傳於中國。所說同一邏輯推理故，然而此理實非可通；是故印順等人之「考證」者，多屬推測臆想之理，仍有可加商榷之處；此因印順等人所「考證」之佛教史中，所說歷代弘法經名實旨與弘法之內容，常與經中所載法義事實有違故。眾人所最易了知者，譬如印順妄說四阿含諸經中未曾宣講七八二識；妄說七八二識是後來部派佛教發展之後，從意識再細分而有者。如是說法，違背四阿含諸經所載之法教史實，今猶可稽，已經平實舉證歷歷，非印順、昭慧、傳道、星雲、證嚴…等人所能推翻者。仍可稽者，尚且錯誤，何況古籍湮沒、難可稽者，焉能寄望印順之「考證」能得正確？

十四者，「宋譯本『楞伽經』的譯者求那跋陀羅三藏，是從南印海道來華，前後還譯出了『法鼓經、勝鬘經、鴦掘魔羅經』等，可見他是典型的眞常唯心系大乘的論師。」若因求那跋陀羅所譯多為眞常唯心系經典，便可依此而斷定求那跋陀羅是眞常唯心系者，便可依此而斷定《楞伽經》是南印眞常唯心系者所創造者，則玄奘之亦譯中觀般若經典，亦譯唯識系經典，亦譯二乘論典者，印順應作何說？應言玄奘是眞常唯心系者，或應言是印順所認同之「一切法空中觀系」？或應言是南傳上座部系？是故以此作為認定標準，非是正說；當依三乘諸經中所載之眞實義，而作判定，方是正說也；是故，平實悉皆不作如是教相上之考證，唯依三乘諸經中之佛旨，而作正解，而弘正法，不違 佛旨。如是行者，方是佛教中眞正弘法者所應為之事、所說之法。

十五者，印順如是說：「『楞伽經』向來傳為大乘唯識宗所依的『六經』

之一，因爲此經文中處處說到唯識宗義的名詞，如五法、三性、心識等，及諸法相；但是**深究其根本大義，則每相反，所說的阿賴耶本義亦異**。舉例說：經文的「如來藏藏識心」。又如說：「略說有三種識—眞識、現識、分別事識。」、「藏識海常住、境界風所動。」這是說「眞識」與「常住」的阿賴耶識之自性相，而**唯識宗義卻不是這樣說的！**又如說：「如來藏……爲無始虛僞（妄）惡習所熏，名爲藏識……自性無垢，畢竟清淨。」所說「藏識（平實案：經中非是言藏識，乃是言識藏，二名之義有異，此文作者混淆爲一）」，就是**指阿賴耶識，是如來藏與雜染熏習的統一，是眞妄和合的意義。**所以此阿賴耶識雖由於雜染種習而現起根、塵的器界與七轉識，而境風浩浩，識浪滔滔！然而，**識藏**（平實案：應爲藏識，非是識藏）自體卻是本來清淨的。這與早期學派時代大眾部本宗同義的「心性本淨，客塵煩惱之所雜染（而）說爲不淨」的口吻多麼相合。相反的，可以確見，而與唯識大乘所說的義旨，有著根本不同的異趣。」

然而，印順文中所言：「『楞伽經』向來傳爲大乘唯識宗所依的『六經』之一，因爲此經文中處處說到唯識宗義的名詞，如五法、三性、心識等，及諸法相；但是**深究其根本大義，則每相反，所說的阿賴耶本義亦異**」之說，實與事實相違；如今平實已經略引阿含諸經中之佛語隱說密意，證實與《楞伽經》所說之「五法、三性、心識等，及諸法相」，完全相同，並無差異，只是淺深廣狹有別罷了；復又證明《楞伽經》所說第八識正理諸法，前後所說迴無差別，同一法味，而令印順等人不能推翻之；是故，晴虛序文中引述印順所說「楞伽之經旨每每前後相反」之說，與事實不符；唯是彼等不肯眞參實證者，專事考證與研究之人，由於誤解《楞伽經》中佛旨，是故隨順於外道之研究佛學者預設之主見，隨順於藏密黃教之應成派中觀之邪見，而作如是錯誤之推論妄說，更欲以之誤導學人信受其說，而對《楞伽經》產生懷疑之心，由此便將隨同印順等人，同皆不肯信受如來藏之正理，便可將如來藏正理從根本上加以消滅，得遂印順等人之心願。今者平實所造前後十輯之所說者，前後一貫，迴無差別，唯是深細廣狹之異爾，亦皆是依此經之經文而一一註解者，絕無前後相違之處，由此印證印順等人所說者，皆是栽誣不實之臆想言說也！

復次，文中作如是說：《所說「藏識（平實案：經中非是言藏識，乃是言識藏，二名之義有異，此文作者混淆爲一）」，就是指阿賴耶識，是如來藏與雜染熏習的統一，是眞妄和合的意義。所以此阿賴耶識雖由於雜染種習而現起根、塵的器界與七轉識，而境風浩浩，識浪滔滔！然而，識藏（平實案：應爲藏識，非是識藏）自體卻是本來清淨的。這與早期學派時代大眾部本宗同義的「心性本淨，客塵煩惱之所雜染（而）說爲不淨」的口吻多麼相合。相反的，可以確見，而與唯識大乘所說的義旨，有著根本不同的異趣。》

如是所言，亦爲妄語；經中所說藏識者，乃是單指第八識一法；所言識藏者，乃言函前後八識心王等法；與其文所言迴異，可徵此文作者根本不解《楞伽經》之眞實意也。如是，**識藏**者，謂前後總有八識，由有無明等熏習故，是故八識和合並行運作，於三界中而有生死流轉現象。然於八識心王共同現行，而被無明貪染所轉，而廣造種種貪善貪惡之心行不斷運作之際，七識心屬於染污性之運作，於其中配合運作之第八識阿賴耶，則仍秉其本來清淨之自性，繼續住於中道境、涅槃境中，而支援前七識心之種種心行；如是與前七識心同流而不合污之第八識心，單指此心而不包涵前七識心時，名爲藏識，非名識藏；是故經中說識藏有染污，藏識無染污，前後經文所說，皆同此理，並無差異。然此文作者由未悟正理故，亦未具得道種智故，不懂經文中 佛語正義，遂作如是文章之誣責，更道此經所說前後相反；如是所言迴異事實之言，有何可信之處？如今經文具在，猶可檢校，何可狡辯？

復次，阿賴耶識並非此文作者所言「**是如來藏與雜染熏習的統一**」，亦非此文作者所言「**是真妄和合的意義**」，唯有識藏一名，方是作者所言之意也。如此輯中所述「藏識、識藏」之意，其義極明，自是此文作者不明，斷章取義而作誣說爾。當知經中凡言阿賴耶識者，唯是單指第八識心本身，非函蓋前七識心也。如來藏一名亦爾，單指第八識也。唯有識藏一名，方是函蓋八識心王也。如是，則可知：如來藏並非「**是如來藏與雜染熏習的統一**」，而是本性清淨，恆常住於如是清淨境界中，不論有情身處地獄、人間、天上，悉皆如是不改其清淨性，絕非與雜染統一者。復次，此文作者所言「**統一**」一語，亦有大過；謂如來藏雖含藏有情生死輪轉之業種與無明種，然而如是正理，早在四阿含諸經中已曾密意宣說，佛非未說，唯是此文作者信受印順之謬言，自身亦未解知阿含諸經之眞實義，是故隨順於印順之邪說，而言爲後來部派佛教之弘傳發展而統一起來者；然實四阿含諸經中，世尊早已如是宣說了也。

復次，禪宗固言「眞妄和合運作」，同於唯識宗旨；然眞妄和合者，乃謂八識心王之和合運作，非如此文作者所謂之如來藏一心爲眞妄和合者。當知如來藏一心雖然含藏七識心種及七識心所造之業種與所熏習之無明種，然如來藏自心自無始劫以來不斷現行運作，皆不曾一剎那與妄情和合，不可謂之爲眞妄和合者。復次，如來藏若不與前七識心和合現行運作者，其所含藏之虛妄貪染等種子尚且不能現行，云何可言爲眞妄和合者？不應正理！是故，「所以此阿賴耶識雖由於雜染種習而現起根、塵的器界與七轉識，而境風浩浩，識浪滔滔！然而，識藏（平實案：應爲藏識，非是識藏）自體卻是本來清淨的。」此正理如今亦由我會中諸證悟如來藏之人，所現前觀察而證實者，證實經中所說非是妄言，非是後人之編造結集而成者。所以者何？若有後人能編造結集如是經典深妙正義者，斯人實是佛之示現，方有如是深妙智慧也。縱使印順師徒等人後時得悟，悟已，合其師徒等人智慧，盡三十大劫以造「經典」，亦不能逑至如是深細之地步，何況未悟之人，焉得知之？無是理也！

復次，印順說：「這與早期學派時代大眾部本宗同義的『心性本淨，客塵煩惱之所雜染（而）說爲不淨』的口吻多麼相合。相反的，可以確見，而與唯識大乘所說的義旨，有著根本不同的異趣。」然而彼等所謂早期學派時代的大眾部本宗之法義，其實與第三轉法輪之唯識系諸經所說者，並無異趣，唯是淺深廣狹上有所差別爾，其內涵並無差別。今者平實已略引四阿含經句，而於諸書散說其意，證實並無差別，而印順師徒等人至今不能推翻之，唯能於求證之後認定所說爲眞爾。而印順等人卻又誤解唯識宗之眞實意旨，妄謂唯識宗所說者爲「無如來藏、無阿賴耶識」，唯說七識虛妄之理，故將唯識宗定位爲「虛妄唯識論者」，其實完全與唯識宗之意旨相反，大異其趣。徵之《攝大乘論、成唯識論…》等論意，可知印順等人所說完全悖於 佛說，完全悖於唯識宗之意旨也。如今此文作者更言「早期學派時代大衆部本宗的『心性本淨，客塵煩惱之所雜染說爲不淨』之法，爲與大乘唯識宗所說相違」，其實是違反事實眞相之邪說也。是故彼等之考證者，實不可信，唯是依於事相表面上之理解而作之言說爾，完全違背事實眞相，更違背三乘諸經今猶可稽之法義正理事實，是故彼等所作考證之說，悉不可信。

十六者，印順言：《『楞伽經』雖廣說唯識義理；但是認爲「唯心所現」，不是究竟的眞實。如宋譯本說：「若說眞實者，心即非眞實」、「如實處見一切法者，謂超自心現量」、「超度諸心量，如來智清淨」。諸法究竟的眞實義相，可是決非一般所說的「唯心」或是「唯識」！》如是之言，亦是睜眼說瞎話也。《楞伽經》中處處皆說：「一切法皆是自心如來藏所現之事實」，名爲自心現量，何處曾說「唯心所現之方便說」？何處曾說「唯心所現之說非究竟」？此文作者竟可睜眼說瞎話，作此顚倒事實之說，以附合其所宗奉之印順藏密邪說；如是心術不正之人，所說云何可信？

《如宋譯本說：「若說眞實者，心即非眞實」》者，乃是言第八識心非是色法，故不可說爲事相上之眞實法，亦不能舉示於人，要須藉陰界入等法，方能證得其法；若入無餘涅槃位中，則不可見，是故謂爲「非眞實」。作者不解經意，是故不能貫通此經中佛旨，便道此經前後所說自相違背。

復次，《如宋譯本說：「如實處見一切法者，謂超自心現量」、「超度諸心量，如來智清淨」》，乃是宣示：佛子於如實處而見一切法者，乃是親見自心如來所住本際、實際之境界；如是無餘涅槃境界中，方是自心如來之本際，如是自心如來本際之如來藏，方是一切法之根源，一切法皆由此際而生出、而顯現。佛子若得於此如實處而見一切法之體性者，則能超過淺悟者所證之自心現量境界智慧，亦復超越一切思惟而得者所知之自心現量境界。

如是證悟已，而不住於如是境界，一切法執悉斷，超度於一切眾生所知之心量境界，是名如來智清淨。如是正理，初悟之菩薩尚且無法了知；何況印順師徒尚且不證聲聞初果之斷我見境界，尚且不證禪宗初明心而證得阿賴耶識之境界者，云何唯憑臆想便可得知？不知不解之人，竟來誣謗《楞伽經》佛語前後相違，竟來誣謗唯識宗所說之法與此經相反，眞乃愚癡無智之人，妄言專家所說理論與方法論有誤，何異井蛙之狂妄自尊自大？

十七者，《據高僧傳記載：菩提達摩來華，傳授的禪法，嘗特以宋譯的四卷本『楞伽經』授與慧可神光，以為印證傳授的是「南天竺一乘宗」的心地法門：「可師後裔，盛習此經」。》據此而考證此經是後來之印度南方佛教學人所創造編集者，亦唯是臆想猜測之言爾，並非具體可信之事證，而竟引為考證之理，不亦荒謬之舉乎！菩提達磨以《楞伽經》印證禪宗之開悟境界眞實不虛，與《楞伽經》是否為當時印度南方佛子所創造者，並無必然關係，印順竟可以此作為考證之證據，未免太過荒唐！若印順如是所說，理可通者，則南天竺之龍樹菩薩，既依淨土經典所說而勸人求生西方極樂世界，是否亦可據此而「考證」為「淨土經典悉是印度南方佛子所創造編集者」？此若不然，則印順之「考證」亦應不然也！

十八者，「可見早期的禪宗，與『楞伽經』的關係，至為深切。然而後代的禪徒，卻已是忘宗本根源了！」此語所說，則是事實；三、四百年來之禪宗，已忘早期禪宗之以《楞伽經》意旨印證所悟眞僞也。此緣中土法緣本來如是，所預記應傳法衣之六祖，正是不識文字之人；欲教令其依《楞伽經》文義而印證弟子者，實難可得。是故此文作者如是見責「後代的禪宗」，可謂正責也，今時一切禪宗之門徒，正應以此自責也；臨濟宗傳人之星雲法師，正應以此自責也。星雲法師既以臨濟宗正統自居，當知臨濟義玄禪師眞悟之後，一生極力弘傳第八識如來藏正理，欲令大眾悉得證悟，常不辭辛苦，接見學人，喝之不已，老婆無比，於其所遺諸多公案中，處處可見；然今星雲法師竟與否定臨濟正法如來藏之印順法師爲伍，竟去承襲及弘傳印順否定臨濟正法之邪說，廣弘印順「人間佛教」否定極樂、否定臨濟正法之邪思，眞是臨濟之不孝子孫也！

由上述正理，印順等人以流傳此經之處所，以經中所言山海等事相，而斷定是否爲後人所創造者，其理非正；當以其經中所說法義，是否完全符合三乘諸經意旨，作爲考證之標的；否則極易被有心人取來作爲否定正法之依據。

「以考證爲事」者，皆在佛教教相上著眼，根本不能與佛教正法相應；

何不從三乘經典之眞實義中而探究之，而證取佛旨？觀乎印順等人時常主張：「若不能了知佛法弘傳演變之過程，則不能了知佛經之眞僞，則不能了知應依止何經爲主，則不能修證佛法。」然而觀乎印順師徒，於彼等所認同之四阿含原始佛法，尚且處處錯解，滋生無量無數邪見，所說諸法竟與四阿含諸經中之原始佛法處處相背；然而吾人依於大乘經典所說，眞參實證之結果，卻能與四阿含諸經所說原始佛法之旨意，完全相符，爲印順師徒等人所不能訶。

今猶現在之四阿含諸經正義，印順尚且「考證」錯誤，何況古時之佛教事相，大多散佚而不可考，印順如何有能力考證正確？由此則知考證之事，實可免矣！當知考證一事，乃是未悟言悟者及自知不能證悟之人，用來推翻正法修證者所說正法之工具，是故考證一事不可爲憑。特別是經典義趣，更不可用考證來認定。是故，吾人當依第三轉法輪諸經中之眞實意旨而求見道，而進修種智，方得據以悟後進修，漸至諸地，具足一切種智而後成佛。絕不可效行印順等人之愚行，專在經文之文字表相，專在佛教弘傳事相上著眼，否則必將踵繼印順師徒等人之邪思、邪說、邪行，而成就破法重罪也。一切大師與諸學人，皆當愼思明辨之，而免隨人同入歧途。

若是眞知經旨者，應當逐句逐字一一註解，令人完全解知佛法一一正義之微細法義；不得以大意而說，不應令人以自意而作情解思惟，如是宣說佛經眞實意旨者，方是眞實義菩薩之所行處。若未眞解經中佛語義趣者，唯可依文解義而說之，萬勿隨於印順等研究佛法而不實修者之虛妄言說而轉；否則，爲欲弘傳正法，所說卻是隨同破法者之邪說，則成破壞佛教正法之共業，如是所說越多，所作弘法事業越大，則其破法重罪越重；有智之人，盍共思之！

一切未證得如來藏心體之人，皆不能眞解般若空義，則必有偏，是故龍樹菩薩云：《何為三門？一者，蜫勒門；二者，阿毗曇門；三者，空門。……若人入此三門，則知佛法義不相背；能知是事，即是般若波羅蜜力，於一切法無所罣礙。若不得般若波羅蜜，入阿毗曇門則墮有中，若入空門則墮無中，若入蜫勒門則墮有無中。》是故，印順……等人由未能親證如來藏心體故，不得般若正智，所以入於阿毗曇門中，則墮意識細心常住之有中；入得空門中，悉墮無中，成爲「一切法空」之斷滅論者；入得蜫勒門中，則墮有無之中，故作種種施設建立，欲求不墮有無中，所說卻不離有無門之法；而其本質卻仍是**斷滅論**者，仍是**無因論**者，不離所墮之無與有中，是故便將般若斷爲「一切法性空唯名」之「性空唯名」邪見，令人誤以爲般若眞是「性空唯名」之戲論法；然後再建立「滅相不滅即是眞如」，而墮於有中。

眞修大乘佛法之人，若欲親證般若智慧者，當須先學禪宗之禪；具足正知正見已，然後依善知識之開示而求親證自心如來、自性彌陀；證得此第八識自心如來已，則自然出生般若慧，不須修學般若經典而自生般若智慧，般若智慧乃是宣說自心如來之心性故，親證自心如來者則能現觀自心如來之體性故，了知自心如來之體性即是般若智慧故，自心如來即是法界萬法之實相故。

是故，大乘般若智慧，非以覺知心住於無念離念之中，而可說爲般若也；假饒每日皆能如是住於一念不生之境界中，仍然無法了知般若經之實義，仍然無法了知第三轉法輪唯識諸經之眞實意也。是故，當令覺知心以一念不生而了了分明之別境慧，專注於尋覓自心如來之法門上，且勿理會覺知心之有念抑或無念；有朝一日證得自心如來已，方知覺知心起念、妄想紛飛之際，自心如來依舊是常住於不起念之狀態中，從來不易此性。然後無妨以如是親證之智慧境界，令覺知心常起諸念而破斥種種邪說，而救護眾生免入歧途，而護持佛教正法；然而自心如來卻仍舊常住於不起念之境界中，如是非有念、非無念，非住定、非不住定，常在中道境界中，如是以度眾生。萬勿效諸大師，以意識覺知心住於一念不生之境界中，以定爲禪。能如是修、如是行、如是證者，方是有智有慧之眞正菩薩也；若違此說，皆是凡夫之見也。

眞實般若智慧，眞實大乘佛法者，乃是八識心王並行之法；乃是永無一念生滅之眞心第八識——自心如來，與常起妄想妄念之妄心七轉識——覺知心作主心，同時並存、同時運作，而在三界中互爲依倚者；乃是覺知心正起妄念時，亦有從來不起妄念之眞實心，同時存在運作者；如是親證者，方是大乘菩提之眞實證悟者也。萬勿學諸大師摒棄本來離念之自心如來，別求覺知心不起念之定境修法，此類修法違於 佛說八識心王並行之理，違於 佛說眞心妄心並行之理，永難與般若正理相應。

由是，於此經解之末，普勸一切大師與學人：儘速求證本無一念之第八識自心如來、自性彌陀，然後依此親證之如來體，貫通三乘諸經，方知三乘諸經前後一貫而無差別，唯是淺深廣狹有別爾；方知前後三轉法輪諸經所說之理，乃是一貫漸進而無差異也；方知眞悟以後欲成佛道者，唯有依循第三轉法輪諸經所示之唯識種智增上慧學，方得成佛也。謹以此言，作爲此部經解之「眼」，願我佛門四衆大師學人鑑之！

《楞伽阿跋多羅寶經》詳解，至此圓滿。普願：讀此詳解者，悉得解了如來三乘諸經所說眞實義。從此漸入眞實正確之佛法中，有朝一日得證「眞見道」，獲得正覺，發起根本無分別智；從此進修「相見道位」諸法，得入如來正法實際，發起實相般若之正智實慧，得斷所知障中一切疑見，成就初地心之功德：能於諸方大師之悟與未悟般若，悉皆無疑；亦能觀察諸方大師之斷我見與未斷我見，洞察精微、悉皆無疑。謹此祝禱！（公元二〇〇二年秋分）

佛教正覺同修會〈修學佛道次第表〉

第一階段

＊以憶佛及拜佛方式修習動中定力。
＊學第一義佛法及禪法知見。
＊無相拜佛功夫成就。
＊具備一念相續功夫—動靜中皆能看話頭。
＊努力培植福德資糧，勤修三福淨業。

第二階段

＊參話頭，參公案。
＊開悟明心，一片悟境。
＊鍛鍊功夫求見佛性。
＊眼見佛性〈餘五根亦如是〉親見世界如幻，成就如幻觀。
＊學習禪門差別智。
＊深入第一義經典。
＊修除性障及隨分修學禪定。
＊修證十行位陽焰觀。

第三階段

＊學一切種智真實正理—楞伽經、解深密經、成唯識論…。
＊參究末後句。
＊解悟末後句。
＊透牢關—親自體驗所悟末後句境界，親見實相，無得無失。
＊救護一切衆生迴向正道。護持了義正法，修證十迴向位如夢觀。
＊發十無盡願，修習百法明門，親證猶如鏡像現觀。
＊修除五蓋，發起禪定。持一切善法戒。親證猶如光影現觀。
＊進修四禪八定、四無量心、五神通。進修大乘種智，求證猶如谷響現觀。

佛菩提二主要道次第概要表——二道並修，以外無別佛法

佛菩提道——大菩提道

遠波羅蜜多

資糧位

十信位修集信心——一劫乃至一萬劫

初住位修集布施功德（以財施爲主）。

二住位修集持戒功德。

三住位修集忍辱功德。

四住位修集精進功德。

五住位修集禪定功德。

六住位修集般若功德（熏習般若中觀及斷我見，加行位也）。

外門廣修六度萬行

見道位

七住位明心般若正觀現前，親證本來自性清淨涅槃。

八住位起於一切法現觀般若中道。漸除性障。

十住位眼見佛性，世界如幻觀成就。

一至十行位，於廣行六度萬行中，依般若中道慧，現觀陰處界猶如陽焰，至第十行滿心位，陽焰觀成就。

一至十迴向位熏習一切種智；修除性障，唯留最後一分思惑不斷。第十迴向滿心位成就菩薩道如夢觀。

內門廣修六度萬行

初地：第十迴向位滿心時，成就道種智一分（八識心王一一親證後，領受五法、三自性、七種第一義、七種性自性、二種無我法）復由勇發十無盡願，成通達位菩薩。復又永伏性障而不具斷，能證慧解脫而不取證，由大願故留惑潤生。此地主修法施波羅蜜多及百法明門。證「猶如鏡像」現觀，故滿初地心。

二地：初地功德滿足以後，再成就道種智一分而入二地；主修戒波羅蜜多及一切種智。滿心位成就「猶如光影」現觀，戒行自然清淨。

解脫道：二乘菩提

→ 斷三縛結，成初果解脫

→ 薄貪瞋癡，成二果解脫

→ 斷五下分結，成三果解脫

入地前的四加行令煩惱障現行悉斷，成四果解脫，留惑潤生。分段生死已斷，煩惱障習氣種子開始斷除，兼斷無始無明上煩惱。

近波羅蜜多 ｜ 大波羅蜜多 ｜ 圓滿波羅蜜多

修道位 ｜ 究竟位

三地：二地滿心再證道種智一分，故入三地。此地主修忍波羅蜜多及四禪八定、四無量心、五神通。能成就俱解脫果而不取證，留惑潤生。滿心位成就「猶如谷響」現觀及無漏妙定意生身。

四地：由三地再證道種智一分故入四地。主修精進波羅蜜多，於此土及他方世界廣度有緣，無有疲倦。進修一切種智，滿心位成就「如水中月」現觀。

五地：由四地再證道種智一分故入五地。主修禪定波羅蜜多及一切種智，斷除下乘涅槃貪。滿心位成就「變化所成」現觀。

六地：由五地再證道種智一分故入六地。此地主修般若波羅蜜多——依道種智現觀十二因緣一一有支及意生身化身，皆自心眞如變化所現，「非有似有」，成就細相觀，不由加行而自然證得滅盡定，成俱解脫大乘無學。

七地：由六地「非有似有」現觀，再證道種智一分故入七地。此地主修一切種智及方便波羅蜜多，由重觀十二有支一一支中之流轉門及還滅門一切細相，成就方便善巧，念念隨入滅盡定。滿心位證得「如犍闥婆城」現觀。

八地：由七地極細相觀成就故再證道種智一分而入八地。此地主修一切種智及願波羅蜜多。至滿心位純無相觀任運恆起，故於相土自在，滿心位復證「如實覺知諸法相意生身」故。

九地：由八地再證道種智一分故入九地。主修力波羅蜜多及一切種智，成就四無礙，滿心位證得「種類俱生無行作意生身」。

十地：由九地再證道種智一分故入此地。此地主修一切種智——智波羅蜜多。滿心位起大法智雲，及現起大法智雲所含藏種種功德，成受職菩薩。

等覺：由十地道種智成就故入此地。此地應修一切種智，圓滿等覺地無生法忍；於百劫中修集極廣大福德，以之圓滿三十二大人相及無量隨形好。

妙覺：示現受生人間已斷盡煩惱障一切習氣種子，並斷盡所知障一切隨眠，永斷變易生死無明，成就大般涅槃，四智圓明。人間捨壽後，報身常住色究竟天利樂十方地上菩薩；以諸化身利樂有情，永無盡期，成就究竟佛道。

七地滿心斷除故意保留之最後一分思惑時，煩惱障所攝色、受、想三陰有漏習氣種子全部斷盡。

← 煩惱障所攝行、識二陰無漏習氣種子任運漸斷，所知障所攝上煩惱任運漸斷。

← 斷盡變易生死成就大般涅槃

圓滿成就究竟佛果

佛子蕭平實 謹製
（二〇〇九、〇二 修訂）
（二〇一二、〇二 增補）

佛教正覺同修會 共修現況 及 招生公告 2021/03/17

一、共修現況：（請在共修時間來電，以免無人接聽。）

台北正覺講堂 103 台北市承德路三段 277 號九樓 捷運淡水線圓山站旁
Tel..**總機** 02-25957295（晚上）（**分機：九樓**辦公室 10、11；知客櫃檯 12、13。 **十樓**知客櫃檯 15、16；書局櫃檯 14。 **五樓**辦公室 18；知客櫃檯 19。**二樓**辦公室 20；知客櫃檯 21。）
Fax..25954493

第一講堂 台北市承德路三段 277 號九樓

禪淨班：週一晚班、週三晚班、週四晚班、週五晚班、週六下午班、週六上午班（共修期間二年半，全程免費。皆須報名建立學籍後始可參加共修，欲報名者詳見本公告末頁。）

增上班：瑜伽師地論詳解：單週六晚班。雙週六晚班（重播班）。17.50～20.50。平實導師講解，2003 年 2 月開講至今，僅限已明心之會員參加。

禪門差別智：每月第一週日全天 平實導師主講（事冗暫停）。

解深密經詳解 本經從六度波羅密多談到八識心王，再詳論大乘見道所證眞如，然後論及悟後進修的相見道位所觀七眞如，以及入地後的十地所修，乃至成佛時的四智圓明一切種智境界，皆是可修可證之法，流傳至今依舊可證，顯示佛法眞是義學而非玄談，淺深次第皆所論及之第一義諦妙義。預定於 2021 年三月下旬起開講，由平實導師詳解。每逢週二晚上開講，第一至第六講堂都可同時聽聞，歡迎菩薩種性學人，攜眷共同參與此殊勝法會現場聞法，不限制聽講資格。本會學員憑上課證進入第一至第四講堂聽講，會外學人請以身分證件換證進入聽講（此爲大樓管理處安全管理規定之要求，敬請諒解）；第五及第六講堂（B1、B2）對外開放，不需出示任何證件，請由大樓側門直接進入。

第二講堂 台北市承德路三段 267 號十樓。

禪淨班：週一晚班。

進階班：週三晚班、週四晚班、週五晚班、週六早班、週六下午班。禪淨班結業後轉入共修。

解深密經詳解：平實導師講解。每週二 18.50~20.50 影像音聲即時傳輸

第三講堂 台北市承德路三段 277 號五樓。

禪淨班：週六下午班。

進階班：週一晚班、週三晚班、週四晚班、週五晚班。

解深密經詳解：平實導師講解。每週二 18.50~20.50 影像音聲即時傳輸

第四講堂 台北市承德路三段 267 號二樓。

進階班：週一晚班、週三晚班、週四晚班（禪淨班結業後轉入共修）。

解深密經詳解：平實導師講解。每週二 18.50~20.50 影像音聲即時傳輸

第五、第六講堂

念佛班　每週日晚上，第六講堂共修（B2），一切求生極樂世界的三寶弟子皆可參加，不限制共修資格。

進階班：週一晚班、週三晚班、週四晚班。

解深密經詳解：平實導師講解。每週二 18.50~20.50 影像音聲即時傳輸。第五、第六講堂爲**開放式講堂**，不需以身分證件換證即可進入聽講，台北市承德路三段 267 號地下一樓、地下二樓。每逢週二晚上講經時段開放給會外人士自由聽經，請由大樓側面梯階逕行進入聽講。**聽講者請尊重講者的著作權及肖像權，請勿錄音錄影，以免違法；若有錄音錄影被查獲者，將依法處理。**

正覺祖師堂　大溪區美華里信義路 650 巷坑底 5 之 6 號（台 3 號省道 34 公里處 妙法寺對面斜坡道進入）電話 03-3886110　傳眞 03-3881692 本堂供奉 克勤圓悟大師，專供會員每年四月、十月各三次精進禪三共修，兼作本會出家菩薩掛單常住之用。開放參訪日期請參見本會公告。教內共修團體或道場，得另申請其餘時間作團體參訪，務請事先與常住確定日期，以便安排常住菩薩接引導覽，亦免妨礙常住菩薩之日常作息及修行。

桃園正覺講堂（第一、第二講堂）：桃園市介壽路 286、288 號 10 樓（陽明運動公園對面）電話：03-3749363（請於共修時聯繫，或與台北聯繫）

禪淨班：週一晚班（1）、週一晚班（2）、週三晚班、週四晚班、週五晚班。

進階班：週四晚班、週五晚班、週六上午班。

增上班：雙週六晚班（增上重播班）。

解深密經詳解：平實導師講解。每週二晚上，以台北正覺講堂所錄 DVD 放映；歡迎會外學人共同聽講，不需出示身分證件。

新竹正覺講堂　新竹市東光路 55 號二樓之一　電話 03-5724297（晚上）

第一講堂：

禪淨班：週五晚班。

進階班：週三晚班、週四晚班、週六上午班。由禪淨班結業後轉入共修

增上班：單週六晚班。雙週六晚班（重播班）。

解深密經詳解：平實導師講解。每週二晚上，以台北正覺講堂所錄 DVD 放映。歡迎會外學人共同聽講，不需出示身分證件。

第二講堂：

禪淨班：週一晚班、週三晚班、週四晚班、週六上午班。

解深密經詳解：每週二晚上與第一講堂同步播放講經 DVD。

第三、第四講堂：裝修完畢，即將開放。

台中正覺講堂　04-23816090（晚上）

第一講堂　台中市南屯區五權西路二段 666 號 13 樓之四（國泰世華銀行樓上。鄰近縣市經第一高速公路前來者，由五權西路交流道可以快速到達，大樓旁有停車場，對面有素食館）。

禪淨班：週四晚班、週五晚班。

進階班：週一晚班、週三晚班、週六上午班。由禪淨班結業後轉入共修

增上班：單週六晚班。雙週六晚班（重播班）。

解深密經詳解：平實導師講解。每週二晚上，以台北正覺講堂所錄 DVD 放映。歡迎會外學人共同聽講，不需出示身分證件。

第二講堂　台中市南屯區五權西路二段 666 號 4 樓

禪淨班：週一晚班、週三晚班。

第三講堂台中市南屯區五權西路二段 666 號 4 樓

禪淨班：週一晚班。

第四講堂台中市南屯區五權西路二段 666 號 4 樓。

進階班：週一晚班、週四晚班、週六上午班，由禪淨班結業後轉入共修

解深密經詳解：每週二晚上與第一講堂同步播放講經 DVD。

嘉義正覺講堂　嘉義市友愛路 288 號八樓之一　電話：05-2318228

第一講堂：

禪淨班：週四晚班、週五晚班、週六上午班。

進階班：週一晚班、週三晚班（由禪淨班結業後轉入共修）。

增上班：單週六晚班。雙週六晚班（重播班）。

解深密經詳解：平實導師講解。每週二晚上，以台北正覺講堂所錄 DVD 放映。歡迎會外學人共同聽講，不需出示身分證件。

第二講堂　嘉義市友愛路 288 號八樓之二。

第三講堂　嘉義市友愛路 288 號四樓之七。

禪淨班：週一晚班、週三晚班。

台南正覺講堂

第一講堂　台南市西門路四段 15 號 4 樓。06-2820541（晚上）

禪淨班：週一晚班、週三晚班、週四晚班、週五晚班、週六下午班。

增上班：單週六晚班。雙週六晚班（重播班）。

第二講堂　台南市西門路四段 15 號 3 樓。

解深密經詳解：每週二晚上與第三講堂同步播放講經 DVD。

第三講堂　台南市西門路四段 15 號 3 樓。

進階班：週一晚班、週三晚班、週四晚班、週五晚班（由禪淨班結業後轉入共修）。

解深密經詳解：平實導師講解。每週二晚上，以台北正覺講堂所錄 DVD 放映。歡迎會外學人共同聽講，不需出示身分證件。。

高雄正覺講堂　高雄市新興區中正三路 45 號五樓 07-2234248（晚上）

第一講堂（五樓）：

禪淨班：週一晚班、週三晚班、週四晚班、週五晚班、週六上午班。

增上班：單週六晚班。雙週六晚班（重播班）。

解深密經詳解：平實導師講解。每週二晚上，以台北正覺講堂所錄 DVD 放映。歡迎會外學人共同聽講，不需出示身分證件。

第二講堂（四樓）：

進階班：週三晚班、週四晚班、週六上午班。由禪淨班結業後轉入共修

解深密經詳解：每週二晚上與第一講堂同步播放講經 DVD。

第三講堂（三樓）：

進階班：週四晚班（由禪淨班結業後轉入共修）。

香港正覺講堂

香港新界葵涌打磚坪街 93 號維京科技商業中心A 座 18 樓。

電話：(852) 23262231

英文地址：18/F, Tower A, Viking Technology & Business Centre, 93 Ta Chuen Ping Street, Kwai Chung, N.T., Hong Kong.

禪淨班：雙週六下午班、雙週日下午班、單週六下午班、單週日下午班

進階班：雙週五晚上班、雙週日早上班（由禪淨班結業後轉入共修）。

增上班：每月第一週週日，以台北增上班課程錄成 DVD 放映之。

增上重播班：每月第一週週六，以台北增上班課程錄成 DVD 放映之。

大法鼓經詳解：平實導師講解。每週六、日 19:00～21:00，以台北正覺講堂所錄 DVD 放映；歡迎會外學人共同聽講，不需出示身分證件。

美國洛杉磯正覺講堂　☆已遷移新址☆

825 S. Lemon Ave Diamond Bar, CA 91789 U.S.A.

Tel. (909) 595-5222（請於週六 9:00~18:00 之間聯繫）

Cell. (626) 454-0607

禪淨班：每逢週末 16：00~18：00 上課。

進階班：每逢週末上午 10：00~12：00 上課。

解深密經詳解：平實導師講解。每週六下午 13：30~15：30 以台北所錄 DVD 放映。歡迎各界人士共享第一義諦無上法益，不需報名。

二、招生公告　**本會台北講堂及全省各講堂、香港講堂，每逢四月、十月下旬開新班，每週共修一次**（每次二小時。開課日起三個月內仍可插班）；**但美國洛杉磯共修處之禪淨班得隨時插班共修。各班共修期間皆爲二年半，全程免費，欲參加者請向本會函索報名表**（各共修處皆於共修時間方有人執事，非共修時間請勿電詢或前來洽詢、請書），**或直接從本會官方網站(http://www.enlighten.org.tw/newsflash/class)或成佛之道網站下載報名表**。共修期滿時，若經報名禪三審核通過者，可參加四天三夜之禪三精進共修，有機會明心、取證如來藏，發起般若實相智慧，成爲實義菩薩，脫離凡夫菩薩位。

三、新春禮佛祈福 農曆**年假**期間停止共修：自農曆新年前七天起停止共修與弘法，正月 8 日起回復共修、弘法事務。新春期間正月初一～初七 9.00～17.00 開放台北講堂、正月初一~初三開放新竹、台中、嘉義、台南、高雄講堂，以及大溪禪三道場（正覺祖師堂），方便會員供佛、祈福及會外人士請書。美國洛杉磯共修處之休假時間，請逕詢該共修處。

密宗四大派修雙身法，是外道性力派的邪法；又以生滅的識陰作為常住法，是常見外道，是假的藏傳佛教。

西藏覺囊巴以他空見弘揚第八識如來藏勝法，才是真藏傳佛教

佛教正覺同修會　弘法行事表

2019/02/18

1、**禪淨班**　以無相念佛及拜佛方式修習動中定力，實證一心不亂功夫。傳授解脫道正理及第一義諦佛法，以及參禪知見。共修期間：二年六個月。每逢四月、十月開新班，詳見招生公告表。

2、**進階班**　禪淨班畢業後得轉入此班，進修更深入的佛法，期能證悟明心。各地講堂各有多班，繼續深入佛法、增長定力，悟後得轉入增上班修學道種智，期能證得無生法忍。

3、**增上班 瑜伽師地論**詳解　詳解論中所言凡夫地至佛地等 17 師之修證境界與理論，從凡夫地、聲聞地……宣演到諸地所證無生法忍、一切種智之眞實正理。由平實導師開講，每逢一、三、五週之週末晚上開示，僅限已明心之會員參加。2003 年二月開講至今，預定 2019 年講畢。

4、**不退轉法輪經**詳解　本經所說妙法極爲甚深難解，時至末法，已然無有知者；而其甚深絕妙之法，流傳至今依舊多人可證，顯示佛法眞是義學而非玄談，其中甚深極妙令人拍案稱絕之第一義諦妙義。已於 2019 年元月底開講，由平實導師詳解。不限制聽講資格。

5、**精進禪三**　主三和尚：平實導師。於四天三夜中，以克勤圓悟大師及大慧宗杲之禪風，施設機鋒與小參、公案密意之開示，幫助會員剋期取證，親證不生不滅之眞實心——人人本有之如來藏。每年四月、十月各舉辦三個梯次；平實導師主持。僅限本會會員參加禪淨班共修期滿，報名審核通過者，方可參加。並選擇會中定力、慧力、福德三條件皆已具足之已明心會員，給以指引，令得眼見自己無形無相之佛性遍佈山河大地，眞實而無障礙，得以肉眼現觀世界身心悉皆如幻，具足成就如幻觀，圓滿十住菩薩之證境。

6、**阿含經**詳解　選擇重要之阿含部經典，依無餘涅槃之實際而加以詳解，令大眾得以現觀諸法緣起性空，亦復不墮斷滅見中，顯示經中所隱說之涅槃實際—如來藏—確實已於四阿含中隱說；令大眾得以聞後觀行，確實斷除我見乃至我執，證得**見到**眞現觀，乃至**身證**……等眞現觀；已得大乘或二乘見道者，亦可由此聞熏及聞後之觀行，除斷我所之貪著，成就慧解脫果。由平實導師詳解。不限制聽講資格。

7、**解深密經**詳解　重講本經之目的，在於令諸已悟之人明解大乘法道之成佛次第，以及悟後進修一切種智之內涵，確實證知三種自性性，並得據此證解七眞如、十眞如等正理。每逢週二 18.50~20.50 開示，由平實導師詳解。將於《**不退轉法輪經**》講畢後開講。不限制聽講資格。

8、**成唯識論**詳解　詳解一切種智眞實正理，詳細剖析一切種智之微細深妙廣大正理；並加以舉例說明，使已悟之會員深入體驗所證如來藏之微密行相；及證驗見分相分與所生一切法，皆由如來藏—阿賴耶識—直接或展轉而生，因此證知一切法無我，證知無餘涅槃之本際。將於增上班《瑜伽師地論》講畢後，由平實導師重講。僅限已明心之會員參加。

9、**精選如來藏系經典**詳解　精選如來藏系經典一部，詳細解說，以此完全印證會員所悟如來藏之眞實，得入不退轉住。另行擇期詳細解說之，由平實導師講解。僅限已明心之會員參加。

10、**禪門差別智**　藉禪宗公案之微細淆訛難知難解之處，加以宣說及剖析，以增進明心、見性之功德，啓發差別智，建立擇法眼。每月第一週日全天，由平實導師開示，僅限破參明心後，復又眼見佛性者參加（事冗暫停）。

11、**枯木禪**　先講智者大師的《小止觀》，後說《釋禪波羅蜜》，詳解四禪八定之修證理論與實修方法，細述一般學人修定之邪見與岔路，及對禪定證境之誤會，消除枉用功夫、浪費生命之現象。已悟般若者，可以藉此而實修初禪，進入大乘通教及聲聞教的三果心解脫境界，配合應有的大福德及後得無分別智、十無盡願，即可進入初地心中。親教師：平實導師。未來緣熟時將於正覺寺開講。不限制聽講資格。

註：本會例行年假，自 2004 年起，改爲每年農曆新年前七天開始停息弘法事務及共修課程，農曆正月 8 日回復所有共修及弘法事務。新春期間（每日 9.00~17.00）開放台北講堂，方便會員禮佛祈福及會外人士請書。大溪區的正覺祖師堂，開放參訪時間，詳見〈正覺電子報〉或成佛之道網站。本表得因時節因緣需要而隨時修改之，不另作通知。

佛教正覺同修會　贈閱書籍 目錄　2018/10/20

1.**無相念佛**　平實導師著　回郵 36 元
2.**念佛三昧修學次第**　平實導師述著　回郵 52 元
3.**正法眼藏—護法集**　平實導師述著　回郵 76 元
4.**真假開悟簡易辨正法&佛子之省思**　平實導師著　回郵 26 元
5.**生命實相之辨正**　平實導師著　回郵 31 元
6.**如何契入念佛法門**（附：印順法師否定極樂世界）平實導師著　回郵 26 元
7.**平實書箋**—答元覽居士書　平實導師著　回郵 52 元
8.**三乘唯識**—如來藏系經律彙編　平實導師編　回郵 80 元
（精裝本　長 27 cm　寬 21 cm　高 7.5 cm　重 2.8 公斤）
9.**三時繫念全集**—修正本　回郵掛號 52 元（長 26.5 cm×寬 19 cm）
10.**明心與初地**　平實導師述　回郵 31 元
11.**邪見與佛法**　平實導師述著　回郵 36 元
12.**甘露法雨**　平實導師述　回郵 36 元
13.**我與無我**　平實導師述　回郵 36 元
14.**學佛之心態**—修正錯誤之學佛心態始能與正法相應　孫正德老師著　回郵52元
附錄：平實導師著《**略說八、九識並存…等之過失**》
15.**大乘無我觀**—《悟前與悟後》別說　平實導師述著　回郵 36 元
16.**佛教之危機**—中國台灣地區現代佛教之真相（附錄：公案拈提六則）
平實導師著　回郵 52 元
17.**燈　影**—燈下黑（覆「求教後學」來函等）　平實導師著　回郵 76 元
18.**護法與毀法**—覆上平居士與徐恒志居士網站毀法二文
張正圜老師著　回郵 76 元
19.**淨土聖道**—兼評**選擇本願念佛**　正德老師著　**由正覺同修會購贈**　回郵 52 元
20.**辨唯識性相**—對「紫蓮心海《辯唯識性相》書中否定阿賴耶識」之回應
正覺同修會 台南共修處法義組 著　回郵 52 元
21.**假如來藏**—對法蓮法師《如來藏與阿賴耶識》書中否定阿賴耶識之回應
正覺同修會 台南共修處法義組 著　回郵 76 元
22.**入不二門**—公案拈提集錦 第一輯（於平實導師公案拈提諸書中選錄約二十則，
合輯爲一冊流通之）平實導師著　回郵 52 元
23.**真假邪說**—西藏密宗索達吉喇嘛《破除邪說論》真是邪說
釋正安法師著　上、下冊回郵各 52 元
24.**真假開悟**—真如、如來藏、阿賴耶識間之關係　平實導師述著　回郵 76 元
25.**真假禪和**—辨正釋傳聖之謗法謬說　孫正德老師著　回郵 76 元
26.**眼見佛性**—駁慧廣法師**眼見佛性的含義**文中謬說
游正光老師著　回郵 52 元

27.**普門自在**—公案拈提集錦 第二輯（於平實導師公案拈提諸書中選錄約二十則，合輯爲一冊流通之）平實導師著　回郵 52 元

28.**印順法師的悲哀**—以現代禪的質疑為線索　恒毓博士著　回郵 52 元

29.**識蘊真義**—現觀識蘊內涵、取證初果、親斷三縛結之具體行門。
—依《成唯識論》及《惟識述記》正義，略顯安慧《大乘廣五蘊論》之邪謬
平實導師著　回郵 76 元

30.**正覺電子報** 各期紙版本　免附回郵　每次最多函索三期或三本。
（已無存書之較早各期，不另增印贈閱）

31.**現代人應有的宗教觀**　蔡正禮老師 著　回郵31 元

32.**遠惑趣道**—正覺電子報般若信箱問答錄　第一輯　回郵52 元

33.**遠惑趣道**—正覺電子報般若信箱問答錄　第二輯　回郵52 元

34.**確保您的權益**—器官捐贈應注意自我保護　游正光老師 著　回郵31 元

35.**正覺教團電視弘法三乘菩提 DVD 光碟（一）**
由正覺教團多位親教師共同講述錄製 DVD 8 片，MP3 一片，共 9 片。有二大講題：一爲「三乘菩提之意涵」，二爲「學佛的正知見」。內容精闢，深入淺出，精彩絕倫，幫助大眾快速建立三乘法道的正知見，免被外道邪見所誤導。有志修學三乘佛法之學人不可不看。（製作工本費 100 元，回郵 52 元）

36.**正覺教團電視弘法 DVD 專輯（二）**
總有二大講題：一爲「三乘菩提之念佛法門」，一爲「學佛正知見（第二篇）」，由正覺教團多位親教師輪番講述，內容詳細闡述如何修學念佛法門、實證念佛三昧，以及學佛應具有的正確知見，可以幫助發願往生西方極樂淨土之學人，得以把握往生，更可令學人快速建立三乘法道的正知見，免於被外道邪見所誤導。有志修學三乘佛法之學人不可不看。（一套 17 片，工本費 160 元。回郵 76 元）

37.**喇嘛性世界**—揭開假藏傳佛教譚崔瑜伽的面紗　張善思 等人合著
由正覺同修會購贈　回郵 52 元

38.**假藏傳佛教的神話**—性、謊言、喇嘛教　張正玄教授編著
由正覺同修會購贈　回郵 52 元

39.**隨 緣**—理隨緣與事隨緣　平實導師述　回郵 52 元。

40.**學佛的覺醒**　正枝居士 著　回郵 52 元

41.**導師之真實義**　蔡正禮老師 著　回郵 31 元

42.**淺談達賴喇嘛之雙身法**—兼論解讀「密續」之達文西密碼
吳明芷居士 著　回郵 31 元

43.**魔界轉世**　張正玄居士 著　回郵 31 元

44.**一貫道與開悟**　蔡正禮老師 著　回郵 31 元

45.**博愛**—愛盡天下女人　正覺教育基金會 編印　回郵 36 元

46.**意識虛妄經教彙編**—實證解脫道的關鍵經文　正覺同修會編印　回郵36 元

47.**邪箭囈語**—破斥藏密外道多識仁波切《破魔金剛箭雨論》之邪說

陸正元老師著　上、下冊回郵各 52 元

48.**真假沙門**—依 佛聖教闡釋佛教僧寶之定義

蔡正禮老師著　俟正覺電子報連載後結集出版

49.**真假禪宗**—藉評論釋性廣《印順導師對變質禪法之批判

及對禪宗之肯定》以顯示真假禪宗

附論一：凡夫知見 無助於佛法之信解行證

附論二：世間與出世間一切法皆從如來藏實際而生而顯

余正偉老師著　俟正覺電子報連載後結集出版　回郵未定

★ 上列贈書之郵資，係台灣本島地區郵資，大陸、港、澳地區及外國地區，請另計酌增（大陸、港、澳、國外地區之郵票不許通用）。尚未出版之書，請勿先寄來郵資，以免增加作業煩擾。

★ 本目錄若有變動，唯於後印之書籍及「成佛之道」網站上修正公佈之，不另行個別通知。

函索書籍請寄：佛教正覺同修會　103 台北市承德路 3 段 277 號 9 樓

台灣地區函索書籍者請附寄郵票，無時間購買郵票者可以等值現金抵用，但不接受郵政劃撥、支票、匯票。大陸地區得以人民幣計算，國外地區請以美元計算（請勿寄來當地郵票，在台灣地區不能使用）。欲以掛號寄遞者，請另附掛號郵資。

親自索閱：正覺同修會各共修處。　★請於共修時間前往取書，餘時無人在道場，請勿前往索取；共修時間與地點，詳見書末正覺同修會共修現況表（以近期之共修現況表爲準）。

註：正智出版社發售之局版書，請向各大書局購閱。若書局之書架上已經售出而無陳列者，請向書局櫃台指定洽購；若書局不便代購者，請於正覺同修會共修時間前往各共修處請購，正智出版社已派人於共修時間送書前往各共修處流通。 郵政劃撥購書及 大陸地區 購書，請詳別頁正智出版社發售書籍目錄最後頁之說明。

成佛之道 網站：http://www.a202.idv.tw　正覺同修會已出版之結緣書籍，多已登載於 成佛之道 網站，若住外國、或住處遙遠，不便取得正覺同修會贈閱書籍者，可以從本網站閱讀及下載。　書局版之《宗通與說通》亦已上網，台灣讀者可向書局洽購，售價 300 元。《狂密與眞密》第一輯~第四輯，亦於 2003.5.1.全部於本網站登載完畢；台灣地區讀者請向書局洽購，每輯約 400 頁，售價 300 元（網站下載紙張費用較貴，容易散失，難以保存，亦較不精美）。

＊＊假藏傳佛教修雙身法，非佛教＊＊

正智出版社 籌募弘法基金發售書籍目錄 2020/11/14

1.**宗門正眼**—公案拈提 第一輯 重拈 平實導師著 500元
因重寫內容大幅度增加故，字體必須改小，並增爲576頁 主文546頁。比初版更精彩、更有內容。初版《禪門摩尼寶聚》之讀者，可寄回本公司免費調換新版書。免附回郵，亦無截止期限。（2007年起，每冊附贈本公司精製公案拈提〈超意境〉CD一片。市售價格280元，多購多贈。）
2.**禪淨圓融** 平實導師著 200元（第一版舊書可換新版書。）
3.**真實如來藏** 平實導師著 400元
4.**禪—悟前與悟後** 平實導師著 上、下冊，每冊250元
5.**宗門法眼**—公案拈提 第二輯 平實導師著 500元
（2007年起，每冊附贈本公司精製公案拈提〈超意境〉CD一片）
6.**楞伽經詳解** 平實導師著 全套共10輯 每輯250元
7.**宗門道眼**—公案拈提 第三輯 平實導師著 500元
（2007年起，每冊附贈本公司精製公案拈提〈超意境〉CD一片）
8.**宗門血脈**—公案拈提 第四輯 平實導師著 500元
（2007年起，每冊附贈本公司精製公案拈提〈超意境〉CD一片）
9.**宗通與說通**—成佛之道 平實導師著 主文381頁 全書400頁售價300元
10.**宗門正道**—公案拈提 第五輯 平實導師著 500元
（2007年起，每冊附贈本公司精製公案拈提〈超意境〉CD一片）
11.**狂密與真密** 一～四輯 平實導師著 西藏密宗是人間最邪淫的宗教，本質不是佛教，只是披著佛教外衣的印度教性力派流毒的喇嘛教。此書中將西藏密宗密傳之男女雙身合修樂空雙運所有祕密與修法，毫無保留完全公開，並將全部喇嘛們所不知道的部分也一併公開。內容比大辣出版社喧騰一時的《西藏慾經》更詳細。並且函蓋藏密的所有祕密及其錯誤的中觀見、如來藏見……等，藏密的所有法義都在書中詳述、分析、辨正。每輯主文三百餘頁 每輯全書約400頁 售價每輯300元
12.**宗門正義**—公案拈提 第六輯 平實導師著 500元
（2007年起，每冊附贈本公司精製公案拈提〈超意境〉CD一片）
13.**心經密意**—心經與解脫道、佛菩提道、祖師公案之關係與密意 平實導師述 300元
14.**宗門密意**—公案拈提 第七輯 平實導師著 500元
（2007年起，每冊附贈本公司精製公案拈提〈超意境〉CD一片）
15.**淨土聖道**—兼評「選擇本願念佛」 正德老師著 200元
16.**起信論講記** 平實導師述著 共六輯 每輯三百餘頁 售價各250元
17.**優婆塞戒經講記** 平實導師述著 共八輯 每輯三百餘頁 售價各250元
18.**真假活佛**—略論附佛外道盧勝彥之邪說（對前岳靈犀網站主張「盧勝彥是證悟者」之修正） 正犀居士（岳靈犀）著 流通價140元
19.**阿含正義**—唯識學探源 平實導師著 共七輯 每輯300元

20.**超意境** CD 以平實導師公案拈提書中超越意境之頌詞，加上曲風優美的旋律，錄成令人嚮往的超意境歌曲，其中包括正覺發願文及平實導師親自譜成的黃梅調歌曲一首。詞曲雋永，殊堪翫味，可供學禪者吟詠，有助於見道。內附設計精美的彩色小冊，解說每一首詞的背景本事。每片 280 元。【每購買公案拈提書籍一冊，即贈送一片。】

21.**菩薩底憂鬱** CD 將菩薩情懷及禪宗公案寫成新詞，並製作成超越意境的優美歌曲。 1.主題曲〈菩薩底憂鬱〉，描述地後菩薩能離三界生死而迴向繼續生在人間，但因尚未斷盡習氣種子而有極深沈之憂鬱，非三賢位菩薩及二乘聖者所知，此憂鬱在七地滿心位方才斷盡；本曲之詞中所說義理極深，昔來所未曾見；此曲係以優美的情歌風格寫詞及作曲，聞者得以激發嚮往諸地菩薩境界之大心，詞、曲都非常優美，難得一見；其中勝妙義理之解說，已印在附贈之彩色小冊中。 2.以各輯公案拈提中直示禪門入處之頌文，作成各種不同曲風之超意境歌曲，值得玩味、參究；聆聽公案拈提之優美歌曲時，請同時閱讀內附之印刷精美說明小冊，可以領會超越三界的證悟境界；未悟者可以因此引發求悟之意向及疑情，眞發菩提心而邁向求悟之途，乃至因此眞實悟入般若，成眞菩薩。 3.正覺總持咒新曲，總持佛法大意；總持咒之義理，已加以解說並印在隨附之小冊中。本 CD 共有十首歌曲，長達 63 分鐘。每盒各附贈二張購書優惠券。每片 280 元。

22.**禪意無限** CD 平實導師以公案拈提書中偈頌寫成不同風格曲子，與他人所寫不同風格曲子共同錄製出版，幫助參禪人進入禪門超越意識之境界。盒中附贈彩色印製的精美解說小冊，以供聆聽時閱讀，令參禪人得以發起參禪之疑情，即有機會證悟本來面目而發起實相智慧，實證大乘菩提般若，能如實證知般若經中的眞實意。本 CD 共有十首歌曲，長達 69 分鐘，每盒各附贈二張購書優惠券。每片 280 元。

23.**我的菩提路**第一輯　釋悟圓、釋善藏等人合著　售價 300 元

24.**我的菩提路**第二輯　郭正益等人合著　售價 300 元（停售，俟改版後另行發售）

25.**我的菩提路**第三輯　王美伶等人合著　售價 300 元

26.**我的菩提路**第四輯　陳晏平等人合著　售價 300 元

27.**我的菩提路**第五輯　林慈慧等人合著　售價 300 元

28.**我的菩提路**第六輯　劉惠莉等人合著　售價 300 元

29.**我的菩提路**第七輯　余正偉等人合著　售價 300 元　預定 2021/6/30 出版

30.**鈍鳥與靈龜**—考證後代凡夫對大慧宗杲禪師的無根誹謗。

平實導師著　共 458 頁　售價 350 元

31.**維摩詰經講記**　平實導師述　共六輯　每輯三百餘頁　售價各 250 元

32.**真假外道**—破劉東亮、杜大威、釋證嚴常見外道見　正光老師著　200 元

33.**勝鬘經講記**—兼論印順《勝鬘經講記》對於《勝鬘經》之誤解。

平實導師述　共六輯　每輯三百餘頁　售價250 元

34.**楞嚴經講記** 平實導師述 共**15**輯，每輯三百餘頁 售價300元
35.**明心與眼見佛性**—駁慧廣〈蕭氏「眼見佛性」與「明心」之非〉文中謬說
正光老師著 共448頁 售價300元
36.**見性與看話頭** 黃正倖老師 著，本書是禪宗參禪的方法論。
內文375頁，全書416頁，售價300元。
37.**達賴真面目**—玩盡天下女人 白正偉老師 等著 中英對照彩色精裝大本 800元
38.**喇嘛性世界**—揭開假藏傳佛教譚崔瑜伽的面紗 張善思 等人著 200元
39.**假藏傳佛教的神話**—性、謊言、喇嘛教 正玄教授編著 200元
40.**金剛經宗通** 平實導師述 共九輯 每輯售價250元。
41.**空行母**—性別、身分定位，以及藏傳佛教。
珍妮·坎貝爾著 呂艾倫 中譯 售價250元
42.**末代達賴**—性交教主的悲歌 張善思、呂艾倫、辛燕編著 售價250元
43.**霧峰無霧**—給哥哥的信 辨正釋印順對佛法的無量誤解
游宗明 老師著 售價250元
44.**霧峰無霧**—第二輯—救護佛子向正道 細說釋印順對佛法的各類誤解
游宗明 老師著 售價250元
45.**第七意識與第八意識？**—穿越時空「超意識」
平實導師述 每冊300元
46.**黯淡的達賴**—失去光彩的諾貝爾和平獎
正覺教育基金會編著 每冊250元
47.**童女迦葉考**—論呂凱文〈佛教輪迴思想的論述分析〉之謬。
平實導師 著 定價180元
48.**人間佛教**—實證者必定不悖三乘菩提
平實導師 述，定價400元
49.**實相經宗通** 平實導師述 共八輯 每輯250元
50.**真心告訴您(一)**—達賴喇嘛在幹什麼？
正覺教育基金會編著 售價250元
51.**中觀金鑑**—詳述應成派中觀的起源與其破法本質
孫正德老師著 分為上、中、下三冊，每冊250元
52.**藏傳佛教要義**—《狂密與真密》之簡體字版 平實導師 著 上、下冊
僅在大陸流通 每冊300元
53.**法華經講義** 平實導師述 共二十五輯 每輯300元
已於2015/05/31起開始出版，每二個月出版一輯
54.**西藏「活佛轉世」制度**—附佛、造神、世俗法
許正豐、張正玄老師合著 定價150元
55.**廣論三部曲** 郭正益老師著 定價150元
56.**真心告訴您(二)**—達賴喇嘛是佛教僧侶嗎？
—補祝達賴喇嘛八十大壽
正覺教育基金會編著 售價300元

57.**次法**—實證佛法前應有的條件
張善思居士著　分為上、下二冊，每冊250元
58.**涅槃**—解說四種涅槃之實證及內涵　平實導師著 上、下冊 各350元
59.**山法**—西藏關於他空與佛藏之根本論
篤補巴‧喜饒堅贊著　　傑弗里‧霍普金斯英譯
張火慶教授、張志成、呂艾倫等中譯　精裝大本1200元
60.**佛藏經講義**　平實導師述　2019年7月31日開始出版　共21輯
每二個月出版一輯，每輯300元。
61.**假鋒虛焰金剛乘**—揭示顯密正理，兼破索達吉師徒《般若鋒兮金剛焰》
釋正安法師著 簡體字版 即將出版 售價未定
62.**廣論之平議**—宗喀巴《菩提道次第廣論》之平議　正雄居士著
約二或三輯　俟正覺電子報連載後結集出版　書價未定
63.**大法鼓經講義**　平實導師講述　《佛藏經講義》出版後發行，每輯300元
64.**不退轉法輪經講義**　平實導師講述　《大法鼓經講義》出版後發行
65.**八識規矩頌**詳解　○○居士 註解　出版日期另訂　書價未定。
66.**中觀正義**—註解平實導師《中論正義頌》。
○○法師（居士）著　出版日期未定　書價未定
67.**中論正義**—釋龍樹菩薩《中論》頌正理。
孫正德老師著　出版日期未定　書價未定
68.**中國佛教史**—依中國佛教正法史實而論。○○老師 著　書價未定。
69.**印度佛教史**—法義與考證。依法義史實評論印順《印度佛教思想史、佛教史地考論》之謬說　正偉老師著　出版日期未定　書價未定
70.**阿含經講記**—將選錄四阿含中數部重要經典全經講解之，講後整理出版。
平實導師述　約二輯　每輯300元　出版日期未定
71.**寶積經講記**　平實導師述　每輯三百餘頁 優惠價300元 出版日期未定
72.**解深密經講義**　平實導師述 約四輯　將於重講後整理出版
73.**成唯識論略解**　平實導師著　五～六輯　每輯300元　出版日期未定
74.**修習止觀坐禪法要講記**　平實導師述　每輯三百餘頁
將於正覺寺建成後重講、以講記逐輯出版　出版日期未定
75.**無門關**—《無門關》公案拈提　平實導師著　出版日期未定
76.**中觀再論**—兼述印順《中觀今論》謬誤之平議。正光老師著 出版日期未定
77.**輪迴與超度**—佛教超度法會之真義。
○○法師（居士）著　出版日期未定　書價未定
78.**《釋摩訶衍論》平議**—對偽稱龍樹所造《釋摩訶衍論》之平議
○○法師（居士）著　出版日期未定　書價未定
79.**正覺發願文**註解—以真實大願為因 得證菩提
正德老師著　出版日期未定　書價未定
80.**正覺總持咒**—佛法之總持　正圜老師著　出版日期未定　書價未定
81.**三自性**—依四食、五蘊、十二因緣、十八界法，說三性三無性。
作者未定　出版日期未定

82.**道品**—從三自性說大小乘三十七道品　　作者未定　出版日期未定
83.**大乘緣起觀**—依四聖諦七真如現觀十二緣起 作者未定　出版日期未定
84.**三德**—論解脫德、法身德、般若德。　　作者未定　出版日期未定
85.**真假如來藏**—對印順《如來藏之研究》謬說之平議　作者未定 出版日期未定
86.**大乘道次第**　　作者未定　出版日期未定　書價未定
87.**四緣**—依如來藏故有四緣。　作者未定　出版日期未定
88.**空之探究**—印順《空之探究》謬誤之平議　作者未定 出版日期未定
89.**十法義**—論阿含經中十法之正義　　作者未定　出版日期未定
90.**外道見**—論述外道六十二見　　作者未定　　出版日期未定

正智出版社有限公司　書籍介紹

禪淨圓融：言淨土諸祖所未曾言，示諸宗祖師所未曾示；禪淨圓融，另闢成佛捷徑，兼顧自力他力，闡釋淨土門之速行易行道，亦同時揭櫫聖教門之速行易行道；令廣大淨土行者得免緩行難證之苦，亦令聖道門行者得以藉著淨土速行道而加快成佛之時劫。乃前無古人之超勝見地，非一般弘揚禪淨法門典籍也，先讀為快。平實導師著　200元。

宗門正眼—公案拈提第一輯：繼承克勤圜悟大師碧巖錄宗旨之禪門鉅作。先則舉示當代大法師之邪說，消弭當代禪門大師鄉愿之心態，摧破當今禪門「世俗禪」之妄談；次則旁通教法，表顯宗門正理；繼以道之次第，消弭古今狂禪；後藉言語及文字機鋒，直示宗門入處。悲智雙運，禪味十足，數百年來難得一睹之禪門鉅著也。平實導師著　500元（原初版書《禪門摩尼寶聚》，改版後補充為五百餘頁新書，總計多達二十四萬字，內容更精彩，並改名為《宗門正眼》，讀者原購初版《禪門摩尼寶聚》皆可寄回本公司免費換新，免附回郵，亦無截止期限）（2007年起，凡購買公案拈提第一輯至第七輯，每購一輯皆贈送本公司精製公案拈提〈超意境〉CD一片，市售價格280元，多購多贈）。

禪—悟前與悟後：本書能建立學人悟道之信心與正確知見，圓滿具足而有次第地詳述禪悟之功夫與禪悟之內容，指陳參禪中細微淆訛之處，能使學人明自眞心、見自本性。若未能悟入，亦能以正確知見辨別古今中外一切大師究係眞悟？或屬錯悟？便有能力揀擇，捨名師而選明師，後時必有悟道之緣。一旦悟道，遲者七次人天往返，便出三界，速者一生取辦。學人欲求開悟者，不可不讀。　平實導師著。上、下冊共500元，單冊250元。

真實如來藏：如來藏眞實存在，乃宇宙萬有之本體，並非印順法師、達賴喇嘛等人所說之「唯有名相、無此心體」。如來藏是涅槃之本際，是一切有智之人竭盡心智、不斷探索而不能得之生命實相；是古今中外許多大師自以爲悟而當面錯過之生命實相。如來藏即是阿賴耶識，乃是一切有情本自具足、不生不滅之眞實心。當代中外大師於此書出版之前所未能言者，作者於本書中盡情流露、詳細闡釋。眞悟者讀之，必能增益悟境、智慧增上；錯悟者讀之，必能檢討自己之錯誤，免犯大妄語業；未悟者讀之，能知參禪之理路，亦能以之檢查一切名師是否眞悟。此書是一切哲學家、宗教家、學佛者及欲昇華心智之人必讀之鉅著。　平實導師著　售價400元。

宗門法眼—公案拈提第二輯：列舉實例，闡釋土城廣欽老和尚之悟處；並直示這位不識字的老和尚妙智橫生之根由，繼而剖析禪宗歷代大德之開悟公案，解析當代密宗高僧卡盧仁波切之錯悟證據，並例舉當代顯宗高僧、大居士之錯悟證據（凡健在者，爲免影響其名聞利養，皆隱其名）。藉辨正當代名師之邪見，向廣大佛子指陳禪悟之正道，彰顯宗門法眼。悲勇兼出，強捋虎鬚；慈智雙運，巧探驪龍；摩尼寶珠在手，直示宗門入處，禪味十足；若非大悟徹底，不能爲之。禪門精奇人物，允宜人手一冊，供作參究及悟後印證之圭臬。本書於2008年4月改版，增寫爲大約500頁篇幅，以利學人研讀參究時更易悟入宗門正法，以前所購初版首刷及初版二刷舊書，皆可免費換取新書。平實導師著　500元（2007年起，凡購買公案拈提第一輯至第七輯，每購一輯皆贈送本公司精製公案拈提〈超意境〉CD一片，市售價格280元，多購多贈）。

宗門道眼—公案拈提第三輯：繼宗門法眼之後，再以金剛之作略、慈悲之胸懷、犀利之筆觸，舉示寒山、拾得、布袋三大士之悟處，消弭當代錯悟者對於寒山大士……等之誤會及誹謗。　亦舉出民初以來與虛雲和尚齊名之蜀郡鹽亭袁煥仙夫子——南懷瑾老師之師，其「悟處」何在？並蒐羅許多眞悟祖師之證悟公案，顯示禪宗歷代祖師之睿智，指陳部分祖師、奧修及當代顯密大師之謬悟，作爲殷鑑，幫助禪子建立及修正參禪之方向及知見。假使讀者閱此書已，一時尚未能悟，亦可一面加功用行，一面以此宗門道眼辨別眞假善知識，避開錯誤之印證及歧路，可免大妄語業之長劫慘痛果報。欲修禪宗之禪者，務請細讀。平實導師著　售價500元（2007年起，凡購買公案拈提第一輯至第七輯，每購一輯皆贈送本公司精製公案拈提〈超意境〉CD一片，市售價格280元，多購多贈）。

楞伽經詳解：本經是禪宗見道者印證所悟眞僞之根本經典，亦是禪宗見道者悟後起修之依據經典；故達摩祖師於印證二祖慧可大師之後，將此經典連同佛鉢祖衣一併交付二祖，令其依此經典佛示金言、進入修道位，修學一切種智。由此可知此經對於眞悟之人修學佛道，是非常重要之一部經典。此經能破外道邪說，亦破佛門中錯悟名師之謬說，亦破禪宗部分祖師之狂禪：不讀經典、一向主張「一悟即成究竟佛」之謬執。並開示愚夫所行禪、觀察義禪、攀緣如禪、如來禪等差別，令行者對於三乘禪法差異有所分辨；亦糾正禪宗祖師古來對於如來禪之誤解，嗣後可免以訛傳訛之弊。此經亦是法相唯識宗之根本經典，禪者悟後欲修一切種智而入初地者，必須詳讀。平實導師著，全套共十輯，已全部出版完畢，每輯主文約320頁，每冊約352頁，定價250元。

宗門血脈—公案拈提第四輯：末法怪象—許多修行人自以爲悟，每將無念靈知認作眞實；崇尚二乘法諸師及其徒衆，則將外於如來藏之緣起性空—無因論之無常空、斷滅空、一切法空—錯認爲 佛所說之般若空性。這兩種現象已於當今海峽兩岸及美加地區顯密大師之中普遍存在；人人自以爲悟，心高氣壯，便敢寫書解釋祖師證悟之公案，大多出於意識思惟所得，言不及義，錯誤百出，因此誤導廣大佛子同陷大妄語之地獄業中而不能自知。彼等書中所說之悟處，其實處處違背第一義經典之聖言量。彼等諸人不論是否身披袈裟，都非佛法宗門血脈，或雖有禪宗法脈之傳承，亦只徒具形式；猶如螟蛉，非眞血脈，未悟得根本眞實故。禪子欲知 佛、祖之眞血脈者，請讀此書，便知分曉。平實導師著，主文452頁，全書464頁，定價500元（2007年起，凡購買公案拈提第一輯至第七輯，每購一輯皆贈送本公司精製公案拈提〈超意境〉CD一片，市售價格280元，多購多贈）。

宗通與說通：古今中外，錯誤之人如麻似粟，每以常見外道所說之靈知心，認作眞心；或妄想虛空之勝性能量爲眞如，或錯認物質四大元素藉冥性（靈知心本體）能成就吾人色身及知覺，或認初禪至四禪中之了知心爲不生不滅之涅槃心。此等皆非通宗者之見地。復有錯悟之人一向主張「宗門與教門不相干」，此即尚未通達宗門之人也。其實宗門與教門互通不二，宗門所證者乃是眞如與佛性，教門所說者乃說宗門證悟之眞如佛性，故教門與宗門不二。本書作者以宗教二門互通之見地，細說「宗通與說通」，從初見道至悟後起修之道、細說分明；並將諸宗諸派在整體佛教中之地位與次第，加以明確之教判，學人讀之即可了知佛法之梗概也。欲擇明師學法之前，允宜先讀。平實導師著，主文共381頁，全書392頁，只售成本價300元。

宗門正道—公案拈提第五輯：修學大乘佛法有二果須證—解脫果及大菩提果。二乘人不證大菩提果，唯證解脫果；此果之智慧，名爲聲聞菩提、緣覺菩提。大乘佛子所證二果之菩提果爲佛菩提，故名大菩提果，其慧名爲一切種智—函蓋二乘解脫果。然此大乘二果修證，須經由禪宗之宗門證悟方能相應。而宗門證悟極難，自古已然；其所以難者，咎在古今佛教界普遍存在三種邪見：1.以修定認作佛法，2.以無因論之緣起性空—否定涅槃本際如來藏以後之一切法空作爲佛法，3.以常見外道邪見（離語言妄念之靈知性）作爲佛法。如是邪見，或因自身正見未立所致，或因邪師之邪教導所致，或因無始劫來虛妄熏習所致。若不破除此三種邪見，永劫不悟宗門眞義、不入大乘正道，唯能外門廣修菩薩行。平實導師於此書中，有極爲詳細之說明，有志佛子欲摧邪見、入於內門修菩薩行者，當閱此書。主文共496頁，全書512頁。售價500元（2007年起，凡購買公案拈提第一輯至第七輯，每購一輯皆贈送本公司精製公案拈提〈超意境〉CD一片，市售價格280元，多購多贈）。

狂密與真密：密教之修學，皆由有相之觀行法門而入，其最終目標仍不離顯教經典所說第一義諦之修證；若離顯教第一義經典、或違背顯教第一義經典，即非佛教。西藏密教之觀行法，如灌頂、觀想、遷識法、寶瓶氣、大聖歡喜雙身修法、喜金剛、無上瑜伽、大樂光明、樂空雙運等，皆是印度教兩性生生不息思想之轉化，自始至終皆以如何能運用交合淫樂之法達到全身受樂爲其中心思想，純屬欲界五欲的貪愛，不能令人超出欲界輪迴，更不能令人斷除我見；何況大乘之明心與見性，更無論矣！故密宗之法絕非佛法也。而其明光大手印、大圓滿法教，又皆同以常見外道所說離語言妄念之無念靈知心錯認爲佛地之眞如，不能直指不生不滅之眞如。西藏密宗所有法王與徒衆，都尚未開頂門眼，不能辨別眞僞，以依人不依法、依密續不依經典故，不肯將其上師喇嘛所說對照第一義經典，純依密續之藏密祖師所說爲準，因此而誇大其證德與證量，動輒謂彼祖師上師爲究竟佛、爲地上菩薩；如今台海兩岸亦有自謂其師證量高於 釋迦文佛者，然觀其師所述，猶未見道，仍在觀行即佛階段，尚未到禪宗相似即佛、分證即佛階位，竟敢標榜爲究竟佛及地上法王，誑惑初機學人。凡此怪象皆是狂密，不同於眞密之修行者。近年狂密盛行，密宗行者被誤導者極衆，動輒自謂已證佛地眞如，自視爲究竟佛，陷於大妄語業中而不知自省，反謗顯宗眞修實證者之證量粗淺；或如義雲高與釋性圓…等人，於報紙上公然誹謗眞實證道者爲「騙子、無道人、人妖、癩蛤蟆…」等，造下誹謗大乘勝義僧之大惡業；或以外道法中有爲有作之甘露、魔術……等法，誑騙初機學人，狂言彼外道法爲眞佛法。如是怪象，在西藏密宗及附藏密之外道中，不一而足，舉之不盡，學人宜應愼思明辨，以免上當後又犯毀破菩薩戒之重罪。密宗學人若欲遠離邪知邪見者，請閱此書，即能了知密宗之邪謬，從此遠離邪見與邪修，轉入眞正之佛道。 平實導師著 共四輯 每輯約400頁（主文約340頁） 每輯售價300元。

宗門正義—公案拈提第六輯：佛教有六大危機，乃是藏密化、世俗化、膚淺化、學術化、宗門密意失傳、悟後進修諸地之次第混淆；其中尤以宗門密意之失傳，爲當代佛教最大之危機。由宗門密意失傳故，易令 世尊本懷普被錯解，易令世尊正法被轉易爲外道法，以及加以淺化、世俗化，是故宗門密意之廣泛弘傳與具緣佛弟子，極爲重要。然而欲令宗門密意之廣泛弘傳予具緣之佛弟子者，必須同時配合錯誤知見之解析、普令佛弟子知之，然後輔以公案解析之直示入處，方能令具緣之佛弟子悟入。而此二者，皆須以公案拈提之方式爲之，方易成其功、竟其業，是故平實導師續作宗門正義一書，以利學人。 全書500餘頁，售價500元（2007年起，凡購買公案拈提第一輯至第七輯，每購一輯皆贈送本公司精製公案拈提〈超意境〉CD一片，市售價格280元，多購多贈）。

心經密意—心經與解脫道、佛菩提道、祖師公案之關係與密意。 二乘菩提所證之解脫道，實依第八識心之斷除煩惱障現行而立解脫之名；大乘菩提所證之佛菩提道，實依親證第八識如來藏之涅槃性、清淨自性、及其中道性而立般若之名；禪宗祖師公案所證之眞心，即是此第八識如來藏；是故三乘佛法所修所證之三乘菩提，皆依此如來藏心而立名也。此第八識心，即是《心經》所說之心也。證得此如來藏已，即能漸入大乘佛菩提道，亦可因證知此心而了知二乘無學所不能知之無餘涅槃本際，是故《心經》之密意，與三乘佛菩提之關係極爲密切、不可分割，三乘佛法皆依此心而立名故。今者平實導師以其所證解脫道之無生智及佛菩提之般若種智，將《心經》與解脫道、佛菩提道、祖師公案之關係與密意，以演講之方式，用淺顯之語句和盤托出，發前人所未言，呈三乘菩提之眞義，令人藉此《心經密意》一舉而窺三乘菩提之堂奧，迥異諸方言不及義之說；欲求眞實佛智者、不可不讀！主文317頁，連同跋文及序文…等共384頁，售價300元。

宗門密意—公案拈提第七輯：佛教之世俗化，將導致學人以信仰作爲學佛，則將以感應及世間法之庇祐，作爲學佛之主要目標，不能了知學佛之主要目標爲親證三乘菩提。大乘菩提則以般若實相智慧爲主要修習目標，以二乘菩提解脫道爲附帶修習之標的；是故學習大乘法者，應以禪宗之證悟爲要務，能親入大乘菩提之實相般若智慧中故，般若實相智慧非二乘聖人所能知故。此書則以台灣世俗化佛教之三大法師，說法似是而非之實例，配合眞悟祖師之公案解析，提示證悟般若之關節，令學人易得悟入。平實導師著，全書五百餘頁，售價500元（2007年起，凡購買公案拈提第一輯至第七輯，每購一輯皆贈送本公司精製公案拈提〈超意境〉CD一片，市售價格280元，多購多贈）。

淨土聖道—兼評選擇本願念佛：佛法甚深極廣，般若玄微，非諸二乘聖僧所能知之，一切凡夫更無論矣！所謂一切證量皆歸淨土是也！是故大乘法中「聖道之淨土、淨土之聖道」，其義甚深，難可了知；乃至眞悟之人，初心亦難知也。今有正德老師眞實證悟後，復能深探淨土與聖道之緊密關係，憐憫眾生之誤會淨土實義，亦欲利益廣大淨土行人同入聖道，同獲淨土中之聖道門要義，乃振奮心神、書以成文，今得刊行天下。主文279頁，連同序文等共301頁，總有十一萬六千餘字，正德老師著，成本價200元。

起信論講記：詳解大乘起信論心生滅門與心眞如門之眞實意旨，消除以往大師與學人對起信論所說心生滅門之誤解，由是而得了知眞心如來藏之非常非斷中道正理；亦因此一講解，令此論以往隱晦而被誤解之眞實義，得以如實顯示，令大乘佛菩提道之正理得以顯揚光大；初機學者亦可藉此正論所顯示之法義，對大乘法理生起正信，從此得以眞發菩提心，眞入大乘法中修學，世世常修菩薩正行。平實導師演述，共六輯，都已出版，每輯三百餘頁，售價各250元。

優婆塞戒經講記：本經詳述在家菩薩修學大乘佛法，應如何受持菩薩戒？對人間善行應如何看待？對三寶應如何護持？應如何正確地修集此世後世證法之福德？應如何修集後世「行菩薩道之資糧」？並詳述第一義諦之正義：五蘊非我非異我、自作自受、異作異受、不作不受……等深妙法義，乃是修學大乘佛法、行菩薩行之在家菩薩所應當了知者。出家菩薩今世或未來世登地已，捨報之後多數將如華嚴經中諸大菩薩，以在家菩薩身而修行菩薩行，故亦應以此經所述正理而修之，配合《楞伽經、解深密經、楞嚴經、華嚴經》等道次第正理，方得漸次成就佛道；故此經是一切大乘行者皆應證知之正法。平實導師講述，每輯三百餘頁，售價各250元；共八輯，已全部出版。

真假活佛—略論附佛外道盧勝彥之邪說：人人身中都有眞活佛，永生不滅而有大神用，但衆生都不了知，所以常被身外的西藏密宗假活佛籠罩欺瞞。本來就眞實存在的眞活佛，才是眞正的密宗無上密！諾那活佛因此而說禪宗是大密宗，但藏密的所有活佛都不知道、也不曾實證自身中的眞活佛。本書詳實宣示眞活佛的道理，舉證盧勝彥的「佛法」不是眞佛法，也顯示盧勝彥是假活佛，直接的闡釋第一義佛法見道的眞實正理。眞佛宗的所有上師與學人們，都應該詳細閱讀，包括盧勝彥個人在內。正犀居士著，優惠價140元。

阿含正義—唯識學探源：廣說四大部《阿含經》諸經中隱說之眞正義理，一一舉示佛陀本懷，令阿含時期初轉法輪根本經典之眞義，如實顯現於佛子眼前。並提示末法大師對於阿含眞義誤解之實例，一一比對之，證實唯識增上慧學確於原始佛法之阿含諸經中已隱覆密意而略說之，證實 世尊確於原始佛法中已曾密意而說第八識如來藏之總相；亦證實 世尊在四阿含中已說此藏識是名色十八界之因、之本—證明如來藏是能生萬法之根本心。佛子可據此修正以往受諸大師（譬如西藏密宗應成派中觀師：印順、昭慧、性廣、大願、達賴、宗喀巴、寂天、月稱、……等人）誤導之邪見，建立正見，轉入正道乃至親證初果而無困難；書中並詳說三果所證的心解脫，以及四果慧解脫的親證，都是如實可行的具體知見與行門。全書共七輯，已出版完畢。平實導師著，每輯三百餘頁，售價300元。

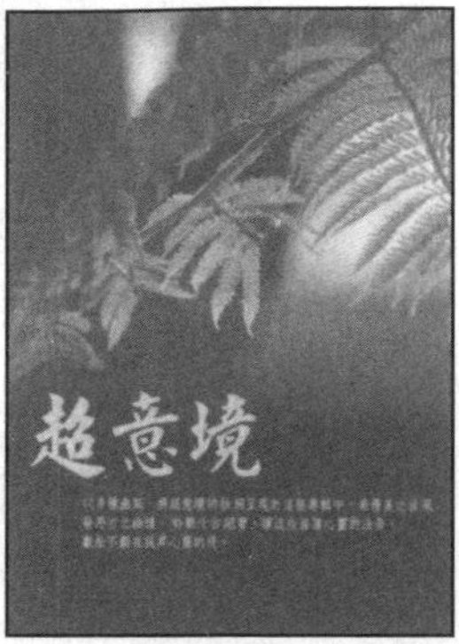

超意境CD：以平實導師公案拈提書中超越意境之頌詞，加上曲風優美的旋律，錄成令人嚮往的超意境歌曲，其中包括正覺發願文及平實導師親自譜成的黃梅調歌曲一首。詞曲雋永，殊堪翫味，可供學禪者吟詠，有助於見道。內附設計精美的彩色小冊，解說每一首詞的背景本事。每片280元。【每購買公案拈提書籍一冊，即贈送一片。】

我的菩提路第一輯：凡夫及二乘聖人不能實證的佛菩提證悟，末法時代的今天仍然有人能得實證，由正覺同修會釋悟圓、釋善藏法師等二十餘位實證如來藏者所寫的見道報告，已爲當代學人見證宗門正法之絲縷不絕，證明大乘義學的法脈仍然存在，爲末法時代求悟般若之學人照耀出光明的坦途。由二十餘位大乘見道者所繕，敘述各種不同的學法、見道因緣與過程，參禪求悟者必讀。全書三百餘頁，售價300元。

我的菩提路第二輯：由郭正益老師等人合著，書中詳述彼等諸人歷經各處道場學法，一一修學而加以檢擇之不同過程以後，因閱讀正覺同修會、正智出版社書籍而發起抉擇分，轉入正覺同修會中修學；乃至學法及見道之過程，都一一詳述之。（本書暫停發售，俟改版重新發售流通。）

我的菩提路第三輯：由王美伶老師等人合著。自從正覺同修會成立以來，每年夏初、冬初都舉辦精進禪三共修，藉以助益會中同修們得以證悟明心發起般若實相智慧；凡已實證而被平實導師印證者，皆書具見道報告用以證明佛法之眞實可證而非玄學，證明佛法並非純屬思想、理論而無實質，是故每年都能有人證明正覺同修會的「實證佛教」主張並非虛語。特別是眼見佛性一法，自古以來中國禪宗祖師實證者極寡，較之明心開悟的證境更難令人信受；至2017年初，正覺同修會中的證悟明心者已近五百人，然而其中眼見佛性者至今唯十餘人爾，可謂難能可貴，是故明心後欲冀眼見佛性者實屬不易。黃正倖老師是懸絕七年無人見性後的第一人，她於2009年的見性報告刊於本書的第二輯中，爲大衆證明佛性確實可以眼見；其後七年之中求見性者都屬解悟佛性而無人眼見，幸而又經七年後的2016冬初，以及2017夏初的禪三，復有三人眼見佛性，希冀鼓舞四衆佛子求見佛性之大心，今則具載一則於書末，顯示求見佛性之事實經歷，供養現代佛教界欲得見性之四衆弟子。全書四百頁，售價300元，已於2017年6月30日發行。

我的菩提路第四輯：由陳晏平等人著。中國禪宗祖師往往有所謂「見性」之言，所言多屬看見如來藏具有能令人發起成佛之自性，並非《大般涅槃經》中　如來所說之眼見佛性。眼見佛性者，於親見佛性之時，即能於山河大地眼見自己佛性，亦能於他人身上眼見自己佛性及對方之佛性，如是境界無法爲尚未實證者解釋；勉強說之，縱使眞實明心證悟之人聞之，亦只能以自身明心之境界想像之，但不論如何想像多屬非量，能有正確之比量者亦是稀有，故說眼見佛性極爲困難。眼見佛性之人若所見極分明時，在所見佛性之境界下所眼見之山河大地、自己五蘊身心皆是虛幻，自有異於明心者之解脫功德受用，此後永不思證二乘涅槃，必定邁向成佛之道而進入第十住位中，已超第一阿僧祇劫三分有一，可謂之爲超劫精進也。今又有明心之後眼見佛性之人出於人間，將其明心及後來見性之報告，連同其餘證悟明心者之精彩報告一同收錄於此書中，供養眞求佛法實證之四眾佛子。全書380頁，售價300元，已於2018年6月30日發行。

我的菩提路第五輯：林慈慧老師等人著，本輯中所舉學人從相似正法中來到正覺同修會的過程，各人都有不同，發生的因緣亦是各有差別，然而都會指向同一個目標——證實生命實相的源底，確證自己生從何來、死往何去的事實，所以最後都證明佛法眞實而可親證，絕非玄學；本書將彼等諸人的始修及末後證悟之實例，羅列出來以供學人參考。本期亦有一位會裡的老師，是從1995年即開始追隨　平實導師修學，1997年明心後持續進修不斷，直到2017年眼見佛性之實例，足可證明《大般涅槃經》中世尊開示眼見佛性之法正眞無訛，第十住位的實證在末法時代的今天仍有可能，如今一併具載於書中以供學人參考，並供養現代佛教界欲得見性之四眾弟子。全書四百頁，售價300元，已於2019年12月31日發行。

我的菩提路第六輯：劉惠莉老師等人著，本輯中舉示劉老師明心多年以後的眼見佛性實錄，供末法時代學人了知明心之異於見性本質，足可證明《大般涅槃經》中世尊開示眼見佛性之法正眞無訛。亦列舉多篇學人從各道場來到正覺學法之不同過程，以及如何發覺邪見之異於正法的所在，最後終能在正覺禪三中悟入的實況，以證明佛教正法仍在末法時代的人間繼續弘揚的事實，鼓舞一切眞實學法的菩薩大眾思之：我等諸人亦可有因緣證悟，絕非空想白思。約四百頁，售價300元，已於2020年6月30日發行。

鈍鳥與靈龜：鈍鳥及靈龜二物，被宗門證悟者說爲二種人：前者是精修禪定而無智慧者，也是以定爲禪的愚癡禪人；後者是或有禪定、或無禪定的宗門證悟者，凡已證悟者皆是靈龜。但後者被人虛造事實，用以嘲笑大慧宗杲禪師，說他雖是靈龜，卻不免被天童禪師預記「患背」痛苦而亡：「鈍鳥離巢易，靈龜脫殼難。」藉以貶低大慧宗杲的證量。同時將天童禪師實證如來藏的證量，曲解爲意識境界的離念靈知。自從大慧禪師入滅以後，錯悟凡夫對他的不實毀謗就一直存在著，不曾止息，並且捏造的假事實也隨著年月的增加而越來越多，終至編成「鈍鳥與靈龜」的假公案、假故事。本書是考證大慧與天童之間的不朽情誼，顯現這件假公案的虛妄不實；更見大慧宗杲面對惡勢力時的正直不阿，亦顯示大慧對天童禪師的至情深義，將使後人對大慧宗杲的誣謗至此而止，不再有人誤犯毀謗賢聖的惡業。書中亦舉證宗門的所悟確以第八識如來藏爲標的，詳讀之後必可改正以前被錯悟大師誤導的參禪知見，日後必定有助於實證禪宗的開悟境界，得階大乘眞見道位中，即是實證般若之賢聖。全書459頁，售價350元。

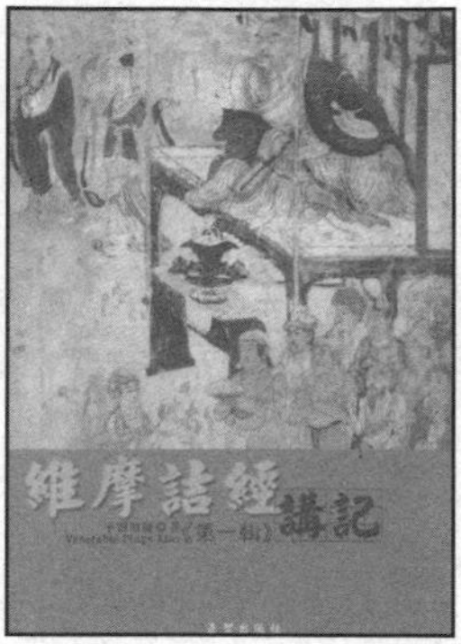

維摩詰經講記：本經係　世尊在世時，由等覺菩薩維摩詰居士藉疾病而演說之大乘菩提無上妙義，所說函蓋甚廣，然極簡略，是故今時諸方大師與學人讀之悉皆錯解，何況能知其中隱含之深妙正義，是故普遍無法爲人解說；若強爲人說，則成依文解義而有諸多過失。今由平實導師公開宣講之後，詳實解釋其中密意，令維摩詰菩薩所說大乘不可思議解脫之深妙正法得以正確宣流於人間，利益當代學人及與諸方大師。書中詳實演述大乘佛法深妙不共二乘之智慧境界，顯示諸法之中絕待之實相境界，建立大乘菩薩妙道於永遠不敗不壞之地，以此成就護法偉功，欲冀永利娑婆人天。已經宣講圓滿整理成書流通，以利諸方大師及諸學人。全書共六輯，每輯三百餘頁，售價各250元。

真假外道：本書具體舉證佛門中的常見外道知見實例，並加以教證及理證上的辨正，幫助讀者輕鬆而快速的了知常見外道的錯誤知見，進而遠離佛門內外的常見外道知見，因此即能改正修學方向而快速實證佛法。游正光老師著　。成本價200元。

勝鬘經講記：如來藏爲三乘菩提之所依，若離如來藏心體及其含藏之一切種子，即無三界有情及一切世間法，亦無二乘菩提緣起性空之出世間法；本經詳說無始無明、一念無明皆依如來藏而有之正理，藉著詳解煩惱障與所知障間之關係，令學人深入了知二乘菩提與佛菩提相異之妙理；聞後即可了知佛菩提之特勝處及三乘修道之方向與原理，邁向攝受正法而速成佛道的境界中。平實導師講述，共六輯，每輯三百餘頁，售價各250元。

楞嚴經講記：楞嚴經係密教部之重要經典，亦是顯教中普受重視之經典；經中宣說明心與見性之內涵極爲詳細，將一切法都會歸如來藏及佛性—妙眞如性；亦闡釋佛菩提道修學過程中之種種魔境，以及外道誤會涅槃之狀況，旁及三界世間之起源。然因言句深澀難解，法義亦復深妙寬廣，學人讀之普難通達，是故讀者大多誤會，不能如實理解佛所說之明心與見性內涵，亦因是故多有悟錯之人引爲開悟之證言，成就大妄語罪。今由平實導師詳細講解之後，整理成文，以易讀易懂之語體文刊行天下，以利學人。全書十五輯，全部出版完畢。每輯三百餘頁，售價每輯300元。

明心與眼見佛性：本書細述明心與眼見佛性之異同，同時顯示了中國禪宗破初參明心與重關眼見佛性二關之間的關聯；書中又藉法義辨正而旁述其他許多勝妙法義，讀後必能遠離佛門長久以來積非成是的錯誤知見，令讀者在佛法的實證上有極大助益。也藉慧廣法師的謬論來教導佛門學人回歸正知正見，遠離古今禪門錯悟者所墮的意識境界，非唯有助於斷我見，也對未來的開悟明心實證第八識如來藏有所助益，是故學禪者都應細讀之。游正光老師著　共448頁　售價300元。

菩薩底憂鬱CD：將菩薩情懷及禪宗公案寫成新詞，並製作成超越意境的優美歌曲。1.主題曲〈菩薩底憂鬱〉，描述地後菩薩能離三界生死而迴向繼續生在人間，但因尚未斷盡習氣種子而有極深沈之憂鬱，非三賢位菩薩及二乘聖者所知，此憂鬱在七地滿心位方才斷盡；本曲之詞中所說義理極深，昔來所未曾見；此曲係以優美的情歌風格寫詞及作曲，聞者得以激發嚮往諸地菩薩境界之大心，詞、曲都非常優美，難得一見；其中勝妙義理之解說，已印在附贈之彩色小冊中。2.以各輯公案拈提中直示禪門入處之頌文，作成各種不同曲風之超意境歌曲，值得玩味、參究；聆聽公案拈提之優美歌曲時，請同時閱讀內附之印刷精美說明小冊，可以領會超越三界的證悟境界；未悟者可以因此引發求悟之意向及疑情，眞發菩提心而邁向求悟之途，乃至因此眞實悟入般若，成眞菩薩。3.正覺總持咒新曲，總持佛法大意；總持咒之義理，已加以解說並印在隨附之小冊中。本CD共有十首歌曲，長達63分鐘，附贈二張購書優惠券。每片280元。

金剛經宗通：三界唯心，萬法唯識，是成佛之修證內容，是諸地菩薩之所修；般若則是成佛之道（實證三界唯心、萬法唯識）的入門，若未證悟實相般若，即無成佛之可能，必將永在外門廣行菩薩六度，永在凡夫位中。然而實相般若的發起，全賴實證萬法的實相；若欲證知萬法的眞相，則必須探究萬法之所從來，則須實證自心如來—金剛心如來藏，然後現觀這個金剛心的金剛性、眞實性、如如性、清淨性、涅槃性、能生萬法的自性性、本住性，名爲證眞如；進而現觀三界六道唯是此金剛心所成，人間萬法須藉八識心王和合運作方能現起。如是實證《華嚴經》的「三界唯心、萬法唯識」以後，由此等現觀而發起實相般若智慧，繼續進修第十住位的如幻觀、第十行位的陽焰觀、第十迴向位的如夢觀，再生起增上意樂而勇發十無盡願，方能滿足三賢位的實證，轉入初地；自知成佛之道而無偏倚，從此按部就班、次第進修乃至成佛。第八識自心如來是般若智慧之所依，般若智慧的修證則要從實證金剛心自心如來開始；《金剛經》則是解說自心如來之經典，是一切三賢位菩薩所應進修之實相般若經典。這一套書，是將平實導師宣講的《金剛經宗通》內容，整理成文字而流通之；書中所說義理，迥異古今諸家依文解義之說，指出大乘見道方向與理路，有益於禪宗學人求開悟見道，及轉入內門廣修六度萬行。已於2013年9月出版完畢，總共9輯，每輯約三百餘頁，售價各250元。

禪意無限CD：平實導師以公案拈提書中偈頌寫成不同風格曲子，與他人所寫不同風格曲子共同錄製出版，幫助參禪人進入禪門超越意識之境界。盒中附贈彩色印製的精美解說小冊，以供聆聽時閱讀，令參禪人得以發起參禪之疑情，即有機會證悟本來面目，實證大乘菩提般若。本CD共有十首歌曲，長達69分鐘，每盒各附贈二張購書優惠券。每片280元。

空行母—性別、身分定位，以及藏傳佛教：本書作者為蘇格蘭哲學家，因為嚮往佛教深妙的哲學內涵，於是進入當年盛行於歐美的假藏傳佛教密宗，擔任卡盧仁波切的翻譯工作多年以後，被邀請成為卡盧的空行母（又名佛母、明妃），開始了她在密宗裡的實修過程；後來發覺在密宗雙身法中的修行，其實無法使自己成佛，也發覺密宗對女性岐視而處處貶抑，並剝奪女性在雙身法中擔任一半角色時應有的身分定位。當她發覺自己只是雙身法中被喇嘛利用的工具，沒有獲得絲毫應有的尊重與基本定位時，發現了密宗的父權社會控制女性的本質；於是作者傷心地離開了卡盧仁波切與密宗，但是卻被恐嚇不許講出她在密宗裡的經歷，也不許她說出自己對密宗的教義與教制下對女性剝削的本質，否則將被咒殺死亡。後來她去加拿大定居，十餘年後方才擺脫這個恐嚇陰影，下定決心將親身經歷的實情及觀察到的事實寫下來並且出版，公諸於世。出版之後，她被流亡的達賴集團人士大力攻訐，誣指她為精神狀態失常、說謊……等。但有智之士並未被達賴集團的政治操作及各國政府政治運作吹捧達賴的表相所欺，使她的書銷售無阻而又再版。正智出版社鑑於作者此書是親身經歷的事實，所說具有針對「藏傳佛教」而作學術研究的價值，也有使人認清假藏傳佛教剝削佛母、明妃的男性本位實質，因此洽請作者同意中譯而出版於華人地區。珍妮·坎貝爾女士著，呂艾倫 中譯，每冊250元。

霧峰無霧—給哥哥的信　本書作者藉兄弟之間信件往來論義，略述佛法大義；並以多篇短文辨義，舉出釋印順對佛法的無量誤解證據，並一一給予簡單而清晰的辨正，令人一讀即知。久讀、多讀之後即能認清楚釋印順的六識論見解，與眞實佛法之牴觸是多麼嚴重；於是在久讀、多讀之後，於不知不覺之間提升了對佛法的極深入理解，正知正見就在不知不覺間建立起來了。當三乘佛法的正知見建立起來之後，對於三乘菩提的見道條件便將隨之具足，於是聲聞解脫道的見道也就水到渠成；接著大乘見道的因緣也將次第成熟，未來自然也會有親見大乘菩提之道的因緣，悟入大乘實相般若也將自然成功，自能通達般若系列諸經而成實義菩薩。作者居住於南投縣霧峰鄉，自喻見道之後不復再見霧峰之霧，故鄉原野美景一一明見，於是立此書名爲《霧峰無霧》；讀者若欲撥霧見月，可以此書爲緣。游宗明　老師著　已於2015年出版　售價250元。

霧峰無霧—第二輯—救護佛子向正道　本書作者藉釋印順著作中之各種錯謬法義提出辨正，以詳實的文義一一提出理論上及實證上之解析，列舉釋印順對佛法的無量誤解證據，藉此教導佛門大師與學人釐清佛法義理，遠離岐途轉入正道，然後知所進修，久之便能見道明心而入大乘勝義僧數。被釋印順誤導的大師與學人極多，很難救轉，是故作者大發悲心深入解說其錯謬之所在，佐以各種義理辨正而令讀者在不知不覺之間轉歸正道。如是久讀之後欲得斷身見、證初果，即不爲難事；乃至久之亦得大乘見道而得證眞如，脫離空有二邊而住中道，實相般若智慧生起，於佛法不再茫然，漸漸亦知悟後進修之道。屆此之時，對於大乘般若等深妙法之迷雲暗霧亦將一掃而空，生命及宇宙萬物之故鄉原野美景一一明見，是故本書仍名《霧峰無霧》，爲第二輯；讀者若欲撥雲見日、離霧見月，可以此書爲緣。游宗明　老師著　已於2019年出版　售價250元。

假藏傳佛教的神話—性、謊言、喇嘛教：本書編著者是由一首名爲「阿姊鼓」的歌曲爲緣起，展開了序幕，揭開假藏傳佛教—喇嘛教—的神秘面紗。其重點是蒐集、摘錄網路上質疑「喇嘛教」的帖子，以揭穿「假藏傳佛教的神話」爲主題，串聯成書，並附加彩色插圖以及說明，讓讀者們瞭解西藏密宗及相關人事如何被操作爲「神話」的過程，以及神話背後的眞相。作者：張正玄教授。售價200元。

達賴真面目—玩盡天下女人：假使您不想戴綠帽子，請記得詳細閱讀此書；假使您不想讓好朋友戴綠帽子，請您將此書介紹給您的好朋友。假使您想保護家中的女性，也想要保護好朋友的女眷，請記得將此書送給家中的女性和好友的女眷都來閱讀。本書爲印刷精美的大本彩色中英對照精裝本，爲您揭開達賴喇嘛的眞面目，內容精彩不容錯過，爲利益社會大眾，特別以優惠價格嘉惠所有讀者。編著者：白志偉等。大開版雪銅紙彩色精裝本。售價800元。

童女迦葉考—論呂凱文〈佛教輪迴思想的論述分析〉之謬：童女迦葉是佛世率領五百大比丘遊行於人間的歷史事實，是以童貞行而依止菩薩戒弘化於人間的大菩薩，不依別解脫戒（聲聞戒）來弘化於人間。這是大乘佛教與聲聞佛教同時存在於佛世的歷史明證，證明大乘佛教不是從聲聞法中分裂出來的部派佛教的產物，卻是聲聞佛教分裂出來的部派佛教聲聞凡夫僧所不樂見的史實；於是古今聲聞法中的凡夫都欲加以扭曲而作詭說，更是末法時代高聲大呼「大乘非佛說」的六識論聲聞凡夫極力想要扭曲的佛教史實之一，於是想方設法扭曲迦葉菩薩爲聲聞僧，以及扭曲迦葉童女爲比丘僧等荒謬不實之論著便陸續出現，古時聲聞僧寫作的《分別功德論》是最具體之事例，現代之代表作則是呂凱文先生的〈佛教輪迴思想的論述分析〉論文。鑑於如是假藉學術考證以籠罩大眾之不實謬論，未來仍將繼續造作及流竄於佛教界，繼續扼殺大乘佛教學人法身慧命，必須舉證辨正之，遂成此書。平實導師 著，每冊180元。

末代達賴—性交教主的悲歌：簡介從藏傳偽佛教（喇嘛教）的修行核心—性力派男女雙修，探討達賴喇嘛及藏傳偽佛教的修行內涵。書中引用外國知名學者著作、世界各地新聞報導，包含：歷代達賴喇嘛的祕史、達賴六世修雙身法的事蹟，以及《時輪續》中的性交灌頂儀式……等；達賴喇嘛書中開示的雙修法、達賴喇嘛的黑暗政治手段；達賴喇嘛所領導的寺院爆發喇嘛性侵兒童；新聞報導《西藏生死書》作者索甲仁波切性侵女信徒、澳洲喇嘛秋達公開道歉、美國最大假藏傳佛教組織領導人邱陽創巴仁波切的性氾濫，等等事件背後真相的揭露。作者：張善思、呂艾倫、辛燕。售價250元。

黯淡的達賴—失去光彩的諾貝爾和平獎：本書舉出很多證據與論述，詳述達賴喇嘛不為世人所知的一面，顯示達賴喇嘛並不是真正的和平使者，而是假借諾貝爾和平獎的光環來欺騙世人；透過本書的說明與舉證，讀者可以更清楚的瞭解，達賴喇嘛是結合暴力、黑暗、淫欲於喇嘛教裡的集團首領，其政治行為與宗教主張，早已讓諾貝爾和平獎的光環染污了。　本書由財團法人正覺教育基金會寫作、編輯，由正覺出版社印行，每冊250元。

第七意識與第八意識？—穿越時空「超意識」：「三界唯心，萬法唯識」是佛教中應該實證的聖教，也是《華嚴經》中明載而可以實證的法界實相。唯心者，三界一切境界、一切諸法唯是一心所成就，即是每一個有情的第八識如來藏，不是意識心。唯識者，即是人類各各都具足的八識心王——眼識、耳鼻舌身意識、意根、阿賴耶識，第八阿賴耶識又名如來藏，人類五陰相應的萬法，莫不由八識心王共同運作而成就，故說萬法唯識。依聖教量及現量、比量，都可以證明意識是二法因緣生，是由第八識藉意根與法塵二法為因緣而出生，又是夜夜斷滅不存之生滅心，即無可能反過來出生第七識意根、第八識如來藏，當知不可能從生滅性的意識心中，細分出恆審思量的第七識意根，更無可能細分出恆而不審的第八識如來藏。本書是將演講內容整理成文字，細說如是內容，並已在《正覺電子報》連載完畢，今彙集成書以廣流通，欲幫助佛門有緣人斷除意識我見，跳脫於識陰之外而取證聲聞初果；嗣後修學禪宗時即得不墮外道神我之中，得以求證第八識金剛心而發起般若實智。平實導師 述，每冊300元。

中觀金鑑—詳述應成派中觀的起源與其破法本質：學佛人往往迷於中觀學派之不同學說，被應成派與自續派所迷惑；修學般若中觀二十年後自以為實證般若中觀了，卻仍不曾入門，甫聞實證般若中觀者之所說，則茫無所知，迷惑不解；隨後信心盡失，不知如何實證佛法；凡此，皆因惑於這二派中觀學說所致。自續派中觀所說同於常見，以意識境界立為第八識如來藏之境界，應成派所說則同於斷見，但又同立意識為常住法，故亦具足斷常二見。今者孫正德老師有鑑於此，乃將起源於密宗的應成派中觀學說，追本溯源，詳考其來源之外，亦一一舉證其立論內容，詳加辨正，令密宗雙身法祖師以識陰境界而造之應成派中觀學說本質，詳細呈現於學人眼前，令其維護雙身法之目的無所遁形。若欲遠離密宗此二大派中觀謬說，欲於三乘菩提有所進道者，允宜具足閱讀並細加思惟，反覆讀之以後將可捨棄邪道返歸正道，則於般若之實證即有可能，證後自能現觀如來藏之中道境界而成就中觀。本書分上、中、下三冊，每冊250元，全部出版完畢。

人間佛教—實證者必定不悖三乘菩提：「大乘非佛說」的講法似乎流傳已久，卻只是日本人企圖擺脫中國正統佛教的影響，而在明治維新時期才開始提出來的說法；台灣佛教、大陸佛教的淺學無智之人，由於未曾實證佛法而迷信日本人錯誤的學術考證，錯認為這些別有用心的日本佛學考證的講法為天竺佛教的真實歷史；甚至還有更激進的反對佛教者提出「釋迦牟尼佛並非真實存在，只是後人捏造的假歷史人物」，竟然也有少數佛教徒願意跟著「學術」的假光環而信受不疑，亦導致部分台灣佛教界人士，造作了反對中國大乘佛教而推崇南洋小乘佛教的行為，使台灣佛教的信仰者難以檢擇，亦導致一般大陸人士開始轉入基督教的盲目迷信中。在這些佛教及外教人士之中，也就有一分人根據此邪說而大聲主張「大乘非佛說」的謬論，這些人以「人間佛教」的名義來抵制中國正統佛教，公然宣稱中國的大乘佛教是由聲聞部派佛教的凡夫僧所創造出來的。這樣的說法流傳於台灣及大陸佛教界凡夫僧之中已久，卻非真正的佛教歷史中曾經發生過的事，只是繼承六識論的聲聞法中凡夫僧，以及別有居心的日本佛教界，依自己的意識境界立場，純憑臆想而編造出來的妄想說法，卻已經影響許多無智之凡夫僧俗信受不移。本書則是從佛教的經藏法義實質及實證的現量內涵本質立論，證明大乘佛法本是佛說，是從《阿含正義》尚未說過的不同面向來討論「人間佛教」的議題，證明「大乘真佛說」。閱讀本書可以斷除六識論邪見，迴入三乘菩提正道發起實證的因緣；也能斷除禪宗學人學禪時普遍存在之錯誤知見，對於建立參禪時的正知見有很深的著墨。平實導師 述，內文488頁，全書528頁，定價400元。

喇嘛性世界—揭開假藏傳佛教譚崔瑜伽的面紗：這個世界中的喇嘛，號稱來自世外桃源的香格里拉，穿著或紅或黃的喇嘛長袍，散布於我們的身邊傳教灌頂，吸引了無數的人嚮往學習；這些喇嘛虔誠地為大眾祈福，手中拿著寶杵（金剛）與寶鈴（蓮花），口中唸著咒語：「唵．嘛呢．叭咪．吽……」，咒語的意思是說：「我至誠歸命金剛杵上的寶珠伸向蓮花寶穴之中」！「喇嘛性世界」是什麼樣的「世界」呢？本書將為您呈現喇嘛世界的面貌。當您發現真相以後，您將會唸：「噢！喇嘛．性．世界，譚崔性交嘛！」作者：張善思、呂艾倫。售價200元。

見性與看話頭：黃正倖老師的《見性與看話頭》於《正覺電子報》連載完畢，今結集出版。書中詳說禪宗看話頭的詳細方法，並細說看話頭與眼見佛性的關係，以及眼見佛性者求見佛性前必須具備的條件。本書是禪宗實修者追求明心開悟時參禪的方法書，也是求見佛性者作功夫時必讀的方法書，內容兼顧眼見佛性的理論與實修之方法，是依實修之體驗配合理論而詳述，條理分明而且極為詳實、周全、深入。本書內文375頁，全書416頁，售價300元。

實相經宗通：學佛之目的在於實證一切法界背後之實相，禪宗稱之為本來面目或本地風光，佛菩提道中稱之為實相法界；此實相法界即是金剛藏，又名佛法之祕密藏，即是能生有情五陰、十八界及宇宙萬有（山河大地、諸天、三惡道世間）的第八識如來藏，又名阿賴耶識心，即是禪宗祖師所說的真如心，此心即是三界萬有背後的實相。證得此第八識心時，自能瞭解般若諸經中隱說的種種密意，即得發起實相般若——實相智慧。每見學佛人修學佛法二十年後仍對實相般若茫然無知，亦不知如何入門，茫無所趣；更因不知三乘菩提的互異互同，是故越是久學者對佛法越覺茫然，都肇因於尚未瞭解佛法的全貌，亦未瞭解佛法的修證內容即是第八識心所致。本書對於修學佛法者所應實證的實相境界提出明確解析，並提示趣入佛菩提道的入手處，有心親證實相般若的佛法實修者，宜詳讀之，於佛菩提道之實證即有下手處。平實導師述著，共八輯，已於2016年出版完畢，每輯成本價250元。

真心告訴您(一)——達賴喇嘛在幹什麼？這是一本報導篇章的選集，更是「破邪顯正」的暮鼓晨鐘。「破邪」是戳破假象，說明達賴喇嘛及其所率領的密宗四大派法王、喇嘛們，弘傳的佛法是仿冒的佛法；他們是假藏傳佛教，是坦特羅（譚崔性交）外道法和藏地崇奉鬼神的苯教混合成的「喇嘛教」，推廣的是以所謂「無上瑜伽」的男女雙身法冒充佛法的假佛教，詐財騙色誤導衆生，常常造成信徒家庭破碎、家中兒少失怙的嚴重後果。「顯正」是揭櫫眞相，指出眞正的藏傳佛教只有一個，就是覺囊巴，傳的是 釋迦牟尼佛演繹的第八識如來藏妙法，稱爲他空見大中觀。正覺教育基金會即以此古今輝映的如來藏正法正知見，在眞心新聞網中逐次報導出來，將箇中原委「眞心告訴您」，如今結集成書，與想要知道密宗眞相的您分享。售價250元。

法華經講義：此書爲平實導師始從2009/7/21演述至2014/1/14之講經錄音整理所成。世尊一代時教，總分五時三教，即是華嚴時、聲聞緣覺教、般若教、種智唯識教、法華時；依此五時三教區分爲藏、通、別、圓四教。本經是最後一時的圓教經典，圓滿收攝一切法教於本經中，是故最後的圓教聖訓中，特地指出無有三乘菩提，其實唯有一佛乘；皆因衆生愚迷故，方便區分爲三乘菩提以助衆生證道。世尊於此經中特地說明如來示現於人間的唯一大事因緣，便是爲有緣衆生「開、示、悟、入」諸佛的所知所見——第八識如來藏妙眞如心，並於諸品中隱說「妙法蓮花」如來藏心的密意。然因此經所說甚深難解，眞義隱晦，古來難得有人能窺堂奧；平實導師以知如是密意故，特爲末法佛門四衆演述《妙法蓮華經》中各品蘊含之密意，使古來未曾被古德註解出來的「此經」密意，如實顯示於當代學人眼前。乃至〈藥王菩薩本事品〉、〈妙音菩薩品〉、〈觀世音菩薩普門品〉、〈普賢菩薩勸發品〉中的微細密意，亦皆一併詳述之，可謂開前人所未曾言之密意，示前人所未見之妙法。最後乃至以〈法華大義〉而總其成，全經妙旨貫通始終，而依佛旨圓攝於一心如來藏妙心，厥爲曠古未有之大說也。平實導師述，共有25輯，已於2019/05/31出版完畢。每輯300元。

西藏「活佛轉世」制度—附佛、造神、世俗法：歷來關於喇嘛教活佛轉世的研究，多針對歷史及文化兩部分，於其所以成立的理論基礎，較少系統化的探討。尤其是此制度是否依據「佛法」而施設？是否合乎佛法眞實義？現有的文獻大多含糊其詞，或人云亦云，不曾有明確的闡釋與如實的見解。因此本文先從活佛轉世的由來，探索此制度的起源、背景與功能，並進而從活佛的尋訪與認證之過程，發掘活佛轉世的特徵，以確認「活佛轉世」在佛法中應具足何種果德。定價150元。

真心告訴您(二)—達賴喇嘛是佛教僧侶嗎？補祝達賴喇嘛八十大壽：這是一本針對當今達賴喇嘛所領導的喇嘛教，冒用佛教名相、於師徒間或師兄姊間，實修男女邪淫，而從佛法三乘菩提的現量與聖教量，揭發其謊言與邪術，證明達賴及其喇嘛教是仿冒佛教的外道，是「假藏傳佛教」。藏密四大派教義雖有「八識論」與「六識論」的表面差異，然其實修之內容，皆共許「無上瑜伽」四部灌頂爲究竟「成佛」之法門，也就是共以男女雙修之邪淫法爲「即身成佛」之密要，雖美其名曰「欲貪爲道」之「金剛乘」，並誇稱其成就超越於（應身佛）釋迦牟尼佛所傳之顯教般若乘之上；然詳考其理論，則或以意識離念時之粗細心爲第八識如來藏，或以中脈裡的明點爲第八識如來藏，或如宗喀巴與達賴堅決主張第六意識爲常恆不變之眞心者，分別墮於外道之常見與斷見中；全然違背 佛說能生五蘊之如來藏的實質。售價300元。

涅槃—解說四種涅槃之實證及內涵：眞正學佛之人，首要即是見道，由見道故方有涅槃之實證，證涅槃者方能出生死，但涅槃有四種：二乘聖者的有餘涅槃、無餘涅槃，以及大乘聖者的本來自性清淨涅槃、佛地的無住處涅槃。大乘聖者實證本來自性清淨涅槃，入地前再取證二乘涅槃，然後起惑潤生捨離二乘涅槃，繼續進修而在七地心前斷盡三界愛之習氣種子，依七地無生法忍之具足而證得念念入滅盡定；八地後進斷異熟生死，直至妙覺地下生人間成佛，具足四種涅槃，方是眞正成佛。此理古來少人言，以致誤會涅槃正理者比比皆是，今於此書中廣說四種涅槃、如何實證之理、實證前應有之條件，實屬本世紀佛教界極重要之著作，令人對涅槃有正確無訛之認識，然後可以依之實行而得實證。本書共有上下二冊，每冊各四百餘頁，對涅槃詳加解說，每冊各350元。

佛藏經講義：本經說明為何佛菩提難以實證之原因，都因往昔無數阿僧祇劫前的邪見，引生此世求證時之業障而難以實證。即以諸法實相詳細解說，繼之以念佛品、念法品、念僧品，說明諸佛與法之實質；然後以淨戒品之說明，期待佛弟子四眾堅持清淨戒而轉化心性，並以往古品的實例說明，教導四眾務必滅除邪見轉入正見中，然後以了戒品的說明和囑累品的付囑，期望末法時代的佛門四眾弟子皆能清淨知見而得以實證。平實導師於此經中有極深入的解說，總共21輯，每輯300元，於2019/07/31開始發行。

我的菩提路第七輯：余正偉老師等人著，本輯中舉示余老師明心二十餘年以後的眼見佛性實錄，供末法時代學人了知明心異於見性之本質，並且舉示其見性後與平實導師互相討論眼見佛性之諸多疑訛處；除了證明《大般涅槃經》中　世尊開示眼見佛性之法正真無訛以外，亦得一解明心後尚未見性者之所未知處，甚為精彩。此外亦列舉多篇學人從各不同宗教進入正覺學法之不同過程，以及發覺諸方道場邪見之內容與過程，最終得於正覺精進禪三中悟入的實況，足供末法精進學人借鑑，以彼鑑己而生信心，得以投入了義正法中修學及實證。凡此，皆足以證明不唯明心所證之第七住位般若智慧及解脫功德仍可實證，乃至第十住位的實證與當場發起如幻觀之實證，於末法時代的今天皆仍有可能。本書約四百頁，售價300元，將於2021年6月30日發行。

大法鼓經講義：本經解說佛法的總成：法、非法。由開解法、非法二義，說明了義佛法與世間戲論法的差異，指出佛法實證之標的即是法——第八識如來藏；並顯示實證後的智慧，如實擊大法鼓、演深妙法，演說如來祕密教法，非二乘定性及諸凡夫所能得聞，唯有具足菩薩性者方能得聞。正聞之後即得依於　世尊大願而拔除邪見，入於正法而得實證；深解不了義經之方便說，亦能實解了義經所說之真實義，得以證法——如來藏，而得發起根本無分別智，乃至進修而發起後得無分別智；並堅持布施及受持清淨戒而轉化心性，得以現觀真我如來藏之各種層面。此為第一義諦聖教，於末法最後餘四十年時，一切世間樂見離車童子將繼續護持此經所說正法。平實導師於此經中有極深入的解說，總共約六輯，每輯300元，於《佛藏經講義》出版完畢後開始發行，每二個月發行一輯。

解深密經講義：本經係 世尊晚年第三轉法輪，宣說地上菩薩所應熏修之唯識正義經典，經中所說義理乃是大乘一切種智增上慧學，以阿陀那識—如來藏—阿賴耶識為主體。禪宗之證悟者，若欲修證初地無生法忍乃至八地無生法忍者，必須修學《楞伽經、解深密經》所說之八識心王一切種智；此二經所說正法，方是眞正成佛之道；印順法師否定第八識如來藏之後所說萬法緣起性空之法，是以誤會後之二乘解脫道取代大乘眞正成佛之道，尚且不符二乘解脫道正理，亦已墮於斷滅見中，不可謂爲成佛之道也。平實導師曾於本會郭故理事長往生時，於喪宅中從首七開始宣講，於每一七各宣講三小時，至第十七而快速略講圓滿，作爲郭老之往生佛事功德，迴向郭老早證八地、速返娑婆住持正法。茲爲今時後世學人故，將擇期重講《解深密經》，以淺顯之語句講畢後，將會整理成文，用供證悟者進道；亦令諸方未悟者，據此經中佛語正義，修正邪見，依之速能入道。平實導師述著，全書輯數未定，每輯三百餘頁，將於未來重講完畢後逐輯出版。

修習止觀坐禪法要講記：修學四禪八定之人，往往錯會禪定之修學知見，欲以無止盡之坐禪而證禪定境界，卻不知修除性障之行門才是修證四禪八定不可或缺之要素，故智者大師云「性障初禪」；性障不除，初禪永不現前，云何修證二禪等？又：行者學定，若唯知數息，而不解六妙門之方便善巧者，欲求一心入定，未到地定極難可得，智者大師名之爲「事障未來」：障礙未到地定之修證。又禪定之修證，不可違背二乘菩提及第一義法，否則縱使具足四禪八定，亦不能實證涅槃而出三界。此諸知見，智者大師於《修習止觀坐禪法要》中皆有闡釋。作者平實導師以其第一義之見地及禪定之實證證量，曾加以詳細解析。將俟正覺寺竣工啓用後重講，不限制聽講者資格；講後將以語體文整理出版。欲修習世間定及增上定之學者，宜細讀之。平實導師述著。

阿含經講記—小乘解脫道之修證：數百年來，南傳佛法所說證果之不實，所說解脫道之虛妄，所弘解脫道法義之世俗化，皆已少人知之；從南洋傳入台灣與大陸之後，所說法義虛謬之事，亦復少人知之；今時台灣全島印順系統之法師居士，多不知南傳佛法數百年來所說解脫道之義理已然偏斜、已然世俗化、已非眞正之二乘解脫正道，猶極力推崇與弘揚。彼等南傳佛法近代所謂之證果者皆非眞實證果者，譬如阿迦曼、葛印卡、帕奧禪師、一行禪師……等人，悉皆未斷我見故。近年更有台灣南部大願法師，高抬南傳佛法之二乘修證行門爲「捷徑究竟解脫之道」者，然而南傳佛法縱使眞修實證，得成阿羅漢，至高唯是二乘菩提解脫之道，絕非究竟解脫，無餘涅槃中之實際尙未得證故，法界之實相尙未了知故，習氣種子待除故，一切種智未實證故，焉得謂爲「究竟解脫」？即使南傳佛法近代眞有實證之阿羅漢，尙且不及三賢位中之七住明心菩薩本來自性清淨涅槃智慧境界，則不能知此賢位菩薩所證之無餘涅槃實際，仍非大乘佛法中之見道者，何況普未實證聲聞果乃至未斷我見之人？謬充證果已屬逾越，更何況是誤會二乘菩提之後，以未斷我見之凡夫知見所說之二乘菩提解脫偏斜法道，焉可高抬爲「究竟解脫」？而且自稱「捷徑之道」？又妄言解脫之道即是成佛之道，完全否定般若實智、否定三乘菩提所依之如來藏心體，此理大大不通也！平實導師爲令修學二乘菩提欲證解脫果者，普得迴入二乘菩提正見、正道中，是故選錄四阿含諸經中，對於二乘解脫道法義有具足圓滿說明之經典，預定未來十年內將會加以詳細講解，令學佛人得以了知二乘解脫道之修證理路與行門，庶免被人誤導之後，未證言證，梵行未立，干犯道禁自稱阿羅漢或成佛，成大妄語，欲升反墮。本書首重斷除我見，以助行者斷除我見而實證初果爲著眼之目標，若能根據此書內容，配合平實導師所著《識蘊眞義》《阿含正義》內涵而作實地觀行，實證初果非爲難事，行者可以藉此三書自行確認聲聞初果爲實際可得現觀成就之事。此書中除依二乘經典所說加以宣示外，亦依斷除我見等之證量，及大乘法中道種智之證量，對於意識心之體性加以細述，令諸二乘學人必定得斷我見、常見，免除三縛結之繫縛。次則宣示斷除我執之理，欲令升進而得薄貪瞋痴，乃至斷五下分結…等。平實導師將擇期講述，然後整理成書。共二冊，每冊三百餘頁。每輯300元。

總經銷： 聯合發行股份有限公司

231 新北市新店區寶橋路 235 巷 6 弄 6 號 4F

Tel.02－2917-8022（代表號） Fax.02－2915-6275（代表號）

零售：1.**全台連鎖經銷書局：**

三民書局、誠品書局、何嘉仁書店

敦煌書店、紀伊國屋、金石堂書局、建宏書局

諾貝爾圖書城、墊腳石圖書文化廣場

2.**台北市：**佛化人生 **大安區**羅斯福路 3 段 325 號 6 樓之 4　台電大樓對面

3.**新北市：**春大地書店 **蘆洲區**中正路 117 號

4.**桃園市：**御書堂 **龍潭區**中正路 123 號

5.**新竹市：**大學書局 **東區**建功路 10 號

6.**台中市：**瑞成書局 **東區**雙十路 1 段 4 之 33 號

佛教詠春書局 **南屯區**永春東路 884 號

文春書店 **霧峰區**中正路 1087 號

7.**彰化市：**心泉佛教文化中心 南瑤路 286 號

8.**高雄市：**政大書城 **前鎮區**中華五路 789 號 2 樓（高雄夢時代店）

明儀書局 **三民區**明福街 2 號

青年書局 **苓雅區**青年一路 141 號

9.**台東市：**東普佛教文物流通處 博愛路 282 號

10.**其餘鄉鎮市經銷書局：**請電詢總經銷**聯合**公司。

11.**大陸地區請洽：**

香港：樂文書店

旺角店 :香港九龍旺角西洋菜街 62 號 3 樓

電話 : (852) 2390 3723 email: luckwinbooks@gmail.com

銅鑼灣店 :香港銅鑼灣駱克道 506 號 2 樓

電話 : (852) 2881 1150 email: luckwinbs@gmail.com

廈門：廈門外圖臺灣書店有限公司

地址：廈門市思明區湖濱南路809 號 廈門外圖書城3 樓 郵編：361004

電話：0592-5061658（臺灣地區請撥打 86-592-5061658）

E-mail：JKB118＠188.COM

12.**美國：世界日報圖書部：**紐約圖書部　電話 7187468889#6262

洛杉磯圖書部　電話 3232616972#202

13.**國內外地區網路購書：**

正智出版社 書香園地　http://books.enlighten.org.tw/

（書籍簡介、經銷書局可直接聯結下列網路書局購書）

三民 網路書局　http://www.sanmin.com.tw

誠品 網路書局　http://www.eslitebooks.com

博客來 網路書局　http://www.books.com.tw

金石堂 網路書局　http://www.kingstone.com.tw

聯合 網路書局　http:// www.nh.com.tw

附註：1.請儘量向各經銷書局購買：郵政劃撥需要八天才能寄到（本公司在您劃撥後第四天才能接到劃撥單，次日寄出後第二天您才能收到書籍，此六天中可能會遇到週休二日，是故共需八天才能收到書籍）若想要早日收到書籍者，請劃撥完畢後，將劃撥收據貼在紙上，旁邊寫上您的姓名、住址、郵區、電話、買書詳細內容，直接傳眞到本公司 02-28344822，並來電 02-28316727、28327495 確認是否已收到您的傳眞，即可提前收到書籍。 2.因台灣每月皆有五十餘種宗教類書籍上架，書局書架空間有限，故唯有新書方有機會上架，通常每次只能有一本新書上架；本公司出版新書，大多上架不久便已售出，若書局未再叫貨補充者，書架上即無新書陳列，則請直接向書局櫃台訂購。 3.若書局不便代購時，可於晚上共修時間向正覺同修會各共修處請購（共修時間及地點，詳閱**共修現況表**。每年例行年假期間請勿前往請書，年假期間請見共修現況表）。 4.郵購：郵政劃撥帳號 19068241。 5.正覺同修會會員購書都以八折計價（戶籍台北市者爲一般會員，外縣市爲護持會員）都可獲得優待，欲一次購買全部書籍者，可以考慮入會，節省書費。入會費一千元（第一年初加入時才需要繳），年費二千元。**6.尚未出版之書籍，請勿預先郵寄書款與本公司，謝謝您！** 7.若欲一次購齊本公司書籍，或同時取得正覺同修會贈閱之全部書籍者，請於正覺同修會共修時間，親到各共修處請購及索取；**台北市讀者**請洽：103 台北市承德路三段 267 號 10 樓（捷運淡水線 圓山站旁）請書時間：週一至週五爲 18.00~21.00，第一、三、五週週六爲 10.00~21.00，雙週之週六爲 10.00~18.00 請購處專線電話：25957295-分機 14（於請書時間方有人接聽）。

敬告大陸讀者：

大陸讀者購書、索書捷徑（尚未在大陸出版的書籍，以下二個途徑都可以購得，電子書另包括結緣書籍）：

1.廈門外國圖書公司：廈門市思明區湖濱南路 809 號 廈門外圖書城 3F
郵編：361004　電話：0592-5061658　網址：http://www.xibc.com.cn/

2.電子書：正智出版社有限公司及正覺同修會在台灣印行的各種局版書、結緣書，已有『**正覺電子書**』陸續上線中，提供讀者於手機、平板電腦上購書、下載、閱讀正智出版社、正覺同修會及正覺教育基金會所出版之電子書，詳細訊息敬請參閱『正覺電子書』專頁：http://books.enlighten.org.tw/ebook

關於平實導師的書訊，請上網查閱：

成佛之道　http://www.a202.idv.tw

正智出版社 書香園地　http://books.enlighten.org.tw/

★ 正智出版社有限公司售書之稅後盈餘，全部捐助財團法人正覺寺籌備處、佛教正覺同修會、正覺教育基金會，供作弘法及購建道場之用；懇請諸方大德支持，功德無量。

★ 聲　明 ★

本社於 2015/01/01 開始調整本目錄中部分書籍之售價，以因應各項成本的持續增加。

＊ 喇嘛教修外道雙身法、墮識陰境界，非佛教 ＊

＊ 弘揚如來藏他空見的覺囊派才是真正藏傳佛教 ＊

國家圖書館出版品預行編目資料

楞伽經詳解／蕭平實著. 初版
台北市：正智，1999-　〔民 88-　〕
冊；　公分
第六輯後作者改為平實導師
ISBN 957-98597-7-9（第一輯：平裝）
ISBN 957-97840-2-7（第二輯：平裝）
ISBN 957-97840-4-3（第三輯：平裝）
ISBN 957-97840-6-X（第四輯：平裝）
ISBN 957-97840-8-6（第五輯：平裝）
ISBN 957-30019-0-X（第六輯：平裝）
ISBN 957-30019-3-4（第七輯：平裝）
ISBN 957-30019-7-7（第八輯：平裝）
ISBN 957-28743-0-1（第九輯：平裝）
ISBN 957-28743-4-9（第十輯：平裝）
1. 經集部
221.75　　　　88004768

楞伽經詳解——第十輯

作　　者：平實導師
校　　對：孫淑貞　章乃鈞　陳介源
出 版 者：正智出版社有限公司
電話：○二 28327495　28316727（白天）
傳眞：○二 28344822
11 台北郵政 73-151 號信箱
郵政劃撥帳號：一九○六八二四一
正覺講堂：總機○二 25957295（夜間）
總 經 銷：聯合發行股份有限公司
231 新北市新店區寶橋路 235 巷 6 弄 6 號 4 樓
電話：○二 29178022（代表號）
傳眞：○二 29156275
初　　版：公元二○○三年十一月　二千冊
初版六刷：公元二○二一年三月　二千冊
定　　價：二五○元